Die Kommunalaufsicht über die kommunale Haushaltswirtschaft nach Einführung der Doppik

Europäische Hochschulschriften Recht

European University Studies in Law

Publications Universitaires Européennes de Droit

Band/ Volume **6301**

Seul Koo

Die Kommunalaufsicht über die kommunale Haushaltswirtschaft nach Einführung der Doppik

PETER LANG

Bibliografische Information der Deutschen Nationalbibliothek
Die Deutsche Nationalbibliothek verzeichnet diese Publikation in der Deutschen Nationalbibliografie; detaillierte bibliografische Daten sind im Internet über http://dnb.d-nb.de abrufbar.

ISSN 0531-7312
ISBN 978-3-631-87980-1 (Print)
E-ISBN 978-3-631-88040-1 (E-PDF)
E-ISBN 978-3-631-88041-8 (EPUB)
DOI 10.3726/b19763

Peter Lang – Berlin · Bern · Bruxelles · New York · Oxford · Warszawa · Wien

Diese Publikation wurde begutachtet.

www.peterlang.com

Vorwort

Die vorliegende Arbeit wurde im Wintersemester 2021/22 als Dissertation von der juristischen Fakultät der Gottfried Wilhelm Leibniz Universität Hannover angenommen. Rechtsprechung und Literatur wurden bis Januar 2022 berücksichtigt.

Mein herzliches Dankeschön geht an meinen Doktorvater Herrn Prof. Dr. Veith Mehde, Mag. rer. publ. Er hat mir immer mit viel Geduld wertvolle Hinweise und Ratschläge gegeben. Jede Phase dieser Arbeit wurde von ihm warmherzig, zuverlässig und professionell begleitet. Ohne seine Hilfe wäre die Durchführung dieser Promotion nicht möglich gewesen.

Weiterhin möchte ich mich bei Herrn Prof. Dr. Kay Waechter für die freundliche und hilfsbereite Betreuung als Zweitgutachter bedanken.

Großen Dank schulde ich schließlich meinem Mann und meinen Eltern, die mich während meines Studiums liebevoll und unendlich unterstützt sowie durchweg für mich gebetet haben.

Seoul, im Januar 2022

Seul Koo

Inhaltsverzeichnis

Vorwort 5

Abkürzungsverzeichnis 17

A. Einleitung 19

I. Gegenstand der Untersuchung 19

II. Gang der Untersuchung 22

B. Eine Trendwende hin zur wirksamen Kommunalaufsicht im Bereich des Haushaltsrechts 25

I. Neue Herausforderungen der Kommunalaufsicht 26

1. Die Umstellung auf die kooperative Aufsicht 26

2. Die Zukunftssicherung durch die strengere Kommunalaufsicht unter dem Aspekt der Generationengerechtigkeit 28

3. Die faktische Eingriffsmöglichkeit der Kommunalaufsicht 29

II. Die Schwerpunkte der aktuellen Haushaltsaufsicht 30

1. Die kooperative Beratung 31

a) Beginn und Form der Haushaltsberatung durch die Aufsichtsbehörde 31

b) Die Funktion der Haushaltsberatung durch die Aufsichtsbehörde 33

aa) Die Informationsbereitstellung zur Schließung einer Wissens- und Erfahrungslücke der Kommunen 33

bb) Die aufklärende Beratung 34

cc) Die kollaborative Problemlösung 36

c) Grenzen der Beratung in der kommunalen Haushaltswirtschaft 37

aa) Beratungsgegenstände: eine reine Rechtmäßigkeitsfrage? ... 37

bb) Beratungsintensität: Zurückhaltungspflicht der Aufsichtsbehörde? ... 38

2. Vielzahl der Genehmigungsvorbehalte im Kommunalhaushaltsrecht ... 39

a) Genehmigungsbedürftige Angelegenheiten ... 39

aa) Genehmigungspflichtige Teile in der Haushaltssatzung ... 39

(1) Die Kreditaufnahme für Investitionen und Investitionsförderungsmaßnahme ... 39

(2) Der Gesamtbetrag der Verpflichtungsermächtigung ... 40

(3) Der Höchstbetrag der Liquiditätskredite ... 40

(4) Die Hebesätze für die Kreis- bzw. Regionsumlage ... 41

bb) Genehmigungspflichtige Teile in der Nachtragshaushaltssatzung ... 42

cc) Genehmigungpflichtige einzelne Maßnahmen beim Haushaltsvollzug ... 42

(1) Die Einzelgenehmigung der Kreditaufnahme ... 42

(2) Kreditähnliche Rechtsgeschäfte ... 42

(3) Die Bestellung von Sicherheiten ... 43

dd) Die Ausnahmegenehmigung in der Experimentierklausel ... 43

b) Rechtscharakter des Genehmigungsvorbehalts auf dem Gebiet des kommunalen Haushaltsrechts ... 44

c) Die Beurteilung der dauernden Leistungsfähigkeit als Genehmigungsmaßstab ... 45

3. Stärkung der repressiven Kontrolle der Kommunalaufsichtsbehörde in der Haushaltsnotlage – mit Schwerpunkt auf der Auffassung der Gerichte – ... 46

a) Die kommunale Einnahmen- und Ausgabenwirtschaft als Aufsichtsgegenstände ... 46

aa) Die Rechtsgrundlage für die kommunalen Einnahmen und Ausgaben ... 46

bb) Unterliegt eine kommunale Entscheidung über Einnahmen und Ausgaben den haushaltsrechtlichen Verpflichtungen? ... 47
cc) Die Auswahl der Gegenstände repressiver Aufsichtsmaßnahmen ... 48
b) Die Beurteilung der Rechtswidrigkeit einer Entscheidung über die Einnahmen ... 50
aa) Die Kommunalaufsicht als Rechtmäßigkeitskontrolle ... 50
bb) Die Kommunalaufsicht als Vertretbarkeitskontrolle ... 52
cc) Beispiele für unvertretbare Entscheidungen der Kommune in der Rechtsprechung ... 54
c) Die Zulässigkeit gestaltender Aufsichtsmaßnahmen ... 55
III. Die wirksame Kommunalaufsicht nach der Haushaltsreform ... 57

C. Die Eckpunkte der kommunalen Haushaltsreform zur Einführung der Doppik ... 61

I. Die Ansatzpunkte für die Haushaltsreform auf kommunaler Ebene ... 61
1. Das Neue Steuerungsmodell als theoretische Grundlage der Haushaltsreform zur Umstellung auf das doppische Haushaltssystem ... 61
2. Besonderheiten der doppelten Buchführung im öffentlichen Sektor ... 64
II. Die transparente Abbildung der Haushaltslage ... 65
1. Vermögens- und Schuldenlage der Kommune in der Bilanz ... 65
a) Der Aufbau der Eröffnungsbilanz ... 65
b) Einzelerläuterungen zu den Bilanzposten gemäß § 55 KomHKVO ... 67
c) Die Abbildung der Veränderung von Vermögen und Schulden in der Bilanz ... 68
2. Das Ressourcenverbrauchskonzept im Haushaltssystem ... 69
a) Die Abkehr vom Verwaltungs- und Vermögenshaushalt zum Ergebnis- und Finanzhaushalt ... 69
aa) Ergebnishaushalt und Ergebnisrechnung ... 70

bb) Finanzhaushalt und Finanzrechnung 71
b) Die Abbildung der Wertströme 71
aa) Abschreibungen 71
bb) Rückstellungen 72
cc) Interne Verrechnung 72
3. Produktbasierte Teilhaushalte 73
a) Die Produktdefinition in der öffentlichen Verwaltung 73
aa) Das Produktkonzept in der Doppik 73
bb) Produktbestimmungen im Teilhaushalt 74
b) Ziele für wesentliche Produkte 75
c) Die Messung der Zielerreichung 76
d) Die Kosten- und Leistungsrechnung 76
III. Die Veränderung der Entscheidungsstruktur 77
1. Dezentralisierung 77
a) Die Aufstellung des Teilhaushalts 78
b) Budgetierung 79
aa) Die Deckungsfähigkeit 79
bb) Die Übertragbarkeit 80
c) Zielkonkretisierung 81
2. Controlling und Berichtswesen 82
a) Zur Begriffserklärung Controlling 82
b) Soll-Ist-Vergleich 83
c) Informationsverarbeitung und Berichtswesen 84
IV. Verbleibende Probleme und Fragestellungen 84
1. Erwartete Konsequenzen einer Ausgestaltung neuer Haushaltssystematik 84
a) Die generationengerechte Haushaltswirtschaft 84
b) Die ergebnisorientierte Entscheidung 86
2. Defizite und Schwächen in der gegenwärtigen Reformsituation 87
a) Die Beeinträchtigung des Demokratieprinzips durch mangelnde Kompensation des Legitimationsdefizits 87

aa) Die Umstellung der politischen Steuerung auf kommunaler Ebene ... 88
bb) Die geschwächte Steuerungsfähigkeit der Kommunalvertretung ... 89
b) Die fehlende Ergebnissteuerung ... 90
3. Erwartungen an die Kommunalaufsicht? ... 90

D. Eine veränderte bzw. veränderbare Kommunalaufsicht unter Einfluss der Doppik ... 93

I. Kommunalaufsicht in einer veränderten Steuerungslogik ... 93
1. Das NSM als Binnenreform und die Rolle der Kommunalaufsicht auf dem Gebiet des kommunalen Haushaltsrechts ... 93
a) Doppik und Neue Steuerung ... 93
b) Neue Steuerung und Kommunalaufsicht ... 94
aa) Die Schwächung der Aufsicht in der dezentralisierten Entscheidungsstruktur? ... 94
bb) Die Durchsetzung und Bewirkung gewünschter Ergebnisse durch die Aufsichtsbehörde ... 96
2. Die Verbindung von Demokratie und Kommunalaufsicht ... 96
a) Die Kompensation der Legitimationslücke durch die Absicherung der Gesetzesbindung ... 96
b) Weitere Möglichkeiten zur Verstärkung der demokratischen Legitimation der Kommunen durch die Kommunalaufsicht ... 98
aa) Demokratische Legitimation durch den starken Wirtschaftlichkeitsbezug? ... 98
bb) Demokratische Legitimation durch zukünftige Gemeinden? ... 98
3. Die Kommunalaufsicht zur ergebnisorientierten Steuerung in der kommunalen Haushaltswirtschaft ... 99
a) Kommunalaufsicht aus der Steuerungsperspektive? ... 99
aa) Das Haushaltsrecht als Steuerungsmedium ... 99
bb) Die kommunalaufsichtlichen Maßnahmen als Steuerungsmedium? ... 100

b) Die Überprüfung der Einhaltung der Haushaltsgrundsätze ... 101
aa) Abstrakte Rechtspflichten der Kommunen bei der Haushaltssatzunggebung als Geflecht zwischen Gesetz und Satzungsrecht ... 101
bb) Die Plankontrolle im Haushaltsrechtsbereich: die umfassende Anwendung der Grundregeln ... 102
c) Die Durchsetzung von Haushaltsgrundsätzen durch Kommunalaufsichtsbehörden ... 104
II. Auswirkungen der Transparenz der Vermögens- und Schuldenlage in der Doppik auf die Kreditgenehmigung ... 105
1. Umdenken über die Kreditaufnahme in den kommunalen Haushalten ... 106
a) Die Kreditaufnahme in der Kameralistik ... 106
b) Die Kreditaufnahme in der Doppik ... 107
2. Generationengerechtigkeitsvorstellung im neuen Kommunalhaushaltsrecht ... 108
a) Die Einführung neuer Kriterien zur Beurteilung der dauernden Leistungsfähigkeit der Kommunalhaushalte ... 108
aa) Der Haushaltsausgleich in der Planung und Rechnung ... 109
(1) Die Erträge-Aufwendungen-Ausgleichsforderung in Ergebnishaushalt bzw. -rechnung ... 109
(2) Die Einnahmen-Ausgaben-Ausgleichsforderung in Finanzhaushalt bzw. -rechnung ... 110
bb) Der Ausgleich in der mittelfristigen Ergebnis- und Finanzplanung ... 111
cc) Die Deckungsmöglichkeit der Verbindlichkeiten der ausgelagerten Einheiten der Kommunen ... 111
dd) Die Einlösbarkeit von Vorbelastungen künftiger Haushaltsjahre und die Deckungsmöglichkeit von nicht im Haushalt abgebildeten Fehlbeträgen ... 111
ee) Eine positive oder voraussichtlich positive Nettoposition in der Bilanz ... 112
b) Die Bedeutung der Einführung des § 23 S. 1 KomHKVO ... 112

aa) Ein Wandel bei der Beurteilung der dauernden finanziellen Leistungsfähigkeit 112
bb) Die Entscheidung über die Kreditgenehmigung 114
3. Die Kreditgenehmigung im Rahmen des doppischen Haushaltssystems 114
a) Indikatoren zur Früherkennung von Haushaltsrisiken der Kommunen 114
aa) Eine kritische Würdigung der Beurteilungskriterien in § 23 S. 1 KomHKVO aus generationengerechter Hinsicht 115
(1) Decken in einem Zustand des Haushaltsausgleichs gemäß § 110 Abs. 5 NKomVG die Erträge alle Aufwendungen? 115
(2) Garantiert eine positive Nettoposition die dauernde Leistungsfähigkeit der Kommune? 116
bb) Nutzbare Indikatoren zur genaueren Beurteilung der dauernden Leistungsfähigkeit der Kommunen 118
(1) Der faktische Haushaltsausgleich 118
(2) Nettopositionveränderungsrate 118
(3) Mindestnettoposition 119
b) Schuldenportfolioverwaltung im Wege der Kreditgenehmigung durch die Aufsichtsbehörde 120
aa) Das Schuldenportfoliomanagement zur Vorbereitung auf erschwerte Kreditbedingungen 120
bb) Die Unterscheidung von investiven und konsumtiven Krediten 122
(1) Die lockere Genehmigung für die Aufnahme von Krediten für Investitionen durch die Kommunalaufsicht 123
(2) Der Umgang mit Liquiditätskrediten und die Entschuldungshilfe 124
c) Der flexible Umgang mit der Genehmigungserteilung zur Umsetzung des Gedankens der Generationengerechtigkeit 126
III. Auswirkungen der Kosten- und Leistungstransparenz in der Doppik auf die Überprüfung der Wirtschaftlichkeit 128

1. Inhaltliche Ausformung der Grundsätze der Wirtschaftlichkeit und Sparsamkeit im neuen Kommunalhaushaltsrecht ... 128
a) Reichweite der haushaltsrechtlichen Grundsätze der Wirtschaftlichkeit und Sparsamkeit ... 130
b) Die Berechnung der Wirtschaftlichkeit kommunaler Haushaltswirtschaft im Zusammenhang mit Effizienz und Effektivität im doppischen System ... 132
aa) Effizienz ... 132
bb) Effektivität ... 133
c) Das Verhältnis zwischen den Begriffen Wirtschaftlichkeit, Sparsamkeit, Effizienz und Effektivität im Haushaltsrechtsbereich ... 134
2. Unwirtschaftlichkeit als Rechtswidrigkeit ... 135
a) Der Geltungsbereich der Grundsätze der Wirtschaftlichkeit und Sparsamkeit ... 136
b) Was ist unwirtschaftlich? ... 137
c) Die rechtliche Beurteilung der Unwirtschaftlichkeit durch die Kommunalaufsicht ... 138
3. Die Effizienz- und Effektivitätskontrolle durch die Kommunalaufsicht im Rahmen der doppisch gebuchten Kommunalhaushalte ... 140
a) (Kosten)Effizienzkontrolle durch die Kommunalaufsicht ... 141
aa) Methoden zur Kosteneffizienzkontrolle ... 141
(1) Eine flächendeckende Anwendung der Kosten- und Leistungsrechnung ... 141
(2) Vergleich mit anderen Ergebnissen und Benchmarking ... 142
bb) Weitere Überlegungspunkte bei der Effizienzkontrolle im Rahmen der Kommunalaufsicht ... 142
b) Effektivitätskontrolle durch die Kommunalaufsicht ... 143
aa) Prüfungskompetenz der Aufsichtsbehörde in der Effektivitätsfrage ... 143
bb) Voraussetzungen zur Effektivitätskontrolle ... 143

c) Mögliche Aufsichtstätigkeiten bei der Effizienz- und Effektivitätskontrolle ... 145
aa) Die Wahrnehmung der Korrekturfunktion ... 145
bb) Die größer werdende Rolle der Aufsichtsbehörde bei der präventiven Aufsicht ... 145
(1) Im Genehmigungsverfahren ... 146
(2) Bei der Finanzhilfe durch das Land: goldener Zügel ... 146
IV. Kommunalaufsicht und Standardisierung in der kommunalen Haushaltswirtschaft ... 147
1. Die Ausrichtung auf die Standardisierung der Haushaltsdaten .. 147
a) Anforderungen an Indikatoren in einheitlicher Form zum Vergleich und Benchmarking ... 147
b) Die Zusammenfassung der relevanten Ausgabenblöcke ... 148
2. Der Ansatz für die systematische und aggregierte Beurteilung der dauernden finanziellen Leistungsfähigkeit ... 148
a) KASH in Hessen ... 149
b) RUBIKON in Mecklenburg-Vorpommern ... 151
c) Die potenzielle Standardisierung der Aufsichtstätigkeiten in der Doppik ... 153

E. Verwirklichungsmöglichkeiten der Doppik-basierten wirksamen Kommunalaufsicht ... 155

I. Die Frage der Aufsichtskapazitäten angesichts der organisatorischen Ausstattung in Niedersachsen ... 155
1. Die Kommunalisierung ... 156
2. Die Abschaffung der Bezirksregierungen ... 157
II. Politische Unabhängigkeit bei der Gestaltung von Aufsichtsentscheidungen ... 159
1. Problemstellung ... 159
a) Allgemeines über die politische Einflussnahme auf die Kommunalaufsicht ... 159
b) Politik-bezogene interkommunale Konfliktfälle ... 160

2. Eine mögliche Auswirkung der Einführung der Doppik auf die Anwendung des Gebots der interkommunalen Gleichbehandlung 161

III. Informationsbereitstellung durch das Controlling 162

F. Zusammenfassung und Schlussbetrachtung 165

Literaturverzeichnis 173

Abkürzungsverzeichnis

a. A.	andere Auffassung
aaO	am angegebenen Ort
Abs.	Absatz
Art.	Artikel
Beschl.	Beschluss
BGH	Bundesgerichtshof
BHO	Bundeshaushaltsordnung
BVerfG	Bundesverfassungsgericht
BVerfGE	Entscheidungen des Bundesverfassungsgerichts
BVerwG	Bundesverwaltungsgericht
BVerwGE	Entscheidungen des Bundesverfassungsgerichts
bzw.	beziehungsweise
d.h.	das heißt
Doppik	Doppelte Buchführung in Konten
Ebd.	ebenda
FG	Festgabe
FM	Finanzministerium
FS	Festschrift
GemHKVO	Gemeindehaushalts- und -kassenverordnung
GemHVO	Gemeindehaushaltsverordnung
GG	Grundgesetz
GS	Gedächtnisschrift
HGB	Handelsgesetzbuch
HGO	Hessische Gemeindeordnung
Hrsg.	Herausgeber
KGSt	Kommunale Gemeinschaftsstelle für Verwaltungsmanagement
KLR	Kosten- und Leistungsrechnung
KomHKVO	Kommunalhaushalts- und -kassenverordnung
LG	Landesgericht
LHO	Landeshaushaltsordnung
MBl.	Ministerialblatt
MI	Innenministerium
mwN.	mit weiteren Nachweisen
Nds. GVBl.	Niedersächsisches Gesetz- und Verordnungsblatt
NFAG	Niedersächsisches Gesetz über den Finanzausgleich

NKomVG	Niedersächsisches Kommunalverfassungsgesetz
NKWG	Niedersächsisches Kommunalwahlgesetz
NSM	Neues Steuerungsmodell
NStZ	Neue Zeitschrift für Strafrecht
NV	Niedersächsische Verfassung
OLG	Oberlandesgericht
OVG	Oberverwaltungsgericht
RdErl.	Runderlass
Rn.	Randnummer
S.	Satz, Seite
SGB	Sozialgesetzbuch
sog.	so genannt
StGH	Staatsgerichtshof
u. a.	unter anderem
Urt.	Urteil
usw.	und so weiter
v.	von, vom
VerfGH	Verfassungsgerichtshof
VG	Verwaltungsgericht
VGH	Verwaltungsgerichtshof
vgl.	vergleiche
VwGO	Verwaltungsgerichtsordnung
z. B.	zum Beispiel

A. Einleitung

> *„Welche Vorteile gewährt die doppelte Buchführung dem Kaufmanne! Sie ist eine der schönsten Erfindungen des menschlichen Geistes und ein jeder guter Haushalter sollte sie in seiner Wirtschaft einführen."*
>
> *Goethe in Wilhelm Meisters Lehrjahre 1. Buch 10. Kapitel*

I. Gegenstand der Untersuchung

Die Literatur zum Thema Kommunalaufsicht befasst sich bislang mit der Frage nach ihrem Wesen und ihrer Funktion, die sich historisch im Einklang mit dem Wandel im Verhältnis des Staates zu seinen Kommunen entwickelt hat.[1] Entsprechend der heutigen vorherrschenden Ansicht, die eine Stärkung kommunaler Selbstverwaltung hervorhebt, liegt der Aufsichtstheorie die Beschränkung der Aufsichtsgewalt des Staates auf eine Rechtmäßigkeitskontrolle zugrunde.[2] Dies stützt sich auf die These, dass die Kommunalaufsicht grundsätzlich ein Faktor sei, der die Selbstverwaltung der Kommunen bedroht bzw. beeinträchtigt.

Fragwürdig ist jedoch, ob dieser Ansatzpunkt in der Praxis noch sinnvoll und umsetzbar ist.[3] Diese Arbeit orientiert sich an der Hinwendung zu einer

---

1 Insbesondere Borchert, Kommunalaufsicht und kommunaler Haushalt; Bracker, in: FG von Unruh, S. 459, 459 ff.; Brüning/Vogelgesang, Die Kommunalaufsicht; Kahl, Die Staatsaufsicht; Knemeyer, BayVBl. 1999, 193, 193 ff.

2 Die Kernfrage ist hierbei, ob und wie die Aufsichtsinstrumente, deren Charakter über eine reine Rechtmäßigkeitskontrolle hinauszugehen scheint, als Rechtsaufsicht erklärt werden können. Dazu Borchert, Kommunalaufsicht und kommunaler Haushalt, insb. S. 23-30; Bracker, in: FG von Unruh, S. 459, 466 ff.; Brüning/Vogelgesang, Die Kommunalaufsicht; Buck, Der Beauftragte als Mittel der Kommunalaufsicht, S. 151 f.; Dreßler, Kommunalpraxis SW Nr. 7/8/98, 231, 231; Gönnenwein in: GS für Jellinek, S. 511, 511 ff.; Kahl, Die Staatsaufsicht, S. 512 f.; Leisner-Egensperger, DÖV 2006, 761, 761 ff.; Oebbecke, DÖV 2001, 406, 406 ff.; Schrapper, NVwZ 1990, 931, 931 ff.; Seiler, in: Aktuelle Probleme der Kommunalaufsicht, S. 99, 99 ff.

3 Unter Berücksichtigung der Generationengerechtigkeit verwischt die Grenze zwischen der beaufsichtigenden und der schützenden Funktion der Kommunalaufsicht. Im Hinblick auf die anhaltende Haushaltskrise in einigen Ländern ist eine zaghafte Kommunalaufsicht sogar auf heftige Kritik gestoßen (statt vieler Faber, DVBl. 2005, 933, 937; Schulze, Der Gemeindehaushalt 2011, 49, 51).

wirksamen Kommunalaufsicht, unter anderem an den Chancen und Möglichkeiten, die der Kommunalaufsicht durch die Änderung des Kommunalhaushaltsrechts zur Einführung der doppelten Buchführung (Doppik)[4] eröffnet werden.

Die Pflicht zur Einführung der Doppik als Hauptinhalt der Haushaltsreform wurde schon in den meisten deutschen Flächenländern in die Kommunalrechtsnormen aufgenommen.[5] Dies kann insofern ein innovativer Versuch sein, als sie über einen buchhalterischen Fortschritt hinaus auf eine Reform des Verwaltungshandelns, die das Neue Steuerungsmodell zur theoretischen Grundlage hat, ausgerichtet ist. Damit wird erwartet, durch die verbesserte Informationslage zur Faktenermittlung – vor allem im Hinblick auf die Wirtschaftlichkeitsaspekte und die Leistungsfähigkeitsprognose aus der Bilanz- und Ressourcenverbrauchssicht – eine fundierte Entscheidungsgrundlage zu bilden. Hier könnte der ideale Kreislauf beginnen; aussagekräftige Informationen helfen, rationale Entscheidungen zu treffen, und eine klare Offenlegung von Daten über das Ergebnis der Haushaltsentscheidungen, einschließlich des Grades der Zielerreichung, dient weiter zur Bereitstellung steuerungsrelevanter Informationen. Dies ermöglicht die Auswertung der Erstellung von Verwaltungsleistungen, die im traditionellen System nicht oder nur mit großem Aufwand erfolgen kann[6], und Output- bzw. Ergebnissteuerung[7].

Diese Überlegungen geben Anlass genug, um zu fragen, welche Auswirkungen die Haushaltsreform auf die Aufsichtspraxis haben kann, da eine

---

4 Die Doppik als Abkürzung für **Dopp**elte Buchhaltung **i**n **K**onten bedeutet eine kaufmännische Buchungsweise, die für den öffentlichen Haushalt gilt. Rose, Kommunale Finanzwirtschaft Niedersachsen, S. 24.

5 In Baden-Württemberg, Brandenburg, Hessen, Mecklenburg-Vorpommern, Niedersachsen, Nordrhein-Westfalen, Rheinland-Pfalz, Saarland, Sachsen, Sachsen-Anhalt ist der Übergang zum doppischen System schon abgeschlossen (Bertelsmann Stiftung, ABC Neues Haushaltsrecht, S. 17 ff.). Zudem wurde in Schleswig-Holstein das Gesetz zur Harmonisierung der Haushaltswirtschaft der Kommunen (Kommunalhaushalte-Harmonisierungsgesetz v. 23.6.2020, GVOBl. Schl.-H. S. 364) verabschiedet. Demnach wurde die Doppikpflicht neuerdings eingeführt. Das bisherige Wahlrecht zwischen der Doppik und der Kameralistik wird somit nicht mehr eingeräumt (Landtag Schleswig-Holstein, Drucksache 19/1779 v. 29.10.2019). Daraufhin gilt ein Wahlrecht zwischen der Doppik und der (erweiterten) Kameralistik nur in Bayern, Thüringen.

6 Osner, in: FS Noll, S. 49, 50 wies auf das Problem hin, dass die Erstellungen von Verwaltungsleistungen durch die kommunalen Aufgabenträger als „Vorgang einer abstrakten Produktionsfunktion (black box)" versteckt sind.

7 Buchholz/Lasar, VM 2010, 293, 293 ff.; Pook, VM 2014, 121, 122.

Outputsteuerung mit dem Interesse an einer output- bzw. ergebnisorientierten Kontrolle einhergeht.[8] Zu beachten ist, dass die Transparenz im Haushaltssystem eine neue Dimension auch für die Aufsichtsbehörde eröffnet[9]; eine datenbasierte, objektive und ergebnisorientierte Kontrolle mit dem Ziel einer effizienten, effektiven und nachhaltigen Haushaltsführung könnte im Wege der Rechtsaufsicht durchgeführt werden. Dies ist darin begründet, dass dieser Effizienz-, Effektivitäts- und Nachhaltigkeitsgewinn der Kommunen, der die wesentliche Ausrichtung Neuer Steuerung ist, inhaltlich unter die haushaltsrechtlichen Zielvorgaben subsumiert wird.

Bisher wurde die Kommunalaufsicht über die Haushaltswirtschaft (Haushaltsaufsicht) hauptsächlich als ein Teil der Finanzkontrolle[10], als eines der Mittel zur Lösung der Haushaltskrise[11] oder bezüglich der Genehmigungsvorbehalte[12] untersucht. Zum Thema Haushaltsreform gibt es mittlerweile eine beinahe unüberschaubare Vielzahl an Literatur über Neue Steuerungsmodelle[13], die Unterschiede zwischen der kameralen und der doppischen Buchführung[14], die empirische Analyse der Reformeffekte[15] usw. Trotzdem wurde eine Forschungslücke hinsichtlich einer potenziellen Einflussnahme der Einführung der Doppik

8 Vgl. Osner, in: FS Noll, S. 49, 71.

9 Dazu vgl. Benkert/Bätzel, KommJur 2009, 330, 330; Schellenberg/Glöckner, in: Haushalts- und Finanzwirtschaft der Kommunen in der Bundesrepublik Deutschland, S. 537, 548.

10 Donle/Richter, in: FS Reichard, S. 205; Glöckner/Mühlenkamp, Zeitschrift für Planung & Unternehmenssteuerung 2009, 397, 397 ff.; Wenzler, Institutionenökonomik und öffentliche Finanzkontrolle.

11 Holtkamp, VM 2009, 146, 146 ff.; Oebbecke, DVBl. 2013, 1409, 1409 ff.

12 Hofmann, in: Aktuelle Probleme der Kommunalaufsicht, S. 81, 81 ff.; Humpert, Genehmigungsvorbehalte im Kommunalverfassungsrecht; Lang, DVBl. 1995, 657, 657 ff.

13 Statt vieler Bachmann, Controlling für die öffentliche Verwaltung; Fischer/Lasar, VM 2014, 130-134; Richter, Der Gemeindehaushalt 2015, 121-123.

14 Statt vieler Faber, Kein Buch mit sieben Siegeln; Freymuth, Umstellung von der Kameralistik auf das „Neue Kommunale Rechnungswesen“ für Niedersachsen; Hanns-Seidel-Stiftung (Hrsg.), Grundlagen kommunaler Haushaltsführung; Henneke/Strobl/Diemert (Hrsg.), Recht der kommunalen Haushaltswirtschaft; Schweisfurth/Wallmann (Hrsg.), Haushalts- und Finanzwirtschaft der Kommunen in der Bundesrepublik Deutschland; Raupach/Stangenberg, Doppik in der öffentlichen Verwaltung.

15 Statt vieler Bogumil/Holtkamp, VM 2012, 115-117; Christofzik/Dorn/Gäbler/Raffer/Rösel, Wirtschaftsdienst 2020, 707-711; Hellenbrand/Frischmuth, VM 2011, 140-143; Janda/Ahl, DÖV 2014, 749-754; Ruge, in: Kommunale Verwaltungsreform, S. 31, 31 ff.; Weiß/Schubert, dms 2020, 143-164.

auf die Rechtmäßigkeitskontrolle gefunden.[16] Soweit die Haushaltsreform in Form einer Neuordnung des Kommunalhaushaltsrechts vorgenommen wird, ist ihre praktische Umsetzung auch eine Rechtsfrage.

In Anbetracht der Haushaltslage der niedersächsischen Kommunen, die in den meisten öffentlichen Haushalten keine anhaltende Haushaltskrise, sondern Überschüsse darstellt,[17] muss auf das Problem hinsichtlich einer Haushaltsnotlage und der damit einhergehenden strengeren Kommunalaufsicht nicht näher eingegangen werden. Stattdessen fokussiert sich der Untersuchungsgegenstand auf die begleitende Kommunalaufsicht über den Kernhaushalt[18], die sich auch bei einer soliden Haushaltslage tiefergehend mit möglichen Einsparungen sowie der Festlegung einer Kreditgrenze befassen kann.

II. Gang der Untersuchung

Die Diskussion um die Kommunalaufsicht ist nicht neu. Dennoch wäre es erforderlich, im Hinblick auf den veränderten Rahmen nach der Haushaltsreform den Wandel der Kommunalaufsicht näher zu untersuchen. Es ist unumstritten, dass zweckdienliche suffiziente Informationen zur Verstärkung der praktischen Aufsichtsbefugnis führen können. Um Auswirkungen der Doppikeinführung auf den signifikanten Ausbau der Kommunalaufsicht auf den Punkt zu bringen, ist diese Arbeit wie folgt gegliedert.

Im Kapitel B muss zunächst geprüft werden, ob die Stärkung der Kommunalaufsicht gegen die bestehende Aufsichtstheorie verstößt. Dort ist das Zurückhaltungsgebot der Kommunalaufsicht mit der Begründung vorherrschend, dass sie als „ein notwendiges Korrelat der Selbstverwaltung“[19] nicht über den Rahmen der Rechtmäßigkeitskontrolle hinausgehen darf (Art. 57 Abs. 5 NV, § 170 Abs. 1 S. 2 NKomVG). Das Postulat, dass zaghafte Ansätze der Kontrolle mehr das kommunale Selbstverwaltungsrecht garantieren können, wird jedoch vor

---

16 Durch Shirvani, DVBl. 2009, 29 und Pitschas, DÖV 1998, 907 wurde der Wandel der Aufsicht unter dem Einfluss von den Neuen Steuerungskonzepten untersucht.

17 FM Niedersachsen, Entwicklung der Finanz- und Haushaltslage des Landes Niedersachsen und der niedersächsischen Kommunen – Finanzstatus 2020 –, S. 37: Dennoch wird in den Folgejahren ein sichtbarer Rückgang der Steuereinnahmen aufgrund von Auswirkungen aus der Covid19-Pandemie unvermeidlich sein.

18 Vgl. Rose, Kommunale Finanzwirtschaft Niedersachsen, S. 484 ff.: Die Haushaltsreform zur Doppikeinführung gilt nur für den Kernhaushalt der Kommunen, da im öffentlichen Unternehmen bereits eine kaufmännische Buchführung eingesetzt wurde.

19 BVerfGE 6, 104, 118.

allem in Anbetracht der Entwicklung des Konzepts der Generationengerechtigkeit[20] und der beratenden Rolle der Kommunalaufsicht in der Praxis immer weniger überzeugend. Zu beachten ist, dass aufgrund der allgemeingültigen Haushaltsgrundsätze wie der Grundsätze der Wirtschaftlichkeit und Sparsamkeit jede Entscheidung über die Aufstellung und Ausführung des Haushaltsplans als Rechtsproblem eingestuft werden kann. Darauf basierend wird auf die Fälle in der relevanten Rechtsprechung und Haushaltspraxis eingegangen, in denen die aktiven Bemühungen der Aufsichtsbehörde zur Umsetzung der gesetzlichen Anforderungen anerkannt wurden.

Im Kapitel C werden die Eckpunkte in der Haushaltsreform und ihre gezielten Wirkungen an die Haushaltsverwaltung erläutert. Die Untersuchung konzentriert sich auf die Reform des niedersächsischen Kommunalhaushaltsrechts; die Details der Gesetzesänderung sind je Land unterschiedlich. In Niedersachsen sah das Kommunalhaushaltsrecht im Sinne der Bestimmungen von §§ 110 bis 158 im achten Teil des Niedersächsischen Kommunalverfassungsgesetzes (NKomVG) und der Kommunalhaushalts- und -kassenverordnung (KomHKVO) eine einheitliche Umstellung von der Kameralistik auf die Doppik in der relativ kurzen Übergangsfrist (ab dem Haushaltsjahr 2012) vor.[21] Im Kern geht es dabei um erwartete Vorteile der Einführung der Doppik im Vergleich zur herkömmlichen Kameralistik, die bloß im öffentlichen Haushalt maßgeblich war. Der Eckpunkt der doppelten Buchführung besteht darin, die Geldströme im Finanzhaushalt, die Wertströme für Güter und/oder Dienstleistungen im Ergebnishaushalt sowie die Vermögens- und Schuldenlage in der Bilanz transparent, übersichtlich und verlässlich abzubilden.[22] Hierfür war das kommunale Haushaltssystem einem erheblichen Wandel unterworfen. Dabei ist die damit einhergehende neue Rollentrennung von Vertretung und Verwaltung – also eine dezentralisierte Fach- und Ressourcenverantwortung – ebenfalls ein wesentliches Reformelement. Damit wird darauf abgezielt, die Entscheidungsstruktur der Kommune zu modernisieren. Statt detaillierter Haushaltsposten und

---

20 Siehe B. I. 2. Die Verhinderung der übermäßigen Ausgaben der aktuellen Kommunen durch die Kommunalaufsicht gewährleistet eher die finanzielle Selbstverwaltungsautonomie der künftigen Generationen.

21 In Niedersachsen gibt es kein Wahlrecht zwischen der Kameralistik und der Doppik, alle Kommunen müssen ausschließlich in ein doppisches Buchführungssystem umwandeln. Nach Böhme/Heindle, dms 2014, 173, 180 beträgt der Umsetzungsgrad der Doppik in Niedersachsen 100 %.

22 Bolsenkötter/Poullie/Vogelpoth, in: Die Zukunft des Öffentlichen Rechnungswesens, S. 281, 283 f.; Dülk, in: Grundlagen kommunaler Haushaltsführung, S. 135, 149-157.

Einzelweisungen erhält jeder Fachbereich mehr Flexibilität bei der Planung und Ausführung des Budgets und sichert eine Datenanreicherung, indem er seine wirtschaftlichen Pläne und Ergebnisse im realitätsnahen doppelten Buchungssystem aufzeichnet.[23]

Auf dieser Basis erweist sich im Kapitel D jene Frage als zentrales Thema, wie sich die Handhabe der Kommunalaufsichtsbehörde zur Umsetzung des neuen Haushaltsrechts verändern kann. Konkret ist dabei zu hinterfragen, wie aussagekräftige Informationen aus der Doppik nicht nur den Entscheidungsvorgang der Kommune, sondern auch den Aufsichtsprozess unterstützen können. Angeknüpft wird damit an die in der Literatur verbreiteten, aber mit Blick auf die unbestimmten Rechtsbegriffe im Haushaltsrecht nicht überzeugenden Beurteilungsspielraumslehre und die veränderten Rahmenbedingungen zur Erfassung und Bewertung der Haushaltslage. Im Mittelpunkt steht hier der Versuch, mithilfe der transparenten Haushaltsdaten ein Erkenntnisvakuum bei der rechtlichen Beurteilung des Vorliegens der Eingriffsvoraussetzung zu füllen. Als Erläuterung über die Erweiterungsmöglichkeiten der Kommunalaufsicht wird auf die nach Doppikeinführung erleichterte rechtliche Beurteilung dahingehend eingegangen, ob die Kommune die Pflicht der Sicherstellung der finanziell dauernden Leistungsfähigkeit und die Grundsätze der Sparsamkeit und Wirtschaftlichkeit beachtet.

Im Kapitel E sollte kurz untersucht werden, ob dieses Stärkungspotenzial der Kommunalaufsicht in der Praxis realisierbar ist. Es mag eine gesonderte Frage sein, ob der Informationszuwachs den Umfang und die Dichte der Kommunalaufsicht erhöhen kann und ob diese Änderung in der Praxis umsetzbar ist. Die Doppik-basierte Kommunalaufsicht sieht sich den Herausforderungen ausgesetzt, die sich aus der besonderen Zuständigkeitsregelung in Niedersachsen, der Möglichkeit der politischen Einflussnahme und der möglicherweise nicht ausreichenden Bereitstellung von Informationen durch das Controlling ergeben. Dabei wird versucht nachzufragen, wie die Doppik-basierte wirksame Kommunalaufsicht solche Störungsfaktoren bewältigen könnte.

---

23 Buchholz/Lasar, VM 2010, 293, 293 ff.

B. Eine Trendwende hin zur wirksamen Kommunalaufsicht im Bereich des Haushaltsrechts

Angesichts der komplexen Aufgaben der Kommunalaufsicht und ihrer historischen Entwicklung[24] überrascht es nicht, dass diese in der Literatur negativ behaftet ist und als „eine latente Unsicherheit“[25] oder „das unbestimmte Wesen“[26] beschrieben wird. Diese Flexibilität scheint aber vom Gesetzgeber beabsichtigt zu sein, damit die Kommunalaufsicht in einer sich schnell ändernden Umgebung besser zurechtkommen kann, als dies bei unelastischen Rechtsvorschriften der Fall wäre.[27] Es ist daher notwendig und sinnvoll zu beleuchten, wie die aktuelle Kommunalaufsicht heutzutage konturiert wird.

In der Aufsichtstheorie ist das Zurückhaltungsgebot der Kommunalaufsicht zugunsten der Selbstverwaltungsautonomie der Kommunen vorherrschend.[28] Nach Ansicht des BVerwG ist ein großer Gestaltungsspielraum der Kommunen dem Kernbereich der Selbstverwaltung zuzuordnen.[29] Die Kommunalaufsicht darf sich keinesfalls über eine Rechtsaufsicht hinaus auf die Bevormundung

24 Zur historischen Entwicklung der Kommunalaufsicht vor allem Borchert, Kommunalaufsicht und kommunaler Haushalt, S. 1-50; Bracker, in: FG von Unruh, S. 459, 459 ff.; Brüning/Vogelgesang, Die Kommunalaufsicht, Rn. 48-71; Gönnenwein, in: GS für Jellinek, S. 511, 511 ff.; Kahl, Die Staatsaufsicht, S. 1-345; Schrapper, Kommunale Selbstverwaltungsgarantie und staatliches Genehmigungsrecht, S. 11-86.

25 Brüning/Vogelgesang, Die Kommunalaufsicht, S. 5 wies auf eine latente Unsicherheit über die Maßstäbe und Befugnisse der Kommunalaufsicht sowie deren sachgerechte Handhabung hin.

26 Held, in: Staat und Kommune - Kooperation oder Konflikt, S. 21, 21.

27 Vgl. Galette, in: Aktuelle Probleme der Kommunalaufsicht, S. 37, 41-44; Mehde, Neues Steuerungsmodell und Demokratieprinzip, S. 191.

28 Der Staat muss eine Stellungnahme der Kommune hinreichend respektieren, dadurch können besondere Situationen, Schwierigkeiten oder Interessen der Selbstverwaltungsträger, die aus der externen Sicht schwer zu verstehen sind, in Betracht gezogen werden. Dreßler, Kommunalpraxis SW Nr. 7/8/98, 231, 231; Engels/Krausnick, Kommunalrecht, § 10 Rn. 10; Heusch/Dickten, NVwZ 2018, 1353, 1358; Kahl, Die Staatsaufsicht, S. 512 f.; Schmidt-Jortzig, NJW 1983, 967, 970; Weber, in: Aktuelle Probleme der Kommunalaufsicht, S. 17, 20.

29 BVerwGE 91, 228, 240.

bzw. Zweckmäßigkeitskontrolle erstrecken.[30] Die Aufsichtsbehörde besitzt einen Spielraum bei der Entscheidung, ob und in welcher Form sie von ihren Aufsichtsmitteln Gebrauch macht (vgl. §§ 173 bis 175 NKomVG, Opportunitätsprinzip), und dabei zwischen dem öffentlichen Interesse an der Aufhebung des rechtswidrigen Status und dem Selbstverwaltungsinteresse der Gemeinde abwägen muss.[31]

Neuerdings ist anzumerken, dass diese Beschränkungen in der Haushaltspraxis nicht sehr restriktiv wirken. Eine zaghafte Kommunalaufsicht ist – vor allem angesichts der Haushaltskrise in einigen Ländern – eher auf heftige Kritik gestoßen.[32] Die Herausforderung der Nachhaltigkeit öffentlicher Haushalte verschärft die Notwendigkeit einer wirksamen Kommunalaufsicht.[33] In diesem Sinne soll hier ein Überblick über die Entwicklungstendenz der Kommunalaufsicht im Haushaltsrechtsbereich gegeben werden, die zur Vorbeugung und Behebung der Finanzprobleme auf eine effektive Überwachung ausgerichtet ist und die von einem in der Literatur vertretenen Zurückhaltungsgebot abweicht.

I. Neue Herausforderungen der Kommunalaufsicht

1. Die Umstellung auf die kooperative Aufsicht

Der Wandel von einem Subordinationsverhältnis hin zu einem Koordinationsverhältnis zwischen Staat und Kommunen führt auch zu einem neuen

---

30 BVerfGE 78, 331, 331.

31 OVG Lüneburg, NVwZ 1988, 464, 465; OVG Münster, NWVBl. 2004, S. 107; OVG Magdeburg, Urt. v. 7.6.2011 - 4 L 216/09 = BeckRS 2011, 52506, S. 1, 7; VG Göttingen, Urt. v. 06.11.2013 – 1 A 282/12, Rn. 14; VG Göttingen, Urt. v. 21.1.2015 – 1A 159/13, Rn. 18; Heusch/Dickten, NVwZ 2018, 1353, 1358. Im neueren Schrifttum ist die Annahme von Aufsichtsermessen (Opportunitätsprinzip) dominant: Brüning/Vogelgesang, Die Kommunalaufsicht, Rn. 42 und 148 ff.; Franz, Jus 2004, 937, 938; Geis, Kommunalrecht, § 24 Rn. 4; Ibler, in: Kommunale Selbstverwaltung im Spiegel von Verfassungsrecht und Verwaltungsrecht, S. 201, 212; Kahl, Die Staatsaufsicht, S. 550 ff.; Lange, Kommunalrecht, Kap. 17 Rn. 42 f; Pfeiffer, ThürVBl. 2007, 201, 202; Schoch, Jura 2006, 188, 195; Schwokowski, LKV 1992, 69, 69 f.; Vogelgesang/Lübking/Ulbrich, Kommunale Selbstverwaltung, 3. Aufl., Rn. 305 und 341; Wehr, BayVBl. 2001, 705, 706; a. A. Borchert, DÖV 1978, 721, 726 f.; Waechter, Kommunalrecht, Rn. 198. Zu den allgemeinen Erwägungen über das Legalitäts- und Opportunitätsprinzip Rohrer, Legalitäts- oder Opportunitätsprinzip beim Internationalen Strafgerichtshof, S. 25-30.

32 Borchert, Kommunalaufsicht und kommunaler Haushalt, S. 245; Faber, DVBl. 2005, 933, 937; Schulze, Der Gemeindehaushalt 2011, 49, 51.

33 Vgl. Donle/Richter, in: FS Reichard, S. 205, 205.

Verständnis für die Kommunalaufsicht.[34] Im Schrifttum hat sich somit ein Schwerpunkt der Kommunalaufsicht in den letzten Jahrzehnten zunehmend „weg von der Über-/Unterordnung hin zur partnerschaftlichen Zusammenarbeit“[35] verlagert. In diesem Zusammenhang erfährt die kooperative Aufsicht derzeit breite Zustimmung.[36] Es herrscht aber noch keine Einigkeit darüber, wie diese aktuell in der Praxis umgesetzt werden soll.

Einerseits wurde behauptet, dass im Rahmen der Kommunalaufsicht als Vertrauensaufsicht und im Hinblick auf die Beherrschung des Opportunitätsprinzips die Kontrolle schrittweise abgebaut und die kommunale Selbstverwaltung gestärkt wird.[37] Das kooperative Aufsichtsverständnis ist mit dem Gebot der Selbstverwaltungsfreundlichkeit und der maßvollen Ausübung der Kommunalaufsicht verbunden.[38] In diesem Kontext hat Ibler untersucht, inwieweit förmliche Aufsichtsmittel möglicherweise durch kooperatives Handeln ersetzt werden können.[39] Andererseits wies insbesondere Kahl darauf hin, dass sich die Aufsicht und die Kooperation überlagern, sodass die Kooperation nicht zu einer solchen Einschränkung der Aufsichtstätigkeiten führt.[40] Demnach bedeutet die kooperative Kommunalaufsicht, ihre Funktionen „im Geiste von Vertrauen, Partnerschaft und Loyalität“ pflichttreu zu erfüllen.[41] Die Kommunalaufsicht könnte in einer Vertrauensbeziehung mit den Kommunen eher aktiv tätig werden.[42]

---

34 Darauf bezogen BVerfGE 6, 104; 8, 122; 58, 177; 78, 331; Kahl, Die Staatsaufsicht, S. 347 ff.

35 Leisner-Egensperger, DÖV 2006, 761, 764.

36 BVerfGE 58, 177, 195; Kahl, Die Staatsaufsicht, S. 472 ff.; Diemert/Tepe, DVBl. 2006, 1290, 1291; Oebbecke, DÖV 2001, 406, 407 f. Aus einer von der Bertelsmann Stiftung durchgeführten Umfrage geht hervor, dass im Gegensatz zur bestehenden dominanten Vorstellung in ganzen 90 Prozent der Gemeindekämmereien die Kommune und die Aufsichtsbehörde ein gutes Verhältnis haben (Bertelsmann Stiftung, Die Kommunale Finanzaufsicht 2017, S. 8 f.). Zur kooperativen Aufsicht im Hochschulbereich Geis, Hochschulrecht im Freistaat Bayern, Kap. 9 Rn. 7-10.

37 Knemeyer, BayVBl. 1999, 193, 193 ff.

38 Vgl. Kopp, Die Staatsaufsicht über die Handwerkskammern, S. 96.

39 Ibler, in: Kommunale Selbstverwaltung im Spiegel von Verfassungsrecht und Verwaltungsrecht, S. 201, 201 ff.

40 Kahl, Die Staatsaufsicht, S. 519. Vgl. Hufen, Die Freiheit der Kunst in staatlichen Institutionen, S. 452 bettet hier auch die Selbstverwaltung ein und behauptet die Überlagerung der Konzepte von Selbstverwaltung, Aufsicht und Kooperation.

41 Kahl, Die Staatsaufsicht, S. 523.

42 Vgl. Klimant, Funktionen, Probleme und Arbeitsweise der Kommunalaufsicht, S. 102 definierte das Vertrauensverhältnis als Voraussetzung für eine funktionierende Kommunalaufsicht.

In der Aufsichtspraxis scheint das partnerschaftliche Verhältnis die Kommunalaufsicht zur Sicherstellung rechtmäßiger Haushaltswirtschaft nicht abzuschwächen.[43] In Anlehnung an Bracker soll der Fokus vielmehr auf den Voraussetzungen zum Aufbau des Vertrauensverhältnisses und der kooperativen Arbeitsweise liegen. Demzufolge hat die Aufsichtsbehörde durch regelmäßige Dialoge und persönliche Kontakte auf der Grundlage von „Aufgeschlossenheit und Offenheit" das gegenseitige Vertrauen mit den Kommunen aufzubauen und objektiv, neutral, gerecht und gleichmäßig mit der kommunalen Haushaltswirtschaft umzugehen.[44]

2. Die Zukunftssicherung durch die strengere Kommunalaufsicht unter dem Aspekt der Generationengerechtigkeit

Die Kommunalaufsichtsbehörde hat die Rechtsbewahrungs- und die Schutzfunktion auszuüben (§ 170 Abs. 1 S. 1 NKomVG). In der Literatur wird häufig davon ausgegangen, dass die Rechtsbewahrung durch den Einsatz repressiv-förmlicher Aufsichtsmaßnahmen und der Schutz kommunaler Entschlusskraft durch den Einsatz präventiver und nicht-förmlicher Aufsichtsmaßnahmen erreicht werden kann.[45] Diese Funktionen können allerdings ineinander übergehen, in Anbetracht der Tatsache, dass Nachhaltigkeitssicherung und Generationengerechtigkeit[46] immer stärker als brisante Themen gelten.

Entsprechend den haushaltsrechtlichen Anforderungen muss jede Generation die von ihr selbst verursachten Aufwendungen möglichst übernehmen.[47]

---

43 Bracker, in: FG von Unruh, S. 459, 468.

44 Nach Bracker, in: FG von Unruh, S. 459, 477 ist die „Objektivität […] des Vorgehens gegenüber den Kommunen" ein wesentliches Element zum kooperativen Zusammenwirken. Siehe auch Pitschas, DÖV 1988, 907, 908.

45 Lecheler, Verwaltungslehre, S. 247 ff.; Knemeyer, in: Handbuch der kommunalen Wissenschaft und Praxis, § 12 Rn. 13 f. Zur Schutzfunktion durch die Beratung Brüning/Vogelgesang, Die Kommunalaufsicht, Rn. 168.

46 Zu diesen Themen OVG Magdeburg, Urt. v. 7.6.2011 – 4 L 216/09, BeckRS 2011, 52506, S. 9; Bolsenkötter/Poullie/Vogelpoth, in: Die Zukunft des Öffentlichen Rechnungswesens, S. 281, 301 ff.; Diemert, in: Recht der kommunalen Haushaltswirtschaft, § 3; Ehlers, DV 2013, 467, 473; Isensee, in: FS für Friauf, S. 705, 706; Kahl, DÖV 2009, 2, 2 ff.; Kempny, Verwaltungskontrolle, S. 48; Kube, DÖV 2000, 810, 816 f.; Reinhart, Neue kommunale Finanzierungsmodelle und Zukunftsgerechtigkeit; Schmidt-Aßmann, in: Effizienz als Herausforderung an das Verwaltungsrecht, S. 245, 249 f.

47 Diemert, in: Recht der kommunalen Haushaltswirtschaft, § 3 Rn. 38; Rose, Kommunale Finanzwirtschaft Niedersachsen, S. 61.

Konkret ist die Kommune verpflichtet, einen ausgeglichenen Haushalt herbeizuführen oder zumindest Defizite zu reduzieren.[48] Somit könnte eine strengere Kommunalaufsicht, die den verschwenderischen Umgang mit Haushaltsmitteln verhindert, einen finanziellen Gestaltungsspielraum der zukünftigen Selbstverwaltungsträger eher sichern.[49] Umgekehrt könnte eine zaghafte Aufsichtsführung über den gegenwärtigen Kommunalhaushalt die Autonomie der nächsten Generation einschränken,[50] da übermäßige Ausgaben durch Kredite unmittelbar zu den hohen Zinsausgaben künftiger Generationen führen.[51] Daraus lässt sich schließen, dass ein förmliches aufsichtliches Einschreiten zum Schutz und zur Förderung kommunaler Entschlusskraft möglich wird, wenn sich das Konzept des Selbstverwaltungsträgers auf die zukünftigen Generationen erstreckt.[52]

3. Die faktische Eingriffsmöglichkeit der Kommunalaufsicht

In der Literatur wird vielfach neben der rechtlichen Wirkung des Aufsichtshandelns seine faktische Kontrollwirkung erwähnt.[53] Betroffen sind davon insbesondere Unterrichtung und Beratung. Die Unterrichtung wird einerseits als die präventive Aufsicht und andererseits als die mildeste Eingriffsaufsicht verstanden.[54] Zunächst einmal zählen bloße Informationsanforderungen der Aufsichtsbehörde zum Zwecke der Unterrichtung nicht zu den Eingriffen.[55] Ein übermäßiges Informationsersuchen der Aufsichtsbehörde kann jedoch eine unangebrachte Belastung der Kommunen herbeiführen.[56] Die Gremiumsmitglieder können sogar unter psychologischem Druck stehen, wenn beispielsweise

48 BVerwG, NVwZ 2019, 1528, Rn. 13 unter Berufung auf BVerwGE 138, 89, Rn. 18 ff.; BVerwG, NVwZ 2016, 72, Rn. 17 ff.

49 Vgl. BVerwG, NVwZ 2016, 72; VG Cottbus Urt. v. 14.3.2019 – 1 K 1749/18, Rn. 68; Kahl, DÖV 2009, 2, 2.

50 Vgl. Borchert, Kommunalaufsicht und kommunaler Haushalt, S. 245.

51 Faber, Kein Buch mit sieben Siegeln, S. 75.

52 Fritze, Entwicklung rechnungswesenbasierter Systeme zur Stabilisierung der Kommunalfinanzen, S. 78; Oebbecke, DV 2015, 233, 256.

53 Fritze, Entwicklung rechnungswesenbasierter Systeme zur Stabilisierung der Kommunalfinanzen, S. 80; Leisner-Egensperger, DÖV 2006, 761, 761 ff.; Pfeiffer, ThürVBl. 2007, 201, 201 ff.; Seuberlich, Arme und reiche Städte, S. 110.

54 Erichsen, Kommunalrecht des Landes NW, S. 353; Humpert, Genehmigungsvorbehalte im Kommunalverfassungsrecht, S. 8 ff.; ders., DVBl. 1990, 804, 804 f.; Knemeyer, in: Handbuch der kommunalen Wissenschaft und Praxis, Rn. 42, 48 f.

55 Erichsen, DVBl. 1985, 943, 945.

56 Dazu Brüning/Vogelgesang, Die Kommunalaufsicht, Rn. 178-182.

ein Kontrolleur ungefragt an der Sitzung der Kommunalvertretung teilnimmt, um Informationen zu sammeln.[57] Brüning und Vogelgesang räumten in diesem Zusammenhang ein, dass die Unterrichtung als „Vorstufe" unter die repressive Aufsicht fallen könnte.[58]

Die Beratung durch die Kommunalaufsichtsbehörde birgt ebenfalls die Gefahr, in den kommunalen Entscheidungsspielraum einzudringen.[59] Da die Aufsichtsbehörde trotz rechtlich nicht bindender Beratung über nachfolgende Zwangsmaßnahmen verfügt, kann die Kommune den Beratungsinhalt nicht einfach ignorieren.[60] In diesem Fall kann die Beratung in der Praxis eine Art Gespräch vor repressiven Aufsichtsmaßnahmen sein, bei der es um die Korrektur von bzw. die Warnung vor Gesetzesverstößen geht.[61]

II. Die Schwerpunkte der aktuellen Haushaltsaufsicht

Die Kommunalaufsicht über die Haushaltswirtschaft wird in mehrfacher Hinsicht abweichend von der bestehenden Vorstellung der Aufsichtstheorie wahrgenommen. Im Folgenden wird auf die zu berücksichtigenden Merkmale und Entwicklungstendenzen der Haushaltsaufsicht eingegangen, indem ihre in der Beratungspraxis, dem Haushaltsrecht und der Rechtsprechung aufgeführte Rolle erfasst wird. Insofern geht es vorliegend nicht um Inhalte und Merkmale jedes Aufsichtsmittels[62], sondern um die in der Praxis häufig verwendeten Aufsichtsinstrumente. Dadurch ist es einfacher herauszufinden, welche Bemühungen um die wirksame Kommunalaufsicht über den kommunalen Haushalt unternommen werden.

57 Vgl. Klimant, Funktionen, Probleme und Arbeitsweise der Kommunalaufsicht, S. 64.

58 Brüning/Vogelgesang, Die Kommunalaufsicht, Rn. 177.

59 Leisner-Egensperger, DÖV 2006, 761, 764 f.; Oebbecke, DÖV 2001, 406, 410.

60 In diesem Sinne wies Leisner-Egensperger DÖV 2006, 761, 763 darauf hin, dass die Gemeinde nur „eine vorläufige Freiheit [...] bis zum sanktionierenden Eingreifen der Aufsicht" hat.

61 Vgl. Landtag Rheinland-Pfalz, Drucksache 17/1715 v. 28.11.2016, S. 4.

62 Die Aufsichtsbehörde verfügt über verschiedene Aufsichtsinstrumente: Unterrichtung (§ 172 NKomVG), Beanstandung (§ 173 NKomVG), Anordnung und Ersatzvornahme (§ 174 NKomVG), Bestellung von Beauftragten (§ 175 NKomVG) sowie Genehmigung (§ 176 NKomVG). Zudem stehen ihr ungeschriebene Aufsichtsmittel wie etwa Beratung zur Verfügung.

1. Die kooperative Beratung

Die Beratung durch die Aufsichtsbehörde fungiert als „das entscheidende Mittel der Kommunalaufsicht, hinter dem alle anderen an Häufigkeit, Wichtigkeit und Wirksamkeit zurückstehen".[63] Mit wachsendem Kooperationsbedarf im Haushaltsbereich nimmt ihre Bedeutung zudem stetig zu.[64] Daraus ergibt sich eine gewisse Besorgnis, dass die Aufsichtsbehörde im Zuge der Beratung in engem Kontakt mit den Kommunen grundsätzlich partnerschaftlich, aber gleichzeitig auch teilweise eingreifend tätig werden könnte.

a) Beginn und Form der Haushaltsberatung durch die Aufsichtsbehörde

Trotz formloser Beratung[65], oder gerade deswegen ist es umstritten, unter welchen Voraussetzungen ein Beratungsvorgang eingeleitet werden kann. Nach Ansicht einiger Autoren, die auf die Gefahr einer tatsächlichen Zwangswirkung der Beratungsaufsicht hinweisen, ist eine Beratung nur auf Begehren des Selbstverwaltungsträgers möglich.[66] Demnach wird eine ungefragte, einseitige Informationsbereitstellung der Aufsichtsbehörde, wie z. B. Beratungserlasse, nicht

---

63 BVerfGE 58, 177, 195; Bracker, in: FG von Unruh, S. 459, 466. Zur praktischen Wichtigkeit der Beratung auch Brüning/Vogelgesang, Die Kommunalaufsicht, Rn. 148; Galette, in: Aktuelle Probleme der Kommunalaufsicht, S. 37, 37 ff.; Glass, Die Realität der Kommunalaufsicht, S. 42, 141; Ipsen, in: Aufsicht über die Städte - Kontrolle oder Kondominium?, S. 5, 10; Kahl, Die Staatsaufsicht, S. 472 ff.; Klemt, Die Mitwirkung der Kommunalaufsichtsbehörde an der Verwaltung der Gemeinden durch beratende Tätigkeit; Klimant, Funktionen, Probleme und Arbeitsweise der Kommunalaufsicht, S. 53, 58; Mehde, in: VVDStRL 71, S. 418, 436; Oebbecke, DVBl. 1994, 147, 148; Pfeiffer, ThürVBl. 2007, 201, 203 f.; Shirvani, DVBl. 2009, 29, 31.

64 Vgl. Benz, DV 1990, 83, 85 f.; Bogumil/Jann, Verwaltung und Verwaltungswissenschaft in Deutschland, 3. Aufl., S. 164 f.; Pfeiffer, ThürVBl. 2007, 201, 204; Pitschas, DÖV 1998, 907, 909 f. Die Beratung ist ein Paradebeispiel kooperativen Verwaltungshandeln (Ibler, in: Kommunale Selbstverwaltung im Spiegel von Verfassungsrecht und Verwaltungsrecht, S. 201, 201).

65 Die Beratungspflicht der Aufsichtsbehörde ist in Niedersachsen nicht ausdrücklich im Gesetz vorgesehen, anders als in Bayern (Art. 108 BayGO), Schleswig-Holstein (§ 120 S. 2 GO SH), Mecklenburg-Vorpommern (§ 78 Abs. 1 KV MV) und Thüringen (§ 116 ThürKO).

66 Dazu Oebbecke, DVBl. 1994, 147, 150; Pfeiffer, ThürVBl. 2007, 201, 204; Vogelgesang/Lübking/Ulbrich, Kommunale Selbstverwaltung, 3. Aufl., Rn. 324. Nach Kahl, Die Staatsaufsicht, S. 513 ist die Beratung „auf Anfrage oder bei Bedarf" möglich.

der Beratung zugeordnet.[67] Dies widerspricht jedoch der üblichen Praxis, in der das Innenministerium als oberste Kommunalaufsichtsbehörde bei Bedarf mit einem Runderlass bzw. Rundschreiben umfangreiche Hinweise und Beratungsvorschläge für haushaltsrelevante Fachthemen festlegt. Als Beispiel können Runderlasse über die Veräußerung kommunaler Vermögenswerte[68], Beurteilungskriterien der Haushaltssituation und des Haushaltsausgleichs[69], die Beurteilung der dauernden Leistungsfähigkeit der Kommunen[70], die Übersicht über Daten der Haushaltswirtschaft für Kommunen[71], die Kreditwirtschaft der kommunalen Körperschaften einschließlich ihrer Sonder- und Treuhandvermögen[72] usw. angeführt werden. Es wäre somit inhaltlich und praktisch nicht sinnvoll, die Ratschläge, die in diesen Dokumenten enthalten sind, von der Beratung durch die Aufsichtsbehörde zu unterscheiden. Da jede Kommune zur geordneten Haushaltsverwaltung verpflichtet ist, ist es schwer vorstellbar, dass sie derart nützliche und sorgfältig aufgearbeitete Informationen und Ratschläge ablehnt. In Anbetracht der kooperativen Beziehung zwischen der Kommune und der Aufsichtsbehörde sollte die Aufsichtsbehörde in der Lage sein, von sich aus zu beraten.[73]

In der Praxis wird festgestellt, dass die Haushaltsberatung neben den schon angesprochenen Erlassen auf sehr unterschiedliche Weise erfolgen kann.[74] Ein Gespräch ist eine hervorragende Form der Kooperation.[75] Das Format der

---

67 Leisner-Egensperger, DÖV 2006, 761, 766 wies darauf hin, dass Beratungserlasse (etwa generelle jährliche Haushaltserlasse) kaum mehr als Beratung bezeichnet werden können; Oebbecke DVBl. 1994, 147, 150; Pfeiffer, ThürVBl. 2007, 201, 204, a. A. vgl. Bracker, in: FS von Unruh, S. 459, 466; Galette, in: Aktuelle Probleme der Kommunalaufsicht, S. 37, 55.

68 MI Brandenburg, RdErl., Nr. 2/2009.

69 MI Brandenburg, RdErl., Nr. 1/2013.

70 MI Mecklenburg-Vorpommern, RdErl., II 320 – 174.3.60 v. 10.1.2007.

71 MI Niedersachsen, RdErl., 33.1-10300/3 v. 13.12.2017 (Anlage 1: Übersicht über Daten der Haushaltswirtschaft für Kommunen).

72 MI Niedersachsen, RdErl., 33.1-10245/1 v. 13.12.2017.

73 So auch Ibler, in: Kommunale Selbstverwaltung im Spiegel von Verfassungsrecht und Verwaltungsrecht, S. 201, 202. Das heißt, dass ein aufsichtsrechtlicher Ratschlag in einer kooperativen Beziehung mit den Kommunen weitgehend gegeben werden kann, wenn eine Aufsichtsbehörde dies für erforderlich hält.

74 Bracker, in: FG von Unruh, S. 459, 466.

75 Lee, Kommunalaufsicht in der Bundesrepublik Deutschland und in Korea, S. 95; Oebbecke, DVBl. 1994, 147, 148; Pfeiffer, ThürVBl. 2007, 201, 208 f.; Schulze-Fielitz, DVBl. 1994, 657, 664.

Konversation spielt hierbei kaum eine Rolle. Denkbar sind z. B. Telefonate, routinemäßige Arbeitstreffen, Teilnahme der Aufsichtsbehörde an Sitzungen des Gemeinderates, gemeinsame Veranstaltungen von Konferenzen usw.[76] Die Kommune lässt sich von der Aufsichtsbehörde auch in Schriftform beraten.[77] Schriftliche Antworten der Aufsichtsbehörde sind ebenso wie der Dialog zwischen der Kommunalaufsicht und Kommune rechtlich nicht bindend.[78]

b) Die Funktion der Haushaltsberatung durch die Aufsichtsbehörde

Die Haushaltsberatung durch die Aufsichtsbehörde kann inhaltlich vielfältig und breit gefächert sein.[79] Ihre Kernfunktionen können wie folgt dargestellt werden.

aa) Die Informationsbereitstellung zur Schließung einer Wissens- und Erfahrungslücke der Kommunen

Die Informationsfunktion der Beratung wird besonders betont, wenn die Kommunen in einem Bereich unerfahren sind.[80] Die Kommune steht seit jeher vor großen Herausforderungen u. a. der Europäisierung, der Haushaltsreform mit ökonomischer Orientierung, der Gebietsänderung, der Einführung der neuen Form öffentlicher Aufgabenerfüllung. Die Experten von Aufsichtsbehörden unterstützen insbesondere die kleineren bzw. mittleren Gemeinden als am ehesten erreichbare informative Hilfestellung.[81] Im Zuge der Haushaltsberatung kann die Kommune vor allem hochqualitative Informationen über Einspar- oder

---

76 Vgl. Knemeyer, in: Handbuch der kommunalen Wissenschaft und Praxis, §12 Rn. 49; Vogelgesang/Lübking/Ulbrich, Kommunale Selbstverwaltung, 3. Aufl., Rn. 324.

77 Borchert, Kommunalaufsicht und kommunaler Haushalt, S. 61 ff.

78 Vgl. Borchert, Kommunalaufsicht und kommunaler Haushalt, S. 61; Brüning/Vogelgesang, Die Kommunalaufsicht, Rn. 175; Galette, in: Aktuelle Probleme der Kommunalaufsicht, S. 37, 40 f; Glass, Die Realität der Kommunalaufsicht S. 42.

79 Vgl. Borchert, Kommunalaufsicht und kommunaler Haushalt, S. 59 ff.; Ibler, in: Kommunale Selbstverwaltung im Spiegel von Verfassungsrecht und Verwaltungsrecht, S. 201, 201.

80 Glass, Die Realität der Kommunalaufsicht, S. 43.

81 Galette, in: Aktuelle Probleme der Kommunalaufsicht, S. 37, 51; Geis, Kommunalrecht, § 24 Rn. 3; Glass, Die Realität der Kommunalaufsicht, S. 43; Oebbecke, DÖV 2001, 406, 409; Shirvani, DVBl. 2009, 29, 31.

Optimierungsmöglichkeiten einholen, die aus überörtlichen Erfahrungen und Fachwissen der Aufsichtsbehörde resultieren.[82]

Die Kommunalaufsichtsbehörde kann außerdem generelle Leitfäden zu den relevanten Themen vorab festlegen. Das kann z. B. ein Ausführungserlass mit Mustern und einer Abschreibungstabelle der obersten Kommunalaufsichtsbehörde[83] sein, der zum Ziel hat, die großen Unklarheiten nach der Haushaltsreform, die von einer erheblichen Dynamik der Buchungsweise zur Einführung des doppischen Haushaltswesens gekennzeichnet ist, zu überwinden.[84] In einigen Ländern veröffentlicht das Innenministerium jährlich einen Haushaltserlass, der heute hauptsächlich finanziell wichtige Rahmendaten und deren Entwicklungsstand der kommunalen Haushalte enthält.[85] In einem Krediterlass sind grundlegende Informationen über die Kreditwirtschaft der Kommune zu finden.[86] Eines der viel diskutierten Themen ist hierbei der Umgang mit PPP-Projekten, die seit den 1990er Jahren weit verbreitet sind und die für verschiedene Finanzierungsmodelle verwendet werden.[87] In Nordrhein-Westfalen werden durch Leitfaden zum Plausibilitätscheck von PPP-Projekten im öffentlichen Hochbau die Prüfungschecklisten der Kommunalaufsicht präzisiert.[88]

bb) Die aufklärende Beratung

Die Klärung rechtlicher Zweifelsfragen einschließlich haushaltstechnischer Probleme ist eine wesentliche Aufgabe der beratenden Aufsicht, die auf eine

82 Borchert, Kommunalaufsicht und kommunaler Haushalt, S. 60; Galette, in: Aktuelle Probleme der Kommunalaufsicht, S. 37, 41; Ibler, in: Kommunale Selbstverwaltung im Spiegel von Verfassungsrecht und Verwaltungsrecht, S. 201, 204-208; Shirvani, DVBl. 2009, 29, 31.

83 MI Niedersachsen, RdErl., 33.12-10306/2 v. 24.4.2017.

84 Dazu Bertelsmann Stiftung, Die Kommunale Finanzaufsicht 2017, S. 26.

85 Exemplarisch MI Mecklenburg-Vorpommern, Orientierungsdaten zum Kommunalen Finanzausgleich 2021 für die Haushaltsplanung 2021 v. 2.10.2020; MI Schleswig-Holstein, Haushaltserlass 2022 v. 21.9.2021.

86 MI Niedersachsen, RdErl., 33.1-10245/1 v. 13.12.2017.

87 Zur Hilfestellung der Kommunalaufsichtsbehörde für PPP-Projekte Rose, Kommunale Finanzwirtschaft Niedersachsen, S. 186 f.

88 FM Nordrhein-Westfalen, Public Private Partnership im Hochbau: Anleitung zur Prüfung der Wirtschaftlichkeitsuntersuchung von PPP-Projekten im öffentlichen Hochbau, abrufbar unter: https://www.finanzverwaltung.nrw.de/sites/default/files/asset/document/leitfaden_plausibilitatscheck_2007.pdf, zuletzt 6.9.2021.

rechtsfehlerfreie Haushaltsführung abzielt.[89] Umstritten ist jedoch, ob in einem konkreten Fall die Aufsichtsbehörde ihre Einstellungen und Meinungen bei der Beratung äußern kann. Im Bereich des Haushaltsrechts, das viele unbestimmte Rechtsbegriffe aufweist, kann das Ergebnis der Auslegung des Rechts selbst die Antwort auf die Frage sein, was rechtswidrig ist. Die Rechtmäßigkeit eines neuen Kreditplans hängt beispielsweise von der Auslegung des Gebots der dauernden Leistungsfähigkeit der Kommune ab. Einige drückten ihre Besorgnis darüber aus, dass eine direktive Beratung, die über eine Informationsübermittlung oder einen rahmenmäßigen Rat hinausgeht, den Willen der Kommunen zur Selbstverwaltung und Eigenverantwortung eher beschneiden könnte.[90] Zwar steht es den Gemeinden frei, Ratschläge zu befolgen,[91] jedoch können sie schnell dazu neigen, die Meinung der Aufsichtsbehörde widerspruchslos zu akzeptieren, wenn eine Vernachlässigung der Beratung zu eingreifenden Aufsichtsmaßnahmen führen kann.[92]

Es ist aber in der Praxis ersichtlich, dass die Aufsichtsbehörde häufig zur Veröffentlichung ihrer Stellungnahme aufgefordert wird.[93] Tatsächlich ist diese frühzeitige Nachfrage im Interesse der Kommunen besonders von Belang. Damit können vor allem ungefähre Aufsichtskriterien klargestellt werden.[94] Dies ermöglicht der Kommune, die Höchst- bzw. Untergrenze der Zahlenwerte, die von der Aufsichtsbehörde als rechtmäßig eingestuft wird, vorher zu erkennen und entsprechende Entscheidungen zu treffen.[95] Dadurch kann eine Belastung durch den Einsatz repressiver Aufsichtsmaßnahmen vermieden

---

89 Borchert, Kommunalaufsicht und kommunaler Haushalt, S. 62; Brüning/Vogelgesang, Die Kommunalaufsicht, Rn. 169.

90 Leisner-Egensperger, DÖV 2006, 761, 764 f. wies auf die Gefahr einer unzulässigerweise aufgedrängten Einmischungsberatung hin. Siehe auch Bertelsmann Stiftung, Die Kommunale Finanzaufsicht 2017, S. 14; Bracker, in: FG von Unruh, S. 459, 464; Galette, in: Aktuelle Probleme der Kommunalaufsicht, S. 37, 47; Glass, Die Realität der Kommunalaufsicht, S. 43; Pieper, Aufsicht, S. 85; Vogelgesang/Lübking/Jahn, Kommunale Selbstverwaltung, 1. Aufl., Rn. 553.

91 Vogelgesang/Lübking/Ulbrich, Kommunale Selbstverwaltung, 3. Aufl., Rn. 324.

92 Glass, Die Realität der Kommunalaufsicht, S. 43

93 Vgl. Landtag Niedersachsen, Drucksache 11/5279; 16/2313; 17/6822; 18/6017; 18/3916; 18/4772; 18/4449.

94 Darsow, in: Kommunale Finanzen im Bundesstaat, S. 117, 121.

95 Ibler in: Kommunale Selbstverwaltung im Spiegel von Verfassungsrecht und Verwaltungsrecht, S. 201, 210 f. wies auch darauf hin, dass die Diskussion über die Rechtmäßigkeit oder Genehmigungsfähigkeit gemeindlichen Verhaltens bei der beratenden Aufsicht keinen rechtlichen Bedenken begegnet.

werden.[96] Der Kommunalbericht (2017) empfiehlt daher den Kommunen, der Aufsichtsbehörde ihren Entwurf der Haushaltssatzung rechtzeitig zur Beratung vorzulegen.[97]

cc) Die kollaborative Problemlösung

Bei der Beratungsaufsicht über die Haushalte handelt es sich nicht um informelles Verhandeln zwischen Kommune und Aufsichtsbehörde, das durch einen Austausch von Leistungen und Gegenleistungen erfolgt. Die Kommunen genießen, soweit rechtmäßig, die volle Freiheit bei Budgetfragen. Eine Abrede zwischen Kommune und Kommunalaufsichtsbehörde ist für die „gemeinsame Lösungssuche“[98] meist dann vorstellbar, wenn z. B. die Kommune trotz eines defizitären Haushalts ihre Geschäfte abwickeln will, bei denen mehr Ausgaben oder zukünftige finanzielle Belastungen zu erwarten sind.[99] Pfeiffer nennt eine solche Aufsicht eine „Ermöglichungsaufsicht“.[100] Die Aufsichtsbehörde kann weitere Finanzierungsmöglichkeiten wie z. B. Zuschüsse bzw. Fördermittel des Landes oder zinsgünstige Darlehen vorschlagen.[101] Vor diesem Hintergrund ist zudem zu prüfen, ob die Aufsichtsbehörde in der Lage ist, ein rechtswidriges Verhalten der Kommune (vorübergehend) zu dulden.[102] Unter Berücksichtigung des Opportunitätsprinzips ist die Kommunalaufsicht zwar von der strikt gebundenen Pflicht zur Ahndung eines jeden Rechtsverstoßes befreit, jedoch muss die Wahrnehmung der Aufsichtsfunktion ermessensfehlerfrei sein.[103] Klar

96 Oebbecke, DÖV 2001, 406, 410.
97 Landesrechnungshof Niedersachsen, Kommunalbericht 2017, S. 63.
98 Leisner-Egensperger, DÖV 2006, 761, 764.
99 Insbesondere Glass, Die Realität der Kommunalaufsicht, S. 35 f.; Ibler, in: Kommunale Selbstverwaltung im Spiegel von Verfassungsrecht und Verwaltungsrecht, S. 201, 210; Mlynek, NdsVBl. 1995, 54, 57 f.; Landtag Niedersachsen, Drucksache 18/1652, S. 2.
100 Pfeiffer, ThürVBl. 2007, 201, 204.
101 Borchert, Kommunalaufsicht und kommunaler Haushalt, S. 63, 77 und 229 ff.; Bracker, in: FG von Unruh, S. 459, 467; Glass, Die Realität der Kommunalaufsicht, S. 42 f.; Mlynek, NdsVBl. 1995, 54, 57. Die Aufsichtsbehörde kann freilich zugunsten der kommunalen Haushaltslage eine Sparmöglichkeit oder einen Aufschub geplanter Projekte vorschlagen (vgl. Ibler, in: Kommunale Selbstverwaltung im Spiegel von Verfassungsrecht und Verwaltungsrecht, S. 201. 210).
102 Vgl. Ibler, in: Kommunale Selbstverwaltung im Spiegel von Verfassungsrecht und Verwaltungsrecht, S. 201, 213.
103 Vgl. OVG Magdeburg, Urt. v. 7.6.2011 – 4 L 216/09, S. 9; Burgi, Kommunalrecht, § 8 Rn. 42.

ist, dass außer bei gravierenden Rechtsverstößen, die unverzüglich behoben werden müssen, nicht- bzw. weniger eingreifende Maßnahmen besprochen werden können, um den rechtmäßigen Zustand wiederherzustellen.[104]

c) Grenzen der Beratung in der kommunalen Haushaltswirtschaft

aa) Beratungsgegenstände: eine reine Rechtmäßigkeitsfrage?

Es ging insbesondere Galette darum aufzuzeigen, dass die Beratung kein Aufsichtsmittel, sondern ein „selbstständiges, potenziell die gesamte kommunale Betätigung umfassendes Mitwirkungsrecht" ist.[105] Danach könnten alle Probleme einschließlich der Fragen der Zweckmäßigkeit der kommunalen Entscheidung Gegenstand der Beratung sein.[106] Diese Ansicht wird heute jedoch scheinbar kaum mehr vertreten. In der Literatur wird vielmehr davon ausgegangen, dass Beratungsthemen ausschließlich auf Rechtsfragen reduziert werden.[107] Fraglich ist aber, ob die Beratungsaufsicht einer solchen Beschränkung unterworfen werden sollte, auch wenn sie ohne rechtlich durchsetzbare Bindung lediglich auf die Erteilung guter Ratschläge abzielt. Kann die faktische Lenkungswirkung der Beratung, die zum rechtmäßigen Handeln der Kommune führt, ihre kommunale Selbstverwaltungsautonomie entwerten? Dabei ist zu beachten, dass in Anbetracht der Haushaltsgrundsätze der Umfang der Rechtskontrolle bereits sehr weit gefasst wird.[108] In der Praxis sind reine politische Haushaltsentscheidungen, die z. B. nicht mit den haushaltsrechtlichen Grundsätzen der Sparsamkeit und Wirtschaftlichkeit zusammenhängen, kaum zu finden. Die Kommunalaufsicht würde vermehrt ins Leere laufen, wenn die Rechtsbegriffe,

---

104 Ibler, in: Kommunale Selbstverwaltung im Spiegel von Verfassungsrecht und Verwaltungsrecht, S. 201, 211 f. Eine ausführliche Darstellung des informellen Verwaltungshandelns als Instrumente zu den einvernehmlichen Problemlösungen für den Umweltschutz findet sich bei Bohne, VerwArch 1984, 343, 355 ff. Nach ihm sind informale Absprachen grundsätzlich zulässig, auch wenn die Eingriffsvoraussetzungen vorliegen, weil einer Behörde ein pflichtgemäßes Ermessen zusteht.

105 Galette, in: Aktuelle Probleme der Kommunalaufsicht, S. 37, 38 ff. Siehe auch Glass, Die Realität der Kommunalaufsicht, S. 34, 42.

106 Ebd.

107 Brüning, DÖV 2010, 553, 555; ders./Vogelgesang, Die Kommunalaufsicht, Rn. 182; Diemert, in: Recht der kommunalen Haushaltswirtschaft, § 21 Rn. 24; Oebbecke, DVBl. 1994, 147, 150; Pfeiffer, ThürVBl. 2007, 201, 204; vgl. Pieper, Aufsicht, S. 421.

108 Vgl. Oebbecke, DÖV 2001, 406, 410. Da etwa Sparsamkeit und Wirtschaftlichkeit auch rechtlich geboten sind, wirkt diese sachliche Beschränkung indessen nicht sehr restriktiv.

die wörtlich die zweckmäßigen Elemente inkorporiert haben, von den Kontrollerwägungen ausgeklammert werden müssten.[109] Darüber hinaus gibt es praktisch keine Verhinderungsmöglichkeit, dass die Kommune freiwillig fragt, welche Entscheidung zweckmäßiger ist oder dass sie sich mit der Aufsichtsbehörde einigt, über die Frage der Zweckmäßigkeit zu diskutieren.[110]

bb) Beratungsintensität: Zurückhaltungspflicht der Aufsichtsbehörde?

In der Literatur wird geltend gemacht, dass sich die Beratung der Aufsichtsbehörde nicht zu einer beratenden Bevormundung entwickeln, sondern einem konsistenten Ansatz folgen sollte, der auf die Zurückhaltungspflicht der Aufsichtsbehörde abzielt.[111] Daraus lässt sich schließen, dass die Beratung weder die eigenständige Wertung der Kommune ersetzen, noch direktiv, korrigierend, warnend oder drohend sein darf.[112] Fraglich ist aber, ob eine solche Einengung der Beratungsinhalte in der Praxis sinnvoll sein kann. Es ist kaum vorstellbar, dass der Verzicht auf die aufsichtsbehördlichen Korrekturmaßnahmen nach einer frühzeitigen Beratung zur Verständigung über die Rechtswidrigkeit der Handlungen einen Verstoß gegen die kommunale Selbstverwaltung darstellt.[113] Die Aufsichtsbehörde sollte in diesem Sinne in einer kooperativen Beziehung mit den Kommunen eher aktiv tätig werden, wenn dort mögliche rechtswidrige Inhalte erkennbar sind. Der Vorrang der Beratung vor anderen repressiven Aufsichtsmitteln entspricht auch dem Grundsatz der Verhältnismäßigkeit.[114]

---

109 Elsner, Das Ermessen im Lichte der Reinen Rechtslehre, S. 191 f.; Pieper, Aufsicht, S. 421.

110 Vgl. KFS, Kommunal-Info 2/2017, S. 4 wies ausdrücklich darauf hin, dass die Beratung rechtmäßiges und zweckmäßiges Handeln ebenso fördern soll.

111 Die Beratung ist danach eine Aufgabe der Kommunalaufsicht, die sich auf die Rechtmäßigkeitsprüfung auf Anfrage beschränkt. Bracker, in: FG von Unruh, S. 459, 464 f.; Brüning/Vogelgesang, Die Kommunalaufsicht, Rn. 172; Kahl, Die Staatsaufsicht, S. 513; Leisner-Egensperger, DÖV 2005, 761, 767 f.; Oebbecke, DVBl. 1994, 147, 150; Pfeiffer, ThürVBl. 2007, 201, 205; Vogelgesang/Lübking/Ulbrich, Kommunale Verwaltung, Rn. 323.

112 Leisner-Egensperger, DÖV 2006, 761, 767; Oebbecke, DÖV 2001, 406, 410; a. A. Diemert, in: Recht der kommunalen Haushaltswirtschaft, § 21 Rn. 24; Glass, Die Realität der Kommunalaufsicht, S. 60.

113 Vgl. Ibler, in: Kommunale Selbstverwaltung im Spiegel von Verfassungsrecht und Verwaltungsrecht, S. 201, 215.

114 Anders dagegen Ibler, in: Kommunale Selbstverwaltung im Spiegel von Verfassungsrecht und Verwaltungsrecht, S. 201, 218: „Der Verhältnismäßigkeitsgrundsatz ist anerkanntermaßen der entscheidende Maßstab für die Auswahl zwischen den

Repressive Aufsichtsmaßnahmen kommen in der Praxis häufig nach gescheiterten Beratungen zum Einsatz.[115]

Die Einschränkung der Intensität bezüglich des Inhalts und der Häufigkeit der Beratung erscheint deshalb wenig Erfolg versprechend. Da die Vorstellung der Aufsichtsbehörde bei der Beratung nicht erzwingbar ist,[116] kann selbst bei einer direktiven Beratung ihre faktische Einflussnahme auf Selbstverwaltung keinen gerichtlichen Sanktionen unterliegen. Auch eine beratungsinhaltsgleiche Entscheidung der Kommune aus eigener Initiative muss selbstverständlich nicht ausgeschlossen werden.[117]

2. Vielzahl der Genehmigungsvorbehalte im Kommunalhaushaltsrecht

Gewisse Beschlüsse der Kommunen bedürfen der Genehmigung der Aufsichtsbehörde, um rechtlich wirksam zu werden.[118] Nachfolgend soll kurz auf die wesentlichen Genehmigungsvorbehalte im Haushaltsrecht eingegangen werden.

a) Genehmigungsbedürftige Angelegenheiten

aa) Genehmigungspflichtige Teile in der Haushaltssatzung

(1) Die Kreditaufnahme für Investitionen und Investitionsförderungsmaßnahme

Nach § 111 Abs. 6 NKomVG sind Kredite das letzte Mittel zur Beschaffung von Finanzmitteln, das nur eingesetzt werden kann, wenn alle anderen Finanzierungen nicht oder nicht wirtschaftlich vorgenommen werden können. Da die Staatsverschuldung mit Zins- und Tilgungsverpflichtungen der künftigen Steuerzahler einhergeht, muss die Kommune bei der Kreditaufnahme die finanziellen

verschiedenen repressiven Aufsichtmitteln [...]"; Knemeyer, BayVBl. 1999, 193, 196; Oebbecke, DÖV 2001, 406, 410: „Die Beratung ist ein aliud, kein minus zur Anordnung und Beanstandung".

115 Vgl. Diemert, in: Recht der kommunalen Haushaltswirtschaft, § 21 Rn. 25; Galette, in: Aktuelle Probleme der Kommunalaufsicht, S. 42 f.; Kahl, Die Staatsaufsicht, S. 522; Landtag Rheinland-Pfalz, Drucksache 17/1715 v. 28.11.2016, S. 4.

116 Glass, Die Realität der Kommunalaufsicht, S. 60.

117 Knemeyer, in: Handbuch der kommunalen Wissenschaft und Praxis, §12 Rn. 35.

118 Fritze, Entwicklung rechnungswesenbasierter Systeme zur Stabilisierung der Kommunalfinanzen, S. 81.

Belastungen sorgfältig berücksichtigen.[119] Kredite dürfen ausschließlich für Investitionen bzw. Investitionsförderungsmaßnahmen oder für Umschuldung aufgenommen werden (§ 120 Abs. 1 NKomVG). Der Gesamtbetrag dieser Kredite als Bestandteil der Haushaltssatzung muss von der Aufsichtsbehörde genehmigt werden (§ 112 Abs. 2 S. 1 Nr. 1 c), § 120 Abs. 2 NKomVG). Bei der Erteilung der Genehmigung des Kreditbetrags sind nach § 120 Abs. 2 S. 2 und 3 NKomVG die geordnete Haushaltswirtschaft und die dauernde Leistungsfähigkeit der Kommune zu prüfen. Die Kreditaufnahme zum Zwecke der Umschuldung erfordert hingegen keine Genehmigung seitens Aufsichtsbehörde, da sie laufende Kredite in neue Kredite mit besseren Bedingungen umwandeln und damit das Zinsrisiko der Kommune mindern kann.[120]

(2) Der Gesamtbetrag der Verpflichtungsermächtigung

Um fehlende Transparenz zu vermeiden, die entsteht, wenn die nach mehrjährigen Investitionsvorhaben in Folgejahren geplanten Auszahlungen im Haushalt nicht ersichtlich sind, sind gemäß § 11 KomHKVO die Verpflichtungsermächtigungen zu diesen künftigen Auszahlungen für Investitionen und Investitionsförderungsmaßnahmen in den Teilhaushalten maßnahmenbezogen zu veranschlagen. Ihr Gesamtbetrag ist ein Bestandteil der Haushaltssatzung (§ 112 Abs. 2 S. 1 Nr. 1 d) NKomVG) und bedarf nach § 119 Abs. 4 NKomVG der Genehmigung der Kommunalaufsichtsbehörde.

(3) Der Höchstbetrag der Liquiditätskredite

Gemäß § 110 Abs. 4 S. 3 NKomVG muss sich die Kommune die finanzielle Liquidität sichern. Für den Fall einer zeitweise auftretenden Zahlungsunfähigkeit der kommunalen Kasse[121] können die Liquiditätskredite zur rechtzeitigen Leistung der Auszahlungen aufgenommen werden (§ 122 Abs. 1 S. 1 NKomVG). Die Liquiditätskredite sind gemäß § 60 Nr. 34 KomHKVO in der Regel kurzfristige Kontokorrentkredite zur Überbrückung verzögerter Einzahlungen. Sie dürfen

119 Klaus, Der Gemeindehaushalt 1992, 40, 42.

120 Hopp-Wiel, in: Grundlagen kommunaler Haushaltsführung, S. 11, 121.

121 Auch wenn die finanzielle Situation nicht schlecht ist, kann es vorkommen, dass z. B. aufgrund von Verzögerungen bei den Einnahmen ein Mangel an laufenden Mitteln besteht. Rose, Kommunale Finanzwirtschaft Niedersachsen, S. 181.

somit nicht als Ersatz für fehlende Deckungsmittel verwendet werden.[122] Der Höchstbetrag der Liquiditätskredite ist nach § 112 Abs. 2 S. 1 Nr. 2 NKomVG in der Haushaltssatzung festzulegen. Im Rahmen des dort festgelegten Höchstbetrags der Liquiditätskredite hat die Kommune den großen Spielraum bei der Aufnahme und Rückzahlung. So können Aufnahmen und Rückzahlungen nach Bedarf mehrmals wiederholt werden, um die Liquidität der kommunalen Haushaltsverwaltung zu schonen.[123] Da ein dauerhaft hoher Liquiditätskreditbedarf ein Zeichen angespannter Haushaltslage ist,[124] ist die Höhe der in der Haushaltssatzung ermächtigten Liquiditätskredite genehmigungsbedürftig, wenn sie ein Sechstel der im Finanzhaushalt veranschlagten Einzahlungen für die laufende Verwaltung übersteigt (§ 122 Abs. 2 NKomVG).

(4) Die Hebesätze für die Kreis- bzw. Regionsumlage

Die Landkreise bzw. die Region Hannover finanzieren sich nach § 15 Abs. 1 NFAG durch die Erhebung der Kreis - bzw. Regionsumlage, sofern ihr Finanzbedarf durch andere Erträge nicht gedeckt werden kann. Der Umlagesatz ist nach § 15 Abs. 3 S. 1 NFAG in der Haushaltssatzung festzusetzen. Bei der Erhebung der Umlage muss ausreichend Rücksicht auf die Belastung der betroffenen Gemeinden genommen werden.[125] Für die Festsetzung der Umlagesätze ist eine Genehmigung der Kommunalaufsichtsbehörde nach § 15 Abs. 6 NFAG erforderlich. Die Satzungsänderungen zur Erhöhung der Umlagesätze bis zum 15. Mai werden rückwirkend ab Beginn des Haushaltsjahres angewendet (§ 15 Abs. 3 S. 4 NFAG).

---

122 Hopp-Wiel, in: Grundlagen kommunaler Haushaltsführung, S. 11, 122; zum Missbrauch kommunaler Kassenkredite ausführlich Herrmann, Wirtschaftsdienst 2011, 686, 686 ff.

123 Rose, Kommunale Finanzwirtschaft Niedersachsen, S. 183. Nach § 14 Nr. 4 KomHKVO werden die Einzahlungen und Rückzahlungen aus der Aufnahme von Liquiditätskrediten als Ausnahme des Vollständigkeitsprinzips im Haushaltsplan nicht veranschlagt. Sie betreffen haushaltsunwirksame Ein- und Auszahlungen.

124 Brand/Steinbrecher, Wirtschaftsdienst 2018, 664, 664; Holtkamp, Verwaltungsreformen, S. 147; Landesrechnungshof Niedersachsen, Kommunalbericht 2017, S. 30.

125 BVerwG, NVwZ 2016, 72, 72; Rose, Kommunale Finanzwirtschaft Niedersachsen, S. 146.

bb) Genehmigungspflichtige Teile in der Nachtragshaushaltssatzung

Will die Kommune ihre ursprüngliche Haushaltssatzung durch die Nachtragshaushaltssatzung ersetzen, bedürfen die genehmigungspflichtigen Teile wiederum der Genehmigung der Aufsichtsbehörde (§ 115 Abs. 1 S. 2 NKomVG).

cc) Genehmigungpflichtige einzelne Maßnahmen beim Haushaltsvollzug

(1) Die Einzelgenehmigung der Kreditaufnahme

Im Rahmen des genehmigten Gesamtbetrags der Kredite verfügen die Kommunen bei einzelnen Darlehen über einen Entscheidungsspielraum.[126] Die Kommunalaufsicht kann daraufhin nur in Ausnahmefällen in die kommunale Kreditwirtschaft intervenieren. Nach § 120 Abs. 4 S. 1 NKomVG bedarf die Aufnahme der einzelnen Kredite der Genehmigung der Aufsichtsbehörde, wenn diese Beschaffung der Finanzmittel im Wege der Kreditaufnahme zur gesamtwirtschaftlichen Stabilität nach § 19 S. 1 des Gesetzes zur Förderung der Stabilität und des Wachstums der Wirtschaft (StabG) beschränkt worden ist. Diese Einzelgenehmigung kann nach § 120 Abs. 4 S. 2 NKomVG nach Maßgabe der Kreditbeschränkungen verweigert werden.

(2) Kreditähnliche Rechtsgeschäfte

Die Zusammenarbeit zwischen öffentlichen und privaten Akteuren bietet der Kommune heutzutage vielfältige Möglichkeiten zur Finanzierung öffentlicher Aufgaben. Es handelt sich hierbei um Rechtsgeschäfte, die zwar keine Kredite sind, aber wirtschaftlich einer Kreditverpflichtung gleichkommen. So sind vor allem Leasingverträge und PPP-Projekte mit kombinierten kreditähnlichen Vertragselementen denkbar, in denen z. B. die Kommune zuerst ein Nutzungsrecht an Kraftfahrzeugen, EDV-Anlagen oder sogar öffentlichen Gebäuden erhält und dafür später einmalig oder regelmäßig bezahlt.[127] Um zu verhindern, dass kreditähnliche Geschäfte zur Umgehung gesetzlicher Beschränkungen für Kreditaufnahmen missbraucht werden, ist gemäß § 120 Abs. 6 S. 1 NKomVG eine aufsichtsbehördliche Genehmigung erforderlich, wenn sie nicht zu den Geschäften der laufenden Verwaltung gehören.

---

126 Borchert, Kommunalaufsicht und kommunaler Haushalt, S. 245.

127 Hopp-Wiel, in: Grundlagen kommunaler Haushaltsführung, S. 11, 121, 135 und 148; Rose, Kommunale Finanzwirtschaft Niedersachsen, S. 185 ff.

(3) Die Bestellung von Sicherheiten

Die Kreditaufnahme der Kommunen bedarf grundsätzlich keiner Bestellung von Sicherheiten. Lässt die Kommunalaufsichtsbehörde jedoch entsprechend der Verkehrsübung Ausnahmen zu, kann sie in Betracht gezogen werden (§ 120 Abs. 7 S. 2 NKomVG). Ebenso ist die Sicherheitsleistung zur Sicherung eines fremden Kredits verboten, nur die Kommunalaufsichtsbehörde kann Ausnahmen zulassen (§ 121 Abs. 1 NKomVG). Der Sicherungsvertrag, der nicht von der Aufsichtsbehörde genehmigt wird, ist gemäß § 134 BGB nichtig.[128] Im Rahmen der verschiedenen Sicherheiten dürfen nach § 121 Abs. 2 S. 1 NKomVG Bürgschaften und Verpflichtungen aus Gewährverträgen den Kommunen nur in Zusammenhang mit der Aufgabenerfüllung übertragen werden. Dazu bedarf es der Genehmigung der Aufsichtsbehörde (§ 121 Abs. 2 S. 2 NKomVG).

dd) Die Ausnahmegenehmigung[129] in der Experimentierklausel

Die Besonderheit besteht darin, dass Ausnahmen von der Genehmigungspflicht der Kredite des § 120 NKomVG und der Liquiditätskredite des § 122 NKomVG nach der aktuellen Experimentierklausel[130] des § 181 Abs. 1 NKomVG von der obersten Kommunalaufsichtsbehörde gewährt werden können. Der Gesetzgeber erweitert damit die Rolle der Aufsichtsbehörde. Sie kann nach § 181 Abs. 1 NKomVG die Genehmigungspflicht aufheben, wenn diese Ausnahme zum Zweck der Erprobung neuer Möglichkeiten dient und letzthin zur dauerhaften Verbesserung der Leistungsfähigkeit der Kommune beiträgt. Dies ist auf die Befürchtung zurückzuführen, dass unelastische Rechtsvorschriften die Entwicklung der öffentlichen Haushaltswirtschaft blockieren könnten.[131]

---

128 Rose, Kommunale Finanzwirtschaft Niedersachsen, S. 192.

129 Oebbecke, DÖV 1995, 701, 708 nannte sie die genehmigungsähnliche Zulassung von Ausnahmen.

130 Zeitlich befristete Rechtsvorschriften zur Anwendung des theoretischen Entwurfs auf die Praxis werden als Experimentierklauseln bezeichnet. Die derzeitige Experiementierklausel wurde am 16.12.2013 in § 181 NKomVG erlassen. Die alte Experimentierklausel, die 1.11.1996 in § 138 Abs. 1 NGO eingeführt wurde, schrieb eine flexible Anwendung einiger haushaltsrechtlichen Vorschriften zur Erprobung des Neuen Steuerungsmodells in der Kommunalverwaltung vor. Nach der Haushaltsreform 2006 wurde sie aufgehoben. Rose, Kommunale Finanzwirtschaft Niedersachsen, S. 7 f.

131 Vgl. Oebbecke, DÖV 2001, 406, 411.

b) Rechtscharakter des Genehmigungsvorbehalts auf dem Gebiet des kommunalen Haushaltsrechts

Bei den Genehmigungsvorbehalten im Haushaltsrecht handelt es sich um die Angelegenheiten, die in der Gegenwart oder Zukunft finanzielle Belastungen verursachen können. Das Genehmigungsverfahren zielt also auf eine präventive Vermeidung verborgener Finanzlasten sowie eine angemessene Verwaltung des Gesamtbudgets.[132] Die Genehmigungsbehörde trägt gegenüber den Kommunen und dem Dritten „eine gewisse Mitverantwortung“[133].[134] Begründet wird dies zum Teil damit, dass die mangelnde Leistungs- bzw. Funktionsfähigkeit der Kommune, also eine drohende (faktische) Insolvenz[135], letztlich den Staat belastet.[136]

Ohne Genehmigung der Aufsichtsbehörde sind genehmigungsbedürftige Angelegenheiten nach § 176 Abs. 1 S. 1 NKomVG nicht wirksam. Die Aufsichtsbehörde kann zwar Teilgenehmigungen bzw. Genehmigungen mit Auflagen oder Bedingungen erteilen (§ 120 Abs. 2 S. 2 NKomVG). Aufgrund der Tatsache, dass die Aufsichtsbehörde sich hinsichtlich der genehmigungsbedürftigen Entscheidungen der Kommune konkret entscheiden kann, wie deren Inhalte geändert werden müssen, ist zu fragen, ob die Genehmigungsvorbehalte – über die Instrumente reiner Rechtsaufsicht hinaus – als Mitwirkungsrechte im Sinne des Kondominiums zwischen Kommune und Staat einzustufen sind.[137] Obwohl die

---

132 Rose, Kommunale Finanzwirtschaft Niedersachsen, S. 191 f.; Herrmann, Wirtschaftsdienst 2011, 10, 10 ff. Vgl. MI Sachsen-Anhalt, RdErl., 32/35-10401 v. 23.2.2015.

133 Diemert, in: Recht der kommunalen Haushaltswirtschaft, § 21 Rn. 45.

134 Vgl. OVG Dresden, Urt. v. 11.7.2001, – 6 U 254/01; BGH, NJW 2003, 1318-1319; Landtag Niedersachsen, Drucksache 15/1680, S. 33 f. Siehe auch Magin, Kommunale Rechnungslegung, S. 221; Pegatzky, LKV 2003, 451, 451 ff.

135 Schulze, Der Gemeindehaushalt 2011, 48, 48 ff.: Während überschuldete Unternehmen in der Betriebswirtschaft zur Insolvenz führen können, haben die Kommunen kein Insolvenzrecht (in Niedersachsen gemäß § 12 Abs. 1 Nr. 2 Insolvenzordnung und § 1 Abs. 1 Niedersächsisches Gesetz über die Insolvenzunfähigkeit juristischer Personen des öffentlichen Rechts).

136 BayVerfGH, BayVBl. 1989, 237, 238 f.; Schulze, Der Gemeindehaushalt 2011, 48, 51 ff.

137 Vgl. Hofmann, in: Aktuelle Probleme der Kommunalaufsicht, S. 81, 84. Zu den kontroversen Diskussionen über das Wesen der Genehmigungsvorbehalte Humpert, Genehmigungsvorbehalte im Kommunalverfassungsrecht; Lang, DVBl. 1995, 657, 658 ff.; Schrapper, NVwZ 1990, 931, 932 f. Knemeyer, in: Handbuch der kommunalen Wissenschaft und Praxis, § 12 Rn. 58 stellte allerdings fest, dass die Rechtsnatur der Genehmigungsvorbehalte „je nach Normzweck, Grundakt und Sinn und Zweck“ unterschiedlich sein kann.

Debatte um die Rechtsnatur der Genehmigung noch nicht beendet ist, hat die Genehmigungsbehörde hinsichtlich der Haushaltsfragen grundsätzlich nur die Einhaltung der rechtlichen Anforderungen zu prüfen.[138]

c) *Die Beurteilung der dauernden Leistungsfähigkeit als Genehmigungsmaßstab*

Das maßgebende Kriterium für die Entscheidung über die Genehmigung ist, ob die finanzielle Leistungsfähigkeit der Kommune dauernd aufrechterhalten werden kann, da sich genehmigungspflichtige Tatbestände im Haushaltsrecht größtenteils auf die Volumen der Finanzierung beziehen.[139] Um eine Überschuldung zu verhindern und eine reibungslose Rückzahlung von Zins- und Tilgungsleistungen sicherzustellen, ist die Genehmigung grundsätzlich in den Fällen zu verweigern, in denen die stetige Leistungsfähigkeit gefährdet ist (vgl. § 120 Abs. 2 S. 3 NKomVG). Liegt hingegen kein Rechtsverstoß vor, ist die Aufsichtsbehörde angehalten, die Genehmigung zu erteilen.[140] Ein Ermessensspielraum besteht hierbei nicht.[141]

Die entscheidende Frage ist hier, wie die dauernde Leistungsfähigkeit der Kommunen beurteilt werden kann. Im Falle des Konfliktes zwischen der Kommune und der Aufsichtsbehörde bezüglich der Genehmigung eines Kreisumlagesatzes hat das OVG des Saarlandes bestätigt, dass der Kommune bei der Auslegung des unbestimmten Rechtsbegriffs der dauernden Leistungsfähigkeit ein Beurteilungsspielraum eingeräumt wird.[142] Die Frage der Entscheidungsprärogative

---

138 OVG Münster, NVwZ 1990, 689; Diemert, in: Recht der kommunalen Haushaltswirtschaft, § 21 Rn. 44; Glass, Die Realität der Kommunalaufsicht, S. 82; Hofmann, in: Aktuelle Probleme der Kommunalaufsicht, S. 81, 84; Mehde, in: Recht der kommunalen Haushaltswirtschaft, § 6 Rn. 46; a. A. Weber, in; Aktuelle Probleme der Kommunalaufsicht, S. 17, 27 f.

139 Vgl. KFS, Kommunal-Info 4/2016, S. 4; MI Sachsen-Anhalt, RdErl., 32/35-10401 v. 23.2.2015.

140 Zur Genehmigung kreditähnlicher Rechtsgeschäfte Landtag Bayern, Drucksache 16/1595 v. 20.7.2009, S. 2.

141 MI Sachsen-Anhalt, RdErl., 32/35-10401 v. 23.2.2015.

142 Danach kann die Kommunalaufsichtsbehörde eine Genehmigung nur versagen, wenn das Beurteilungsergebnis eines Kreises offenbar fehlerhaft ist. OVG Saarland, Urt. v. 19.12.2001 – 9 R 5/00 –, Rn. 75; VG Cottbus, Urt. v. 24.5.2018 - VG 1 K 839/14, BeckRS 2018, 11164, Rn. 23: „Die Prüfungskompetenz der Kommunalaufsicht geht insoweit nicht über den Rahmen einer verwaltungsgerichtlichen Prüfung hinaus."; Meyer, NVwZ 2003, 818, 819.

könnte jedoch wenig von Bedeutung sein, wenn relativ plausibel und offensichtlich festzustellen ist, ob das Beurteilungsergebnis fehlerhaft ist. Insbesondere sind nach der Haushaltsreform zur Einführung der Doppik detaillierte Bewertungskriterien der dauernden Leistungsfähigkeit rechtlich vorgeschrieben (§ 23 KomHKVO) und zentrale Eckdaten, in denen verschiedene Indikatoren über die Haushaltssituation dargelegt werden, verfügbar.

3. Stärkung der repressiven Kontrolle der Kommunalaufsichtsbehörde in der Haushaltsnotlage – mit Schwerpunkt auf der Auffassung der Gerichte –

Eine der Kernfragen bei der Haushaltsaufsicht ist, ob und inwieweit ein repressives aufsichtbehördliches Einschreiten zur Verminderung des Haushaltsfehlbedarfs gebilligt werden kann. Dazu ist eine Untersuchung der Rechtsprechung sinnvoll, da wenn ein Dissens über den Rahmen der kommunalaufsichtlichen Befugnisse zwischen der Aufsichtsbehörde und der Kommune besteht, kann dieser endgültig gerichtlich geklärt werden.[143]

a) Die kommunale Einnahmen- und Ausgabenwirtschaft als Aufsichtsgegenstände

aa) Die Rechtsgrundlage für die kommunalen Einnahmen und Ausgaben

Die Einnahmen- und Ausgabenwirtschaft der Kommune ist mit Hinweis auf ihre Finanzhoheit durch das (Verfassungs)Recht umhegt und abgesichert. Die Beschaffung von Ressourcen für die Aufgabenerfüllung der Kommunen in ihrem Gebiet ist ausschließlich auf Grundlage des Gesetzes möglich.[144] Das Hebesatzrecht für Grundsteuer und Gewerbesteuer steht nach Art. 106 Abs. 6 S. 2 GG den Gemeinden zu. Weitere Details hierzu sind im Grundsteuer- und Gewerbesteuergesetz geregelt. Die Landkreise können bei Bedarf nach § 15 NFAG eine Kreisumlage erheben. Die Steuer- und Abgabenhoheit der Kommunen wird durch das Kommunalabgabengesetz geregelt. Bemerkenswert ist dabei, dass die Kommune zur Finanzmittelbeschaffung zwar rechtlich berechtigt, aber nicht verpflichtet ist.[145]

---

143 Brinktrine, DV 2009, 565, 565.

144 Büchner, Rechtliche Grundlagen kommunaler Selbstverwaltung, S. 31 f.

145 Starke, DVBl. 2007, 1476, 1478: Die abgabenrechtlichen Kann-Formulierungen in Niedersachsen werden als „Kompetenz-Können“ verstanden.

Demgegenüber sind die Ausgaben der Kommune aufgabenbezogen.[146] Für die von der Kommune zu erfüllenden Pflichtaufgaben muss das notwendige Budget immer zugewiesen werden.[147] Das Ausgabenvolumen hängt vom aufgabennahen Recht ab. Je dichter kommunale Pflichten rechtlich vorgeschrieben werden, desto eingeschränkter der Spielraum bei der Haushaltsplanung und je lockerer das Recht, desto größer der Einfluss des Haushalts auf die Aufgabenerfüllung.[148] Aufgrund dessen sehen sich freiwillige Selbstverwaltungsaufgaben, die keiner gesetzlichen Pflicht unterliegen, im Falle eines Haushaltsdefizits vorrangig Aufgabenkritik und Haushaltskürzungen ausgesetzt.[149] Es besteht allerdings Gefahr, dass die Finanzausstattung, die unter dem absoluten Minimum für die Wahrnehmung freiwilliger Angelegenheiten liegt, das Recht auf Selbstverwaltung innerlich aushöhlt.[150]

bb) Unterliegt eine kommunale Entscheidung über Einnahmen und Ausgaben den haushaltsrechtlichen Verpflichtungen?

Da ein aufsichtliches Eingreifen ohne Pflichtverletzung der Kommune nicht möglich ist, stellt sich bei der Rechtskontrolle die zentrale Frage, ob eine Entscheidung der Kommunen über ihre Einnahmen und Ausgaben haushaltsrechtlichen Verpflichtungen unterliegt.

Hinsichtlich einer Entscheidung über die Einnahmen wurde mit Schwerpunkt auf den Hebesatz der Gemeinde Folgendes diskutiert. In der Vergangenheit haben die Gerichte bestätigt, dass ein Beschluss zur Festlegung des Realsteuersatzes nach Art. 106 Abs. 6 S. 1 und 2 GG keiner haushaltsrechtlichen (landesrechtlichen) Pflicht unterliegt.[151] Begründet wurde dies damit, dass der Bundesgesetzgeber schon das Grundsteuer- und Gewerbesteuergesetz erlassen hat und das damit nicht im Einklang stehende Landesrecht nach Art. 31 GG unwirksam ist.[152] Danach sei Art. 106 Abs. 6 GG so auszulegen, dass die Aufnahme einer

146 Vgl. Gaentzsch, DÖV 1988, 952, 954; Kirchhof, NVwZ 1983, 505, 505.

147 Vgl. Kirchhof, NVwZ 1983, 505, 505: Die Pflichtaufgaben dürfen auf keinen Fall mit der Begründung aufgegeben werden, dass es kein Budget gibt.

148 Kirchhof, NVwZ 1983, 505, 505.

149 Ipsen, DVBl. 1998, 801, 801 f.; Mehde, Neues Steuerungsmodell und Demokratieprinzip, S. 119-121; siehe auch OVG Magdeburg, Urt. v. 7.6.2011 - 4 L 216/09, S. 2.

150 BVerfGE 22, 180, 205; Nds. StGH, DVBl. 1998, 185, 189; Thüringer Verfassungsgerichtshof, NVwZ-RR 2005, 665, 668; Nds. OVG; DVBl. 2003, 278, 279 f.; Hufen, DÖV 1998, S. 276, 276 ff.; Ipsen, Niedersächsisches Kommunalrecht, Rn. 725.

151 BVerwG, NVwZ 1994, 176; VG Köln, Urt. v. 19.3.2004 – 4 K 3720/03, Rn. 64-67; VG Aachen, Urt. v. 28.6.2007 – 4 K 142/06, Rn. 28-32.

152 Ebd.

weiteren landesrechtlichen Verpflichtung, abgesehen von im Bundesgesetz vorgeschriebenen Pflichten, verboten ist.[153] Im Gegensatz dazu stellte das BVerwG 2010 fest, dass das Land eine Reglementierung des Hebesatzrechts übernehmen kann, da im Grund- und Gewerbesteuergesetz keine Regelungen zur Festsetzung der Höhe der Hebesätze zu finden sind.[154] Die Rechtsprechung ist derzeit einstimmig davon ausgegangen, dass jede einnahmenbezogene Entscheidung, einschließlich der Ausübung des Hebesatzrechts, auch den Anforderungen des Haushaltsrechts untergeordnet ist.[155]

In Bezug auf eine Entscheidung über die Ausgaben werden demgegenüber keine spezifischen Ausgabenverpflichtungen oder -befugnisse aus dem Grundgesetz abgeleitet. Daher unterliegt jede ausgabenbezogene Entscheidung natürlich den Landesgesetzen, so auch dem Haushaltsgesetz.

cc) Die Auswahl der Gegenstände repressiver Aufsichtsmaßnahmen

Ein nicht ausgeglichener Haushalt ist das Ergebnis zahlreicher Einzelentscheidungen über Einnahmen und Ausgaben.[156] Hierbei geht es um die Frage, welche Einzelmaßnahme auf der Einnahmen- bzw. Ausgabenseite Gegenstand von Aufsichtsmaßnahmen sein kann.[157] Grundsätzlich kann die Kommunalaufsicht nach ihrem Ermessen den Aufsichtsgegenstand auswählen, da mehrere

---

153 Das VG Köln hielt aus diesem Grund die kommunalaufsichtsrechtliche Anordnung für rechtswidrig, auch wenn eine Gemeinde trotz der Haushaltsnotlage einen Beschluss zur Festlegung des zu niedrigen Steuersatzes für Realsteuer erlassen hat. Hier wurde die Problematik des fehlenden Haushaltsausgleiches nicht berücksichtigt (VG Köln, Urt. v. 19.3.2004 – 4 K 3720/03, Rn. 42 ff.); siehe auch BVerwG, NVwZ 1994, 176; VG Aachen, 4 K 142/06 Rn. 30.

154 BVerwGE 138, 89, Rn. 6. Allerdings schreibt das Gewerbesteuergesetz (GewStG) vor, dass die Gemeinden eine Gewerbesteuer erheben (§ 1 GewStG). Der Mindesthebesatz für die Gewerbesteuer beträgt 200 Prozent (§ 16 Abs. 4 S. 2 GewStG). Hingegen bestimmt die Gemeinde nach § 1 Grundsteuergesetz (GrStG), ob eine Grundsteuer zu erheben ist.

155 So zutreffend BVerwG, NVwZ 2016, 72; BVerwG, NVwZ 2019, 1528; OVG Magdeburg, Urt. v. 7.6.2011 – 4 L 216/09, BeckRS 2011, 52506; VG Köln, Urt. v. 19.3.2004 – 4 K 3720/03; VGH Kassel, Urt. v. 14.2.2013 – 8A 816/12, BeckRS 2013, 46987; VG Gießen, Urt. v. 6.6.2013 - 8 K 152/12.GI, openJur 2013, 29646.

156 Vgl. Lange, NVwZ 2015, 695, 699 unter Hinweis auf BverwG, NVwZ 1988, 922, 925: „[…] der Entschuluss […] [ist] regelmäßig das Resultat einer Vielzahl ungünstiger oder sich ungünstig entwickelnder Faktoren, wobei der einzelne Faktor keine andere Bedeutung hat als "der Tropfen, der das Faß zum Überlaufen bringt"."

157 Vgl. Oebbecke, DVBl. 2013, 1409, 1411 f.

Entscheidungen der Gemeinden gemeinsam gegen die Haushaltsregeln für die gesamte Haushaltswirtschaft verstoßen.[158] In einer defizitären Haushaltslage ist die Kommune verpflichtet, mit aller Kraft zum nächstmöglichen Zeitpunkt einen Haushaltsausgleich zu erreichen.[159] Daraus ergibt sich die Aufsichtsmöglichkeit über jede Entscheidung der Kommune, die die Defizitminimierung oder die Erreichung des Haushaltsausgleichs erschwert.[160] Dabei spielt die Entscheidungsform der Kommune keine Rolle; die Kommunalaufsicht kann nicht nur einen Beschluss, sondern auch eine Satzung beanstanden bzw. aufheben.[161]

In der Praxis scheint allerdings ein aufsichtsrechtlicher Eingriff in die Einnahmenseite des Haushalts bevorzugt zu werden, weil sich die politische Ausrichtung der Kommune tendenziell auf der Ausgabenseite stärker widerspiegelt.[162] Dementsprechend wurde gerichtlich eine Stärkung der Kommunalaufsicht vorrangig bei Streitfällen anerkannt, bei denen es zu prüfen gilt, ob ein Einsatz der förmlichen Aufsichtsmittel gegen einen kommunalpolitisch-motivierten Verzicht der Einnahmemöglichkeit der Gemeinden rechtmäßig ist.[163] Bei den in diesem Zusammenhang herangezogenen Fällen geht es vor allem um die Festsetzung eines zu niedrigen Hebesatzes der Realsteuern oder Kreisumlagen sowie um die Nichterhebung von Abgaben. Der Verzicht auf andere Einnahmequellen, die – unabhängig von der Entscheidung der Kommune – von außen bestimmt werden (Zuwendungen, Spenden, Schenkungen usw.) oder die die zukünftige Finanzlage eher verschlechtern (Kredite), steht diesbezüglich nicht zur Debatte.

158 Ebd.

159 BVerwGE 138, 89, Rn. 5 und 23 f.; BVerwG, NVwZ 2016, 72, 73.

160 Oebbecke, DVBl. 2013, 1409, 1411.

161 BVerwG, NVwZ 2019, 1528; vgl. Kahl, Die Staatsaufsicht, S. 496: „Gegenstand der Aufsicht ist dabei das gesamte Verhalten verwaltender Art eines Verbands. Die Form spielt keine Rolle (Prinzip der Universalität der Aufsicht)."

162 Vgl. BVerwG, NVwZ 2016, 72, 75.

163 Oebbecke, DVBl. 2013, 1409, 1411: „Die Rechtsprechung der Verwaltungsgerichte zeichnet von der aufsichtlichen Praxis ein aufschlussreiches, aber notgedrungen einseitiges Bild, weil es wichtige Bereiche nicht erfasst. Überall da, wo die Aufsicht nur berät oder wo sie im Einvernehmen wenigstens mit der Verwaltungsspitze der Kommune handelt, wird nicht geklagt. Die vorliegenden Judikate zeigen aber, welche Rolle die Verwaltungsgerichte spielen."

b) Die Beurteilung der Rechtswidrigkeit einer Entscheidung über die Einnahmen

Eine Kommunalaufsicht ist eine reine Rechtsaufsicht über die Angelegenheiten im eigenen Wirkungskreis (Art. 57 Abs. 5 NV, § 170 Abs. 1 S. 2 NKomVG). Hieraus ergibt sich eine wichtige Frage: Welche Reichweite hat eine Rechtsaufsicht, die sich von der Fachaufsicht unterscheidet? Dies ist insbesondere in Bezug auf die Überprüfung der Einhaltung unbestimmter Rechtsbegriffe in den final strukturierten Normen, die weder Tatbestand noch Rechtsfolge enthalten, bemerkenswert.[164]

aa) Die Kommunalaufsicht als Rechtmäßigkeitskontrolle

Worin unterscheiden sich Rechtmäßigkeit und Zweckmäßigkeit? Während der Begriff „Rechtmäßigkeit" zumindest anhand der gesetzlichen Bestimmung verstanden werden kann, gibt es für den Begriff „Zweckmäßigkeit" keine brauchbare Legaldefinition.[165] Allerdings lässt sich die Zweckmäßigkeit in der Regel durch Konzepte wie z. B. Schnelligkeit, Sicherheit, geringer Aufwand, Bürgernähe, Akzeptabilität, Gerechtigkeitserwägungen, Rationalität, Erfolgsdienlichkeit,

---

164 Ein Ziel des Gesetzes kann auch durch die Nichtbestimmtheit der Rechtsnormen erreicht werden. Das kommunale Haushaltsrecht zielt ab, die planerische Gestaltungsfreiheit der Kommune zu gewährleisten, indem es sie ermächtigt (Ermächtigungsregeln), den Haushaltsplan zu bilden und auszuführen und die dafür zu befolgenden haushaltstechnische Vorschriften und Haushaltsgrundsätze vorsieht. In der juristischen Lehre können sie als final-programmierte Rechtsnormen dargestellt werden. Luhmann, Zweckbegriff und Systemrationalität, S. 257 ff. klassifizierte zwei Grundformen: konditionale und finale Norm-Programmierung. Die konditionale Normstruktur besteht aus Tatbestand und Rechtsfolge also Wenn-Dann-Schema. Der Entscheidungsprozess der Verwaltung läuft hierbei durch die Subsumtion, bei der sich die zu interpretierende Rechtsnorm und der ermittelte Sachverhalt zusammenfügen. Darauf basierend führt er zum Auswahlverfahren der Rechtsfolge, soweit im Gesetz das Ermessen eingeräumt wird. Demgegenüber haben die final geprägten Rechtsnormen weder Konditionen auf Tatbestandsebene noch Rechtsfolge. Sie sind eher von Ziel-Bestimmungen also der „Vorgabe […] eines vom Normsetzer erwünschten Zustands oder einer erwünschten Handlungsweise ohne vorab festgelegte Rechtsfolge" geprägt (Reimer, Juristische Methodenlehre, Rn. 265). Besonders bedeutsam ist hierbei, dass wesentliche haushaltsrechtliche Ziele (etwa der Haushaltsausgleich, die sparsame und wirtschaftliche Haushaltsführung sowie die stetige Aufgabenerfüllung) aus den unbestimmten Rechtsbegriffen bestehen.

165 Neupert, Rechtmäßigkeit und Zweckmäßigkeit, S. 14.

Vereinfachung oder Transparenz konkretisieren.[166] Wie diesen Beispielen zu entnehmen ist, bezieht sich die Frage der Zweckmäßigkeit auf ein wünschenswertes Verhalten. Die Kommunalaufsicht soll als die Rechtsaufsicht demgegenüber keine wünschenswerteren Ergebnisse verlangen, die über den Rahmen gesetzlicher Verpflichtungen hinausgehen.

Problematisch ist dabei allerdings, dass eine Vielzahl von Rechtsnormen immer mehr Zweckmäßigkeitselemente mit einschließt.[167] Diese Verrechtlichungstendenz erschwert die Beantwortung einer Frage, ob die Kommunalaufsicht gemessen an der im Gesetz vorgeschriebenen Konjunkturgerechtigkeit bzw. sparsamen und wirtschaftlichen Haushaltsführung eine Rechtmäßigkeits- oder Zweckmäßigkeitskontrolle ist.[168] Auch in einem konkreten Streitfall von den Gerichten ist die Grenze zwischen der Rechtmäßigkeit und der Zweckmäßigkeit kaum trennscharf zu ziehen.[169]

Es ist dennoch anzumerken, dass in manchen Fällen die Gerichte die Rechtmäßigkeit der Aufsichtsmaßnahmen aufgrund von Verstößen gegen den Sparsamkeitsgrundsatz der Kommunen bestätigt haben.[170] Soweit es positivrechtlich vorgeschrieben ist, kann eine aufsichtliche Überprüfung der Anwendung des Rechtsbegriffs nicht ohne weiteres als Zweckmäßigkeitsprüfung eingestuft werden.[171] In diesem Kontext sind rein zweckmäßige bzw. politische Fragen, die nichts mit den Bestimmungen des Haushaltsgesetzes zu tun haben, sehr selten.

166 Vgl. Neupert, Rechtmäßigkeit und Zweckmäßigkeit, S. 14 f.; Schmidt, VerwArch 2000, 149, 150.

167 Pieper, Aufsicht, S. 417 wies auch darauf hin, dass die Begrenzung der Rechtsaufsicht auf Rechtmäßigkeitskontrolle nur modelhaft gilt, weil die Rechtsnormen immer auch Kriterien der Zweckmäßigkeit enthalten. Schmidt-Aßmann, Das allgemeine Verwaltungsrecht als Ordnungsidee, 1/23; Seelmann, Rechtsphilosophie, § 2 Rn. 16.

168 Vgl. Mehde, in: Dietlein/Mehde (Hrsg.), NKomVG-Kommentar, § 25 Rn. 15 f.; Oebbecke, DVBl. 1994, 147, 150 f; ders., DÖV 2001, 406, 410; Stachels, Das Stabilitätsgesetz im System des Regierungshandelns, S. 76.

169 Das BVerfG stellte fest, dass sich die Kommunalaufsicht weder zu einer Einmischungsaufsicht entwickeln, noch zur Fachaufsicht verdichten darf (BVerfGE 78, 331, 331). Allerdings hatte das BVerfG noch offengelassen, wo die Grenze zwischen Kommunalaufsicht und Fachaufsicht (oder Einmischungsaufsicht) liegt. Daraus ergibt sich die Frage, ob die Rechts- und Zweckmäßigkeitskontrolle allein anhand der Kontrollintensität unterschieden werden können. Siehe auch OVG Münster, NVwZ-RR 1991, 509; OVG RLP Urt. v. 8.6.2007 – 2 A 10286/07.

170 Vgl. BVerwGE 138, 89; BVerwG, NVwZ 2016, 72; BVerwG, NVwZ 2019, 1528.

171 Vgl. von Arnim, Wirtschaftlichkeit als Rechtsprinzip, S. 57 f.; Ipsen, Niedersächsisches Kommunalrecht, Rn. 839 f. vertritt die Ansicht, dass die Grenze zwischen

bb) Die Kommunalaufsicht als Vertretbarkeitskontrolle

Bei der Rechtskontrolle handelt es sich zunächst um die Frage, wer einen Beurteilungsspielraum bzw. eine Einschätzungsprärogative bei der Auslegung und Anwendung der auslegungsbedürftigen unbestimmten Rechtsbegriffe hat.[172] Nach herrschender Rechtsauffassung kommen Spielräume aus den unbestimmten Rechtsbegriffen nur den Kommunen – nicht der Aufsichtsbehörde – zu.[173] Ein aufsichtsrechtlicher Eingriff ist somit nur möglich, wenn die Kommune ihre Spielräume in nicht mehr vertretbarer Weise ausübt.[174] In diesem Sinne reicht

---

Rechtmäßigkeit und Zweckmäßigkeit praktisch verwischt ist. Bei unbestimmten Rechtsbegriffen ist die Zweckmäßigkeitserwägung bereits in der Subsumtion enthalten. Er führt die „angemessene" Aufwandsentschädigung in § 44 Abs. 2 NKomVG als Beispiel an: Obwohl die Festsetzung der Höhe der Aufwandsentschädigung Rechtsfrage ist, kann sie nicht frei von Zweckmäßigkeitserwägungen (Haushaltssituation der Gemeinde) gemacht werden. In diese Richtung Cattepoel, VerwArch 1980, 140, 140 ff.; Neupert, Rechtmäßigkeit und Zweckmäßigkeit, S. 18 ff.; Pfeiffer, ThürVBl. 2007, 201, 205. Zur Heranziehung der Zweckmäßigkeitserwägung bei der Ausübung von Planungsermessen Badura, in: FS zum 25-jährigen Bestehen des Bayerischen Verfassungsgerichtshofs, S. 157, 171; a. A., Pieper, Aufsicht, S. 421.

172 Als Beispiele dafür sind im Haushaltsrecht „sparsam", „wirtschaftlich", „stetig", „dauernd" „vertretbar", „geboten" usw. denkbar, zu den Beurteilungsspielräumen in der gerichtlichen Kontrolle Gießen, ZJS 2008, 336, 336 ff.

173 BVerfGE 78, 331, Rn. 33; VG Köln, Urt. v. 19.3.2004 – 4 K 3720/03, Rn. 43; VG Cottbus, Urt. v. 24.5.2018 – VG 1 K 839/14, BeckRS 2018, 11164, Rn. 52; Ade, Der Gemeindehaushalt 1992, 40, 40 ff.; Brüning/Vogelgesang, Die Kommunalaufsicht, Rn. 144; Erichsen, DVBl. 1985, 943, 944; Geis, Kommunalrecht § 24 Rn. 12; Lange, NVwZ 2015, 695, 699 f.; Ruffert, VerwArch 2001, 27, 37 f; Spiecker, NVwZ 2005, 1276, 1278.

174 OVG Münster, NVwZ-RR 1991, 509, 509; OVG Sachsen, Urt. v. 18.12.2017 – 5 A 149/16, Rn. 47; Kahl, Die Staatsaufsicht, S. 559; Lange, Kommunalrecht, Kap. 16 Rn. 55. Die Vertretbarkeit ist ein sehr schwer zu definierendes Konzept, obwohl jeder es versteht. Verglichen mit der Nutzungshäufigkeit wurde bisher nicht viel darüber diskutiert, was der Begriff „Vertretbarkeit" beinhaltet. Um sich diesem Begriff zu nähern, ragt Schuhrs Auffassung über die Gemeinsamkeiten der Vertretbarkeit einer rechtlichen Aussage hervor. Es wies darauf hin, wenn rechtliche Aussagen als vertretbar erachtet werden, impliziert dies zwei Tatsachen, dass diese Entscheidung schon irgendwie akzeptiert werden kann und dass es mindestens eine andere gegeneinander austauschbare Alternative gibt. Durch die Kombination dieser „Akzeptabilität" und „Austauschbarkeit" setzt zur Vertretbarkeitskontrolle eine Gruppe von akzeptablen mehreren austauschbaren Alternativen voraus, die auf ihrer gewissen Homogenität basieren (Schuhr, JZ 2008, 603, 603). Bei der Vertretbarkeitskontrolle wird nämlich

der Umfang der Kommunalaufsicht bis zur Vertretbarkeitskontrolle, die in der Regel als eine rechtliche Überprüfung im begrenzten Sinne verstanden wird. So wies Waechter darauf hin, dass die „Vertretbarkeitskontrolle [...] mehr als bloße Überprüfung auf Willkür, aber weniger als volle Rechtskontrolle [einzustufen ist].“[175]

Nach jüngster Rechtsprechung läuft die Vertretbarkeitskontrolle über eine kommunale Entscheidung, eine Einnahmemöglichkeit aufzugeben, folgendermaßen ab: Im ersten Schritt ist zu prüfen, ob die betreffende Kommune ihrer Rechtspflicht zum Haushaltsausgleich nachgekommen ist.[176] Wenn die Kommune einen ausgeglichen Haushalt hat, liegt ein Verzicht auf Einnahme- bzw. Einsparpotenzial in ihrem Ermessen.[177] Ist ihr Haushalt dagegen nicht ausgeglichen, muss im nächsten Schritt geprüft werden, ob die betreffende Kommune alle ihr zur Verfügung stehenden Einnahme- und Sparmöglichkeiten ausgeschöpft hat.[178] Da ein unausgeglichener Haushalt der Kommune außer in Ausnahmefällen schon einen rechtswidrigen Status darstellt,[179] wird die Entscheidung der Kommune, ihre Haushaltslage noch stärker zu belasten, als ermessensfehlerhaft und unvertretbar beurteilt.[180]

Dies wird auch als Verstoß gegen den Grundsatz der Sparsamkeit und Wirtschaftlichkeit dargestellt.[181] Bei angespannter Haushaltssituation werden

---

geprüft, ob das Entscheidungsergebnis zu dieser Gruppe gehört und ob ein gemeindliches Handeln auf der allgemeinen Vernunft und der Annahme beruht.

175 Waechter, Kommunalrecht, Rn. 68.

176 Siehe etwa BVerwGE 138, 89, Rn. 5; BVerwG, NVwZ 2016, 72, 72 ff.; BVerwG, NVwZ 2019, 1528, Rn. 2; VG Kassel, Urt. v. 14.2.2012 – 3 K 936/10.KS, BeckRS 2012, 47236, S. 7; VG Magdeburg, Beschl. v. 12.5.2015 – 9 B 307/15, BeckRS 2015, 51209, S. 2; VG Cottbus, Urt, v. 14.3.2019 – VG 1 K 1749/18, BeckRS 2019, 4063, Rn. 24.

177 Dazu ausführlich VG Magdeburg, Urt. v. 17.2.2016 – 9 A 383/14, BeckRS 2016, 46893: Die Erhebung kostendeckender Gebühren für die Friedhofsbenutzung kann unter Berücksichtigung des öffentlichen Interesses verzichtet werden.

178 BVerwGE 138, 89, Rn. 5; BVerwG, NVwZ 2016, 72; VG Köln, Urt. v. 19.3.2004 – 4 K 3720/03, Rn. 54; VG Gießen, Urt. v. 6.6.2013 – 8 K 152/12.GI, openjur 2013, 29646, Rn. 39.

179 § 110 Abs. 4 S. 1 NKomVG schreibt die Pflicht zum Haushaltsausgleich in Form der Soll-Vorschrift vor.

180 BVerwGE 138, 89; BVerwG, NVwZ 2016, 72; BVerwG, NVwZ 2019, 1528. Hier wurden jeweils die Festsetzung eines zu niedrigen Hebesatzes und die Nichterhebung von Straßenausbaubeiträgen, die trotz der Haushaltsdefizite zu einem weiteren Einnahmeverlust führen, als Verstoß gegen die haushaltsrechtlichen Gebote beurteilt.

181 Ebd.

nämlich Beurteilungsspielräume der Kommune für die Konkretisierung des Sparsamkeits- und Wirtschaftlichkeitsprinzips stark eingeschränkt. Im Urteil des BVerwG aus dem Jahr 2010 heißt es: „[Der] Spielraum[, der für die Umsetzung des Grundsatzes sparsamer und wirtschaftlicher Haushaltsführung eröffnet wird,] [ist] umso enger […], je größer oder andauernder das Haushaltsdefizit und je unabsehbarer sein Ende ist.“[182]

cc) Beispiele für unvertretbare Entscheidungen der Kommune in der Rechtsprechung

Zusammenfassend lässt sich nach jüngster Rechtsprechung feststellen, dass sich das kommunale Ermessen auf der Einnahmenseite in einer defizitären Finanzsituation durch das Gebot der sparsamen und wirtschaftlichen Haushaltsführung zu einer Pflicht verdichtet, jede mögliche Ertrags- und Sparmöglichkeit auszuschöpfen.[183] Konkret geht es dort insbesondere um die Unvertretbarkeit eines trotz der schlechten Finanzsituation getroffenen kommunalen Beschlusses über die Senkung der Hebesätze[184], die Festsetzung der Hebesätze unter das Durchschnittsniveau[185], den Verzicht auf eine Erhebung kostendeckender Gebühren[186] oder auf den Erlass einer Straßenausbaubeitragssatzung[187] und die Ablehnung einer erforderlichen

---

182 BVerwGE 138, 89, Rn. 5. In die gleiche Richtung behauptete die Aufsichtsbehörde: „Die zulässige Intensität der aufsichtsbehördlichen Maßnahme richte sich nach dem Ausmaß der haushaltsrechtlichen Schieflage.“ (VG Aachen Urt. v. 28.6.2007 – 4 K 142/06, Rn. 10).

183 OVG Magdeburg, Urt. v. 7.6.2011 – 4 L 216/09, BeckRS 2011, 52506, S. 8 f.; VG Köln, Urt. v. 19.3.2004 – 4 K 3720/03, Rn. 54; VGH Kassel, Urt. v. 14.2.2013 – 8A 816/12, BeckRS 2013, 46987, S. 8 f. Das VG Gießen wies darauf hin, dass sogar keine Ausnahmeregelung zu diesem haushaltsrechtlichen Gebot in einer defizitären Haushaltsnotlage besteht (VG Gießen, Urt. v. 6.6.2013 - 8 K 152/12.GI, openJur 2013, 29646, Rn. 40).

184 In einigen Kommunen ist die Senkung der Gewerbesteuerhebesätze darauf ausgerichtet, mehr Unternehmen zur Ansiedlung in der Kommune zu bewegen. Das BVerwG stellte jedoch fest, dass die Annahme, dass die Senkung der Gewerbesteuerhebesätze zu höheren Einnahmen führen würde, nur eine schlecht unterstützte Hoffnung ist (BVerwGE 138, 89, Rn. 22).

185 VG Magdeburg, Beschl. v. 28.8.2014 – 9 B 176/14.

186 OVG Magdeburg, Urt. v. 7.6.2011 – 4 L 216/09, BecksRS 2011, 52506.

187 BVerwG, Beschl. v. 26.10.2016 – 9 B 28.16; BVerwG, NVwZ 2019, 1528; Hessischer VGH, Beschl. v. 12.1.2011 – 8 B 2106/10, BeckRS 2012, 46162.

Beitragserhöhung[188].

c) *Die Zulässigkeit gestaltender Aufsichtsmaßnahmen*

Es stellt sich dann die Frage, wie die Kommunalaufsicht diese rechtswidrigen Zustände beheben kann. Unter Berücksichtigung der Selbstverwaltungsgarantie des Art. 28 Abs. 2 GG sind die Gestaltung der Haushaltswirtschaft und ihre Kontrolle grundsätzlich strikt zu trennen.[189] Nach dem Kommunalrecht kann jedoch die Aufsichtsbehörde anordnen, was eine Gemeinde zur Erfüllung ihrer Rechtspflicht noch zu tun hat (§ 174 Abs. 1 NKomVG) und sogar einen Dritten beauftragen, anstelle der Kommune alle oder einzelne Aufgaben ausführen zu lassen (Ersatzvornahme, § 174 Abs. 2 NKomVG). Eine solche gestaltende Tätigkeit stieß nun häufig auf die Kritik, nicht zuletzt aus dem Grund, dass die Überlegungen der Zweckmäßigkeit unabdingbar in die Gestaltung von Aufsichtsentscheidungen einbezogen werden.[190] Nach der Rechtsprechung steht der Kommune ein Gestaltungsspielraum zur Wiederherstellung des Haushaltsausgleichs zu, selbst wenn sie sich bereits in einer Haushaltsnotlage befindet.[191] Dementsprechend genügt es seitens der Aufsichtsbehörde in der Regel, rechtswidrige Entscheidungen zu beanstanden.[192] Es ist nicht gestattet, den Kommunen alternativlos anzuweisen, welche konkreten Maßnahmen sie zu ergreifen haben.[193]

---

188 OVG NRW, Beschl. v. 22. Juli 2009 – 15 A 2324/07, openJur 2011, 67888; VG Gießen, Urt. v. 6.6.2013 – 8 K 152/12.GI, openJur 2013, 29646, Rn. 40.

189 Zur Kontroll- und Gestaltungsfunktion der Kommunalaufsicht Oebbecke, DÖV 2001, 406, 410 f.

190 VG Köln, Urt. v. 19.3.2004 – 4 K 3720/03; Oebbecke, DV 2015, 233, 244 f.; Spiecker, NVwZ 2005, 1276, 1276. Dazu vgl. Schulz, RW 2012, 330, 333.

191 BVerwGE 138, 89, Rn. 24; VG Magdeburg, Beschl. v. 12.5.2015 – 9 B 307/15, BeckRS 2015, 51209, S. 6 f.

192 Brüning, DÖV 2010, 553, 557.

193 Das BVerwG hat sich deutlich geäußert, dass die Gemeinde verpflichtet ist, einen ausgeglichenen Haushalt zu erreichen, aber wie dies erreicht werden soll, hängt völlig von ihrer Entscheidung ab (BVerwGE 138, 89, Rn. 6 und 24); BVerwG, NVwZ 2016, 72, 75; VG Magdeburg, Urt. v. 17.2.2016 – 9 A 383/14, BeckRS 2016, 46893 S. 1; BayVGH, NVwZ-RR 1993, 373, 375; VGH Kassel, Beschl. v. 10.8.2006 – 8 TG 592/06, BeckRS 2006, 136453, Rn. 20; VGH Kassel, Urt. v. 14.2.2013 – 8 A 816/12, BeckRS 2013, 46987, S. 11; VG Magdeburg, Beschl. v. 28.8.2014 – 9 B 176/14, BeckRS 2015, 40850, S. 6; Spiecker, NVwZ 2005, 1276, 1278. Auch OVG Koblenz, DVBl. 2008, 1069, 1069 wies auch hin, dass ein Haushaltsdefizit den Entscheidungsspielraum der Gemeinde nicht reduziert, um selbst einen Fehlbedarf zu beseitigen.

Nach der jüngsten ständigen Rechtsprechung wird dagegen eine bestimmte kommunalaufsichtliche Anweisung ausnahmsweise – aber vielfach – gebilligt, wenn es keine realisierbaren Alternativen mehr gibt.[194] Dies wird vor allem durch das bevorstehende zeitliche Auslaufen gerechtfertigt, wenn aufgrund des Jährlichkeitsprinzips die Aufsichtsbehörde nicht warten kann, bis die Kommune selbst mehr Steuereinnahmen erzielt.[195] In diesem Zusammenhang sind z. B. die aufsichtsbehördliche Anweisung zur Erhöhung der Steuerhebesätze auf den Landesdurchschnitt[196], die zur Festlegung eines bestimmten Kreisumlagesatzes[197] und die zum Erlass einer gesetzeskonformen Straßenbeitragssatzung[198] gerichtlich gebilligt worden.

Bei der inhaltlichen Ausgestaltung solcher Anordnungen hat die Kommunalaufsichtsbehörde im Rahmen des Verhältnismäßigkeitsprinzips regelmäßig folgende Punkte zu prüfen: Landesdurchschnittswert des Steueransatzes, Angemessenheit der Auswirkungen der Anordnung, Merkmale einer Gemeinde wie Einwohnerzahl, Sozialstruktur oder Status des vorhandenen Gewerbes, aktuelle Finanzlage, im Falle der Kreisumlage Finanzbedarf der kreisangehörigen Gemeinden usw.[199] Zu beachten ist dabei, dass die Anordnung nicht zwangsläufig einen vollständigen Haushaltsausgleich herbeiführen muss, sondern es ausreichend ist, wenn sie zumindest eine Verbesserung der Einnahmesituation

194 BVerwG, NVwZ 2016, 72, 75; OVG Schleswig, Beschl. v. 21.06.2011 – 2 MB 30/11, BeckRS 2011, 53600; OVG Thüringen, Urt. v. 23.3.2018 – 3 N 311/13; VG Cottbus, Urt. v. 14.3.2019 – 1 K 1749/18. VG Magdeburg hielt eine aufsichtsrechtliche Anordnung zur Anhebung der Realsteuersätze über den Durchschnitt für ermessenfehlerhaft, aus dem Grund, dass die Aufsichtsbehörde die anderen Möglichkeiten, die die Kommune für die Herbeiführung eines Haushaltsausgleichs wählen könnten, nicht sorgfältig erwogen hat (VG Magdeburg, Beschl. v. 12.5.2015 – 9 B 307/15, BeckRS 2015, 51209). Dagegen sah Oebbecke die aufsichtsbehördliche Anordnung zur Festlegung bestimmter Hebesätze als problematisch an und argumentierte, dass die Steuererhebung eher durch die Bestellung eines Beauftragten erfolgen sollte (Oebbecke, DVBl. 2013, 1409, 1411 f.)

195 BVerwG, NVwZ 2016, 72, 75; VG Magdeburg, Beschl. v. 28.8.2014 – 9 B 176/14, BeckRS 2015, 40850.

196 BVerwGE 138, 89.

197 BVerwG, NVwZ 2016, 72, 72 f.; VGH Kassel, Beschl. v. 10.8.2006 – 8 TG 592/06, BecksRS 2006, 136453, Rn. 39.

198 BVerwG Urt. v. 29.5.2019 – 10 C 1. 18.

199 BVerwG, NVwZ 2016, 72, 72; VG Magdeburg, Beschl. v. 12.5.2015 – 9 B 307/15, BecksRS 2015, 51209.

erreichen kann.[200] Die Frage der Zweckmäßigkeit ist unausweichlich in diesen Vorgang involviert, auch wenn es hierzu noch keine verlässliche Aussage von Seiten der Gerichte gibt.[201]

III. Die wirksame Kommunalaufsicht nach der Haushaltsreform

Aus den oben genannten Punkten lässt sich schließen, dass die Funktion der Kommunalaufsicht über die Haushaltswirtschaft der dominanten Vorstellung der überkommenen Aufsichtstheorie, die auf ihre maßvolle und zurückhaltende Handlung ausgerichtet ist, widerspricht. Mittels verschiedener Aufsichtsinstrumente arbeitet sie in jedem Entscheidungsvorgang des kommunalen Haushaltskreislaufs so, dass sie als mitlaufende Kontrolle dient.[202] Der Kommunalaufsicht als Rechtskontrolle unterliegt unter Hinweis auf gesetzlich verankerte Haushaltsgrundsätze jede Haushaltsentscheidung der Kommune.[203] Eine Beratung über eine zweckmäßigere Entscheidung der Kommune ist in der Praxis möglich und manchmal als sehr hilfreich anzusehen.[204] Die Gerichte haben eine gestaltende Rolle der Aufsichtsbehörde in Haushaltsfragen anerkannt, wenn es in einer Haushaltsnotlage, die ein rechtswidriger Zustand ist, keine andere Alternative gibt.[205] Oebbecke beschreibt dies als „die Zurückdrängung aufsichtlicher Opportunitätserwägungen".[206] Nämlich wird das Aufsichtsermessen zur Aufsichtspflicht, um weitere finanzielle Belastungen zu vermeiden, dabei gilt das Legalitätsprinzip anstelle des Opportunitätsprinzips.[207]

---

200 VG Magdeburg, Beschl. v. 28.8.2014 - 9 B 176/14, BeckRS 2015, 40850, S. 9; VG Magdeburg, Beschl. v. 12.5.2015 – 9 B 307/15, BeckRS 2015, 51209, S. 10 f. Das BVerwG formulierte dies als die aufsichtsbehördliche Pflicht zur Annäherung an einen Haushaltsausgleich (BVerwG, NVwZ 2016, 72, 77).

201 Oebbecke, DV 2015, 233, 245 wies darauf hin, dass die Gerichte in machen Fällen es toleriert haben, dass bei der Kommunalaufsicht Zweckmäßigkeitsentscheidungen ohne eingehende Begründung getroffen wurden.

202 Zum Begriff „mitlaufende Kontrolle" Krebs, Kontrolle in staatlichen Entscheidungsprozessen, S. 34 ff.; Pitschas, DÖV 1998, 907, 908.

203 Glass, Die Realität der Kommunalaufsicht, S. 82.

204 Siehe oben B. II. 1. c).

205 Siehe oben B. II. 3. c).

206 Oebbecke, Der Gemeindehaushalt 2009, 241, 245.

207 Fritze, Entwicklung rechnungswesenbasierter Systeme zur Stabilisierung der Kommunalfinanzen, S. 257 f. und 324 f.; Oebbecke, Der Gemeindehaushalt 2009, 241, 245.

Diese Änderung bei der Rechtskontrolle ist aus folgenden Gründen gerechtfertigt: Grundsätzlich sind eigene zukunftsgerichtete Prognosen der Gemeinde über die Auswirkung ihres Handelns auf die dauernde finanzielle Leistungsfähigkeit ohne vertretbare Gründe nicht widerlegbar.[208] Bei der Vertretbarkeitskontrolle werden somit nur geprüft, ob die Sachverhalte durch die Exekutive richtig und vollständig ermittelt werden, ob sachfremde Erwägungen in das Urteil mit aufgenommen wurden, ob gesetzliche Missverständnisse vorliegen und ob Verfahrensregeln nicht eingehalten werden.[209] Auffallend ist, dass die Vertretbarkeitskontrolle über die Haushaltsfragen nicht zur Zurückhaltung verpflichtet ist, wenn ein Kontrollorgan weder an die Grenze des Erkenntnisstandes der Wissenschaft und Technik stößt, noch eine fachliche Bewertung der Behörden respektieren muss. Aus der Rechtsprechung ergibt sich, dass bei der Beurteilung der Rechtmäßigkeit der kommunalen Haushaltsentscheidungen die aktuelle Haushaltssituation, taugliche Einnahmemöglichkeiten, Auswirkungen einzelner Entscheidungen auf den Gesamthaushalt, politische Motive der Gemeinde, Landesdurchschnittswerte usw. umfassend geprüft werden.[210] In diesem Sinne bedeutet eine Beschränkung der Kommunalaufsicht auf die Vertretbarkeitskontrolle lediglich, allzu ausufernde Tätigkeiten der Kommunalaufsicht zu verhindern.[211]

Gemeint ist damit, dass die Lehre vom Beurteilungsspielraum für die Rechtskontrolle bei Haushaltsfragen nicht viel an Klarheit bringt. Tatsächlich

---

208 Dazu OVG Saarland, Urt. v. 19. 12. 2001 – 9 R 5/00, Rn. 75, BeckRS 2001, 18161; VGH Kassel, Beschl. v. 10.8.2006 – 8 TG 592/06, BeckRS 2006, 136453, Rn. 21. Vgl. Das BVerwG hat ständig behördliche Beurteilungsspielräume für Prüfungs-, Bewertungs- und Prognoseentscheidungen anerkannt, vor allem für die Sicherheitseinstufung gentechnischer Arbeiten (BVerwG, DVBl. 1999, 1138; Kroh, DVBl. 2000, 102), die Risikobewertung eines Vogelschlages wegen der Windenergieanlage (BVerwG, NVwZ 2014, 524), die Weinqualitätsprüfung (BVerwGE 129, 27), die Bewertung einer Störungsmöglichkeit der Flugsicherungseinrichtungen durch die Errichtung von Bauwerken (BVerwGE 154, 377) und die Prognose der Eignung eines Bewerbers für den Behördenbedarf (BVerfGE 108, 282, 296).

209 Vgl. BVerwGE 79, 208, 213; BVerfG, NVwZ 2010, 435, Rn. 32; BVerfG, NVwZ 2019, 52, 52 ff.; Brüning, DÖV 2010, 553, 557; Gassner, DVBl. 2019, 1370, 1370 ff. Kment, Jus 2015, 193, 197; Maurer, Allgemeines Verwaltungsrecht, § 7 Rn. 43.

210 Vgl. BVerwG, NVwZ 2016, 72, 76; VG Gießen, Urt. v. 6.6.2013 - 8 K 152/12.GI, openJur 2013, 29646, Rn. 39; VG Magdeburg, Beschl. v. 12.5.2015 - 9 B 307/15, BecksRS 2015, 51209.

211 BVerfGE 78, 331, 341: Das Gericht ist besorgt darüber, dass aufgrund unbestimmter Rechtsbegriffe der Kontrollumfang der Kommunalaufsicht zu weit gefasst sein könnte.

scheinen die Gerichte bei der Beurteilung der unbestimmten Haushaltsgrundsätze keine großen Schwierigkeiten zu haben.[212] Dies liegt vor allem daran, dass die unbestimmten Rechtsbegriffe im Haushaltsrecht zwar abstrakt, aber nicht unbestimmbar sind. Es liegt nahe anzunehmen, dass die jüngste Tendenz der Rechtsprechung, das aktive und gestaltende Vorgehen der Kommunalaufsicht angesichts defizitärer Haushaltslage anzuerkennen, zum Teil darauf zurückgeführt wird, dass ein Haushaltsausgleich der kommunalen Haushalte nach der Haushaltsreform zur Doppikeinführung ein maßgeblicher Indikator für die dauernde Leistungsfähigkeit geworden ist[213] und signifikante Eckdaten zur Feststellung der aktuellen Haushaltslage transparenter zur Verfügung gestellt wurden. Es kann daher in den meisten Fällen mit Hilfe näherer gesetzlicher Prüfungskriterien und mathematischer Berechnungen beleuchtet werden, ob und inwieweit die haushaltsrechtlichen Anforderungen im Ergebnis erfüllt sind. Das BVerwG hat schon bei der Überprüfung der Rechtswidrigkeit des Einnahmeverzichts regelmäßig die folgenden Punkte numerisch geklärt: Höhe des fehlenden Budgets zum Erreichen des Haushaltsausgleichs sowie der landesweiten Richtwerte der Hebesätze und der dadurch verursachten Fehlbeträge.[214] Der Schwerpunkt der Diskussion soll sich somit von der Frage, wer zwischen der Kommune und der Aufsichtsbehörde einen Entscheidungsvorrang hat, auf die Frage, wessen Entscheidung zur Durchsetzung des Gesetzes objektiv begründet werden kann, verlagern.[215] In diesem Zusammenhang wird das Konzept der wirksamen Aufsicht zur Gewährleistung der Einhaltung der geltenden Gesetze herausgestellt.[216]

---

212 Vor allem BVerwGE 138, 89; BVerwG, NVwZ 2016, 72.

213 Ebinger/Zabler/Person/Niemann/Geißler, dms 2018, 167, 168.

214 BVerwG, NVwZ 2016, 72, 73 ff.

215 Vgl. Bracker, in: FG von Unruh, S. 459, 477. Nach der Auffassung des VG Magdeburg bedarf ein politisches Motiv der Kommune einer nachvollziehbaren Begründung, um zu argumentieren, dass ihre Entscheidung trotz finanzieller Schwierigkeit umgesetzt werden muss. Wenn mehr Investitionen oder Ansiedlungen, die niedrige Steuersätze der Kommune bringen würden, nur eine vage Hoffnung sind, die nicht durch tatsächliche Grundlage gestützt werden kann, sei die Festsetzung eines niedrigen Steuersatzes bei der defizitären Haushaltslage nicht gerechtfertigt. (VG Magdeburg, Beschl. v. 12.5.2015 - 9 B 307/15, BeckRS 2015, 51209, S. 8). Im Gegensatz dazu hat das VG Köln einen finanzpolitischen Verzicht der höheren Steuereinnahmen, der durch die kurzfristigen Mindereinnahmen auf die Sicherung der langfristig stabilen Steuerquelle abzielt, respektiert (VG Köln, Urt. v. 19.3.2004 – 4 K 3720/03; Spiecker, NVwZ 2005, 1276, 1278).

216 Ebinger/Zabler/Person/Niemann/Geißler, dms 2018, 167, 167 ff. Ähnlich Klemt, Die Mitwirkung der Kommunalaufsichtsbehörde an der Verwaltung der Gemeinde durch

beratende Tätigkeit, S. 22, 23 und 64 ff.; Heusch/Dickten, NVwZ 2018, 1353, 1358 betonen eine effektive Kommunalaufsicht; Hufen, Die Freiheit der Kunst in staatlichen Institutionen, S. 453; Oebbecke, Der Gemeindehaushalt 2009, 241, 241 ff.; Pfeiffer, ThürVBl. 2007, 201, 204 wies darauf hin, dass sich die Kommunalaufsicht nicht auf eine eingreifende Verhinderungsaufsicht beschränken darf, sondern zu leistender Ermöglichungsaufsicht verpflichtet ist.

C. Die Eckpunkte der kommunalen Haushaltsreform zur Einführung der Doppik

Die wirksame Kommunalaufsicht setzt ein richtiges Verständnis von rechtlichen Anforderungen voraus. Da das Kommunalhaushaltsrecht eine fundamentale Reform erfahren hat, erscheint es sinnvoll, den Willen des Gesetzgebers zu erkennen, der aus dem Reformprozess hervorgeht. Wesentliche Veränderungen des Kommunalhaushaltsrechts sind unter anderem in der Abkehr von der traditionellen Kameralistik hin zur doppelten Buchhaltung und der Einführung von betriebswirtschaftlichen Steuerungsinstrumenten zu verzeichnen. Das Besondere daran ist, dass diese Reformkonzepte sich auf die Gestaltung der Anreizsysteme konzentrieren, anstatt die gewünschten Ergebnisse direkt zu regeln. Was sind die Kernelemente der Haushaltsreform und in welche Richtung führen sie die Haushaltsführung?

I. Die Ansatzpunkte für die Haushaltsreform auf kommunaler Ebene

1. Das Neue Steuerungsmodell als theoretische Grundlage der Haushaltsreform zur Umstellung auf das doppische Haushaltssystem

Der Überblick hinsichtlich der Einführung der Doppik auf kommunaler Ebene soll zunächst mit dem Rückblick auf internationale Bewegungen zur Verwaltungsmodernisierung seit den 1980er Jahren erfolgen.[217] Die strategische Neuausrichtung unter dem Stichwort „New Public Management“ (NPM)[218] verleiht dem Staat einen Schwung, Strategie-, Management-, Finanz- und Motivationslücken in der öffentlichen Bürokratie zu beseitigen.[219] Einen besonderen Akzent

217 Schröter/Röber, VerwArch 2018, 33, 42.

218 Die Literatur zu diesem Thema ist bereits sehr reichhaltig. Grundlegend Kegelmann, New Public Management; Mastronardi/Schedler, New Public Management in Staat und Recht; Schedler/Proeller, New Public Management; Schröter/Wollmann, in: Handbuch zur Verwaltungsreform, S. 71, 71 f.; Reinermann, in: Glossar Kulturmanagement, S. 263-271; Walter, Das Unbehagen in der Verwaltung, S. 152-200.

219 Barkowsky, Reform der Kommunalverwaltung in England und Deutschland, S. 201-206; Knappe, Die Eignung von New Public Management zur Steuerung öffentlicher

legt das NPM auf eine effizientere Verwaltung und mehr Bürgernähe.[220] Dafür finden sich bei den Modernisierungsdebatten unübersehbare Reformansätze, die vornehmlich betriebswirtschaftliche Instrumente aus dem Privatsektor zugrunde legen.[221] Kontaktmanagement, Controlling, Aufstellung von Globalhaushalten, Privatisierung, Benchmarking usw. lassen sich hierfür als Beispiel anführen.[222]

In Deutschland fand eine Variante des NPM seit Anfang der 1990er Jahre mit dem Oberbegriff des „Neuen Steuerungsmodells" (NSM) Anwendung.[223] Im NSM wird die Verwaltungsbehörde als „Dienstleistungsunternehmen" mit dezentraler Organisationsstruktur verstanden, die Bürger werden als „Kunden" und die Verwaltungsleistungen als „Produkte" aufgepasst.[224] Daraus ergeben sich unter anderem die folgenden neuen Führungskonzepte: (i) Die klassische inputorientierte Verwaltungssteuerung wird auf eine outputorientierte Verwaltungssteuerung umgestellt, (ii) Ziele werden durch eine Zielvereinbarung zwischen der politischen Führungsspitze und der Verwaltung bestimmt, (iii) Leistungen können miteinander verglichen werden und „Best practice" hinsichtlich Kostensenkung oder Qualitätsverbesserung kann durch etwa Benchmarking gefunden

---

Kulturbetriebe, S. 87 f.; Mehde, Neues Steuerungsmodell und Demokratieprinzip, S. 136; Thoma, KommunalPraxis spezial 2013, 182, 182. Siehe auch Möltgen/Lorig, in: Die öffentliche Verwaltung in der Demokratie der Bundesrepublik Deutschland, S. 225, 228-230.

220 Bogumil, in: Handbuch zur Verwaltungsreform, S. 494, 501; Knappe, Die Eignung von New Public Management zur Steuerung öffentlicher Kulturbetriebe, S. 95 ff.; Mehde, Neues Steuerungsmodell und Demokratieprinzip, S. 41 ff.

221 Schmid, Verwaltungsreform im politischen System, S. 136.

222 Bergmoser, DÖV 2012, 741, 745 f.; Reinermann, in: Glossar Kulturmanagement, S. 263, 265 ff.; Wimmer, Dynamische Verwaltungslehre, S. 250 f.

223 Zusammenfassende Darstellungen zu NSM finden sich etwa bei Mehde, Neues Steuerungsmodell und Demokratieprinzip, S. 81 ff.; Jann, in: Handbuch zur Verwaltungsreform, S. 74, 74 ff.; Holtkamp, Verwaltungsreformen, S. 205 ff.; Schmid, Verwaltungsreform im politischen System, S. 17 ff.; Schröter/Wollmann, in: Handbuch zur Verwaltungsreform, S. 71, 77; Slosarek, Budgetierung als Controllinginstrument in der Kommunalverwaltung, S. 27 ff.; Thoma, KommunalPraxis spezial 2013, 182, 182.

224 Bogumil, in: Modernisierung des Staates, S. 135, 161 ff.; Czerwick, Die Ökonomisierung des öffentlichen Dienstes, S. 250-255; Möltgen/Lorig, in: Die öffentliche Verwaltung in der Demokratie der Bundesrepublik Deutschland, S. 225, 226-234; Mehde, Neues Steuerungsmodell und Demokratieprinzip, S. 93; Schmidt-Aßmann, Das allgemeine Verwaltungsrecht als Ordnungsidee, 1/43; Schröter/Röber, VerwArch 2018, 33, 57 f.

werden.[225] Das NSM fordert also für sich keine bestimmte Entscheidung der Verwaltung, sondern stellt die Art und Weise sowie den Prozess, einer richtigen Entscheidung näher zu kommen, in den Mittelpunkt.

Diese Konzepte wurden vor allem im Rahmen des kommunalen Haushaltsrechts verwirklicht.[226] Die Haushaltsreform zur Einführung der Doppik legte inhaltlich in großem Umfang das NSM zugrunde, da sich einerseits die Haushaltskrise auf kommunaler Ebene zu einem großen Problem der bürokratischen Verwaltung entwickelt hatte und andererseits die Veränderung der Haushaltsabläufe eine notwendige Voraussetzung der weiteren Reformdiskussion darstellte.[227] Anlässlich der Innenministerkonferenz am 21.11.2003 in Jena wurde die Notwendigkeit der neuen rechtlichen Regelungen zur Haushaltsreform befürwortet.[228] Demgemäß trat in Niedersachsen das neue Haushaltsgesetz zum 1.1.2006 in Kraft (§ 62 Abs. 1 S. 1 GemHKVO vom 22.12.2005). Die Kommune war gesetzlich verpflichtet, ihren Buchungsstil von der Kameralistik auf die Doppik mit einer Übergangszeit bis zum 31.12.2011 umzustellen.[229] Das auf dieser Doppik basierende Haushaltssystem heißt in Niedersachsen auch das „Neue Kommunale Rechnungswesen" (NKR).

---

225 Dazu Bogumil, in: Kommunale Verwaltungsreform, S. 13, 15 f.; Dahm, Das Neue Steuerungsmodell auf Bundes- und Landesebene sowie die Neuordnung der öffentlichen Finanzkontrolle in der Bundesrepublik Deutschland, S. 31; Lüder, DÖV 2006, 641, 641 ff.; Shirvani, DVBl. 2009, 29, 32 f.; von Mutius, in: FS Stern, S. 685, 691 f.; Wimmer, Dynamische Verwaltungslehre, S. 251; Ziekow, in: Verwaltungsverfahren und Verwaltungsverfahrensgesetz, S. 349, 359 ff.

226 Buchholz/Lasar, VM 2010, 293, 293 ff.; Ruge, in: Kommunale Verwaltungsreform, S. 31, 35; Schmid, Verwaltungsreform im politischen System, S. 23 f.

227 Busch/Bajohr, in: Haushalts- und Finanzwirtschaft der Kommunen in der Bundesrepublik Deutschland, S. 723, 724 f.

228 Ständige Konferenz der Innenminister- und senatoren der Länder - Geschäftsstelle -, Sammlung der zur Veröffentlichung freigegebenen Beschlüsse der 173. Sitzung der Ständigen Konferenz der Innenminister und -senatoren der Länder am 21. November 2003 in Jena, 25.11.2003 (abrufbar unter https://www.innenministerkonferenz.de/IMK/DE/termine/to-beschluesse/2003-11-21/beschluesse.pdf?__blob=publicationFile&v=2, zuletzt 6.9.2021).

229 Freymuth, Umstellung von der Kameralistik auf das „Neue Kommunale Rechnungswesen" für Niedersachsen, S. 2.

2. Besonderheiten der doppelten Buchführung im öffentlichen Sektor

Abgesehen davon, dass die Doppik und die kaufmännische Buchführung häufig in der Literatur als Synonym verwendet werden,[230] stellen sie nicht dasselbe Konzept dar. Genauer genommen ist die doppelte Buchführung eine zweckneutrale Buchungstechnik, die sich schon im Mittelalter in norditalienischen Handelsstädten entwickelt hat und die von zwei Konten mit dem gleichen Wert geprägt ist.[231] Zwar ist das System der kaufmännischen Buchführung gemäß § 238 Abs. 1 HGB ein repräsentatives Beispiel für die doppelte Buchführung, doch ist sie nicht exklusiv für den kommerziellen Bereich. Die doppelte Buchführung wird im öffentlichen Sektor nicht in kaufmännischer Weise, sondern in „etwa" kaufmännischer Weise geführt.[232]

Der Unterschied zwischen der privatwirtschaftlichen und der öffentlichen doppelten Buchhaltung beginnt bereits im Organisationszweck. Ziel der kommunalen Haushaltsführung ist keine Gewinnmaximierung, sondern so weit wie möglich zum öffentlichen Interesse beizutragen[233] und den Haushaltsausgleich zu erreichen (vgl. § 110 Abs. 4 NKomVG).[234] Demzufolge wird der Periodenerfolg der Kommune – anstelle in der Gewinn- und Verlustrechnung – in der Ergebnisrechnung ausgewiesen.[235] In der Ergebnisrechnung, die inhaltlich der Gewinn- und Verlustrechnung im Handelsrecht ähnelt, finden sich die Aufzeichnungen über Erträge und Aufwendungen, nämlich Ressourcenaufkommen und -verbrauch.[236] In der Bilanz werden die kommunalen Vermögensgegenstände, die dem Gemeingebrauch dienen und damit dauerhaft einer privatwirtschaftlichen Nutzung entzogen sind, auf einer anderen Grundlage als das Wirtschaftsgut im privaten Sektor bewertet (vgl. § 124 Abs. 4 NKomVG).

---

230 Bogumil/Jann, Verwaltung und Verwaltungswissenschaft in Deutschland, 2. Aufl., S. 128; Bräunig, in: Haushalts- und Finanzwirtschaft der Kommunen in der Bundesrepublik Deutschland, S. 703, 715; Hahn, KommunalPraxis spezial 2007, 32, 34; Lüder, DÖV 1998, 285, 286.

231 Kocka, Geschichte des Kapitalismus, S. 36.

232 Dazu ausführlich Thieme, DÖV 2008, 433-441; Freese, NdsVBl. 2006, 233, 234; Rose, Kommunale Finanzwirtschaft Niedersachsen, S. 1 f.

233 Buchholtz, Verwaltungssteuerung mit Kosten- und Leistungsrechnung, S. 37.

234 Gaentzsch, DÖV 1998, 952, 954; Thieme, DÖV 2008, 433, 434.

235 Bachmann, Controlling für die öffentliche Verwaltung, S. 37; Rose, Kommunale Finanzwirtschaft Niedersachsen, S. 30 f.

236 Rose, Kommunale Finanzwirtschaft Niedersachsen, S. 30 f.

II. Die transparente Abbildung der Haushaltslage

Ziel der kaufmännischen Buchführung ist es, sämtliche Geschäftsfälle, die das Vermögen, die Schulden sowie den Gewinn oder Verlust betreffen, so nah wie möglich an der tatsächlichen Wertveränderung abzubilden (vgl. § 242 HGB). Dadurch werden wesentliche Informationen übermittelt, die sowohl für Anteilseigner, externe Wirtschaftssubjekte und Anleger als auch für das Unternehmen als Entscheidungsgrundlage dienen. Das Ziel doppelter Buchführung im öffentlichen Sektor unterscheidet sich auch nicht davon. Im Folgenden werden wesentliche Änderungspunkte zur Umstellung kommunaler Haushaltsführung auf die Doppik skizziert.

1. Vermögens- und Schuldenlage der Kommune in der Bilanz

a) Der Aufbau der Eröffnungsbilanz

Der Kaufmann ist nach § 242 Abs. 1 HGB verpflichtet, für den Schluss eines jeden Geschäftsjahres einen Abschluss aufzustellen, um den Stand und die Veränderung des Vermögens seines Handelsgewerbes darzustellen. Im Gegensatz dazu wurde in der hergebrachten Kameralistik keine Bilanzierung vorgenommen, unter der Annahme, dass der Wert der öffentlichen Vermögensgegenstände wie Rathaus oder Kulturgüter nicht am Marktpreis gemessen werden kann.[237] Die erste Bilanz der Kommune, die in für den öffentlichen Bereich konzipierter Weise ihre Vermögensgegenstände und Schulden abbildet, wurde mit der Haushaltsreform eingeführt (vgl. § 124 Abs. 4 NKomVG).

Die Eröffnungsbilanz der Kommunen wurde gemäß § 61 Abs. 1 KomHKVO im ersten doppischen Haushaltsjahr aufgestellt.[238] Diese erstmalige Erfassung der zahlreichen Vermögensgegenstände und deren sachgerechte Bewertung bedeuten eine große Herausforderung, da vor allem für viele Vermögenspositionen die Erfahrungen aus der Privatwirtschaft kaum oder gar nicht genutzt werden konnten.[239] Aus diesem Grund wurden die Bewertungsregeln in §§ 44, 46 KomHKVO sowie Hinweise des Landes Niedersachsen zur Inventur, Inventurvereinfachung und Bewertungsfrage vorgegeben. Aufgrund des charakteristischen Unterschieds des Eigentumswerts der Kommune und des Privatunternehmens hatten die Kommunen in Niedersachsen die Möglichkeit, bis

237 Berens/Budäus/Buschor/Fischer/Lüder/Mundhenke/Streim, DÖV 2008, 109, 109 f.; Thieme, DÖV 2008, 433, 433.

238 Wulf/Freymuth, DÖV 2012, 346, 346 ff.

239 Worms/Tegeler, DÖV 2010, 542, 548.

zum 31.12.2005 nach der Formulierung des sogenannten Speyerer Verfahrens eine Trennung in realisierbares und nicht-realisierbares Vermögen zu beschließen (§ 178 Abs. 1 Nr. 8 NKomVG).[240] Das realisierbare Vermögen umfasst dasjenige Vermögen, welches ohne Beeinträchtigung der Erfüllung öffentlicher Aufgaben veräußert werden kann.[241] Zum nicht-realisierbaren Vermögen (also Verwaltungsvermögen) gehören demgegenüber die notwendigen Vermögensgegenstände für die öffentliche Aufgabenerfüllung.[242] Der Grund für diese Trennung liegt in der differenzierten Bewertungsweise; das realisierbare Vermögen wird zu Veräußerungswerten und das nicht-realisierbare Vermögen zu Anschaffungs- und Herstellungskosten bewertet.[243] In der Praxis hat sich aber gezeigt, dass dies kaum tauglich ist. Bisher hatten nur zwei Kommunen, Goslar und Uelzen, im gesamten Bundesgebiet die Vermögenstrennung beschlossen, aber das Rechnungsprüfungsamt der Stadt Uelzen ist zum Schluss gekommen, dass die Vermögenstrennung zusätzliche Kosten verursacht, ohne zusätzliche Informationswerte zu gewinnen.[244] Die Vorschriften zur Vermögenstrennung wurden daraufhin schon aufgehoben.[245] Alle Vermögensgegenstände im wirtschaftlichen Eigentum der Gemeinde sind grundsätzlich nicht auf Basis der Verkehrswerte, sondern auf Basis der Anschaffungs- oder Herstellungswerte vollständig zu bewerten (§ 124 Abs. 4 S. 2 NKomVG).[246]

---

240 Dazu Freese, NdsVBl. 2006, 233, 235. Zur Vermögenstrennung im Speyerer Verfahren Flascha/Zirkler/Wagner/Hofmann, Das Anlagevermögen in der kommunalen Doppik, S. 8; Magin, Kommunale Rechnungslegung, S. 54.

241 Behm/Schaidhammer, in: Neues öffentliches Rechnungswesen, S. 741, 757.

242 Ebd.

243 Flascha/Zirkler/Wagner/Hofmann, Das Anlagevermögen in der kommunalen Doppik, S. 8.

244 Begründung der Verordnung zur Ausführung des kommunalen Haushaltsrechts (abrufbar unter https://www.google.com/url?sa=t&rct=j&q=&esrc=s&source=web&cd=&ved=2ahUKEwiNxqqm37rzAhUQqpQKHe-iBx0QFnoECAIQAQ&url=https%3A%2F%2Fwww.mi.niedersachsen.de%2Fdownload%2F118180%2FKomHKVO-Begruendung.pdf&usg=AOvVaw0vgskCAwopVtw0jYyziQaf, zuletzt 6.9.2021), S. 3 f.

245 Begründung der Verordnung zur Ausführung des kommunalen Haushaltsrechts (abrufbar unter https://www.google.com/url?sa=t&rct=j&q=&esrc=s&source=web&cd=&ved=2ahUKEwiNxqqm37rzAhUQqpQKHe-iBx0QFnoECAIQAQ&url=https%3A%2F%2Fwww.mi.niedersachsen.de%2Fdownload%2F118180%2FKomHKVO-Begruendung.pdf&usg=AOvVaw0vgskCAwopVtw0jYyziQaf, zuletzt 6.9.2021), S. 4.

246 Hierzu in Niedersachsen „Hinweise zu Fragen der Inventur, zur Inventurvereinfachung im Rahmen der ersten Eröffnungsbilanz und zu Bewertungsfragen, Stand: 4.11.2009“, S. 1.

b) Einzelerläuterungen zu den Bilanzposten gemäß § 55 KomHKVO

Die Doppik, eine Abkürzung für die „doppelte Buchführung in Konten“[247], suggeriert zwei Konten in der Bilanz, die in Aktiva und Passiva aufgeteilt dargestellt werden (vgl. § 55 KomHKVO und das Muster 14 im KomHKVO-Ausführungserlass). Der Aufbau der Bilanz mit den Bilanzposten muss nach den verbindlichen Vorgaben in § 55 KomHKVO in jeder Kommune gleich gestaltet werden. Auf der linken Seite (Aktiva) sollten die Angaben zu Vermögensgegenständen und auf der rechten Seite (Passiva) die Angaben zu Finanzmitteln stehen (vgl. § 55 Abs. 2 und 3 KomHKVO). Mit anderen Worten stellen Aktiva die Mittelverwendung und Passiva die Mittelherkunft (wie das auf den Aktiva dargestellte Vermögen finanziert wird) dar (vgl. § 60 Nr. 2 und Nr. 36 KomHKVO).[248] Zu den Aktiva zählen immaterielles Vermögen, Sachvermögen, Finanzvermögen, liquide Mittel und aktive Rechnungsabgrenzung[249] (§ 55 Abs. 2 Nr. 1-5 KomHKVO). Die Passiva bestehen aus Nettoposition[250], Schulden, Rückstellungen[251] und passiver Rechnungsabgrenzung[252] (§ 55 Abs. 3 Nr. 1-4 KomHKVO).

---

247 Rose, Kommunale Finanzwirtschaft Niedersachsen, S. 24.

248 Faber, Kein Buch mit sieben Siegeln, S. 51.

249 Aktive Rechnungsabgrenzungsposten sind keine Vermögensgegenstände oder Schulden, sondern Verrechnungsposten. Die aktiven Rechnungsabgrenzungsposten beinhalten die Vorabzahlungen für Aufwendung des nächsten Jahres (§ 51 Abs. 1 S. 1 KomHKVO). Rose, Kommunale Finanzwirtschaft Niedersachsen, S. 300: Wenn die Kommune beispielsweise drei Monatsmieten für November, Dezember und Januar im Voraus bezahlt hat, ist die Januarmiete nächsten Jahres nicht sofort als Aufwendung in der Ergebnisrechnung zu verbuchen, sondern sie sollte zuerst in die aktive Rechnungsabgrenzung aufgenommen werden. Neben der Miete können die vor dem Abschlusstag geleisteten Löhne, Gehälter, Zinsen, Leasing-Sonderzahlungen usw. der Fall sein.

250 In Niedersachsen wird das Eigenkapital Nettoposition genannt. Unter Nettoposition wird die Differenzgröße zwischen der Summe der Aktivseite der Bilanz (Vermögen und aktive Rechnungsabgrenzung) einerseits und der Summe der Schulden im weiteren Sinne andererseits verstanden. Rose, Kommunale Finanzwirtschaft Niedersachsen, S. 459.

251 Die Rückstellungen werden für die Verpflichtungen, die zwar bereits feststehen oder dem Grunde nach erwartet werden, deren Höhe und Fälligkeit aber noch ungewiss sind, gebildet (§ 123 Abs. 2 NKomVG).

252 Einzahlungen im Vorjahr, die als Ertrag für eine bestimmte Periode gebucht werden müssen, werden erst in der passiven Rechnungsabgrenzung nachgewiesen (§ 51 Abs. 3 KomHKVO). Rose, Kommunale Finanzwirtschaft Niedersachsen, S. 301: Wenn die Kommune im Haushaltsjahr vorab drei Monatsmieten für November, Dezember und Januar bekommt, ist die Januarmiete nächsten Jahres nicht sofort als Ertrag zu

c) *Die Abbildung der Veränderung von Vermögen und Schulden in der Bilanz*

Ausgehend von der Bilanz befindet sich ganz links die Finanzrechnung, in der dokumentiert wird, wofür Gelder abfließen und zufließen und ganz rechts die Ergebnisrechnung, in der Wertströme abgebildet werden (siehe C. II. 2). Die Bilanz, Ergebnisrechnung und Finanzrechnung sind drei wesentliche Säulen für das doppische Rechnungssystem (Drei-Komponentenmodell, § 128 Abs. 2 Nr. 1-3 NKomVG); die Bilanz, die Mittelverwendung und Mittelherkunft zeigt, wird auch als Vermögensrechnung bezeichnet.[253] Diese drei Rechnungen sind haushaltstechnisch miteinander verbunden; der Anteil der Nettoposition in der Vermögensrechnung ändert sich, je nachdem, wie solide die Kommune während einer Haushaltsperiode gewirtschaftet hat.[254] Das Jahresergebnis in der Ergebnisrechnung wird in die Nettoposition auf Passiva übergeleitet: Der Überschuss vermehrt die Nettoposition, im umgekehrten Falle reduziert der Fehlbetrag die Nettoposition.[255] Im Vergleich bezieht sich der rechnerische Saldo der Finanzrechnug auf den Stand der liquiden Mittel auf der Aktiva-Seite.[256]

---

verbuchen, sondern sie sollte zuerst in die passive Rechnungsabgrenzung aufgenommen werden.

253 Budäus/Hilgers, Zeitschrift für Planung & Unternehmenssteuerung 2009, 377, 381 f.; Faber, Kein Buch mit sieben Siegeln, S. 27; Fritze, Entwicklung rechnungswesenbasierter Systeme zur Stabilisierung der Kommunalfinanzen, S. 44; Kußmaul/Henkes, Kommunale Doppik, S. 71 ff.; Lasar/Bußmann, Kommunales Rechnungswesen in Niedersachsen, S. 102 und 190; Lüder, in: Recht der kommunalen Haushaltswirtschaft, S. 319, 319 ff.; Raupach/Stangenberg, Doppik in der öffentlichen Verwaltung, S. 23; Rehm/Matern-Rehm, Kommunalfinanzen, S. 327.

254 Dülk, in: Grundlagen kommunaler Haushaltsführung, S. 135, 149 ff.; Faber, Kein Buch mit sieben Siegeln, S. 55; Häfner, Doppelte Buchführung für Kommunen, S. 39 f.; Heller, Haushaltsgrundsätze für Bund, Länder und Gemeinden, Rn. 531; Lasar/Bußmann, Kommunales Rechnungswesen in Niedersachsen, S. 71 f. und 81 f.; Raupach/Stangenberg, Doppik in der öffentlichen Verwaltung, S. 23 f.; Rose, Kommunale Finanzwirtschaft Niedersachsen, S. 41.

255 Ebd.

256 Ebd.

2. Das Ressourcenverbrauchskonzept im Haushaltssystem

Der zentrale Unterschied zwischen der Kameralistik und der Doppik besteht im „Wertkonzept“[257]. Während im privaten Sektor gemeinhin jedes Wirtschaftsobjekt entsprechend dem Tauschverhältnis zu einem anderen bewertet wird, war eine Ermittlung der quantitativen Wertänderung im öffentlichen Haushalt nicht üblich. Deswegen verbucht die bisherige Kameralistik, die die für öffentliche Haushalte speziell konzipierte Buchführung ist, nur zahlungswirksame Geschäftsvorfälle (Einnahmen und Ausgaben).[258] Dies birgt allerdings unvermeidlich „die Gefahr der Schaffung finanzieller Illusion“[259]. Um diesen Schwachpunkt zu beheben, wurde im Zuge der Haushaltsreform versucht, – unter anderem auf der Inputseite – nicht nur Geldverbrauch, sondern auch Ressourcenverbrauch zu ermitteln.[260]

a) Die Abkehr vom Verwaltungs- und Vermögenshaushalt zum Ergebnis- und Finanzhaushalt

Im Gegensatz dazu, dass in der Kameralistik laufende Einnahmen und Ausgaben im Verwaltungsplan und vermögenswirksame Einnahmen und Ausgaben einschließlich Investitionen im Vermögensplan abgebildet waren (§ 1 GemHVO in der Fassung vom 17.3.1997, zuletzt geändert am 12.5.2003), werden nach der Haushaltsreform Erträge und Aufwendungen (Wertzuwachs und Werteverzehr)[261] gemäß § 2 KomHKVO im Ergebnishaushalt sowie Ein- und Auszahlungen gemäß § 3 KomHKVO im Finanzhaushalt ausgewiesen.[262]

---

257 Der Wert wird zwar in sehr unterschiedlichen Bereichen verschieden gebraucht, aber wird schon in der Wirtschaftswissenschaft vorrangig als materielle Bedeutung bezeichnet.

258 Bals/Reichard, in: FS für Lüder, S. 205, 211; Budäus/Hilgers, Zeitschrift für Planung & Unternehmenssteuerung 2009, 377, 378; Faber, Kein Buch mit sieben Siegeln, S. 24; Osner, in: FS Noll, S. 49, 50; Thieme, DÖV 2008, 433, 433; Worms, DÖV 2010, 542, 543.

259 Frischmuth, KommunalPraxis spezial 2007, 28, 28. Dazu auch Elsenbroich, in: Praxis der Kommunalverwaltung, B 18, S. 5; Nowak/Hahn/Lorenz, Der Konzern Nr. 2019, 446, 446 ff.

260 Zu dem Konzept Ressourcenverbrauch Bals/Reichard, in: FS für Lüder, S. 205. 211; Benkert/Bätzel, KommJur 2009, 330, 330.

261 Erträge und Aufwendungen sind die Wertströme (Ressourcenverbrauch und Ressourcenaufkommen) für Güter und Dienstleistungen eines bestimmten Zeitraumes. Rose, Kommunale Finanzwirtschaft Niedersachsen, S. 27.

262 Keller, Wie steuert die Politik in der Doppik?, S. 28 ff.; Lasar/Bußmann, Kommunales Rechnungswesen in Niedersachsen, S. 69 ff.

aa) Ergebnishaushalt und Ergebnisrechnung

Das Wort „Ergebnis" aus dem Ergebnishaushalt und der Ergebnisrechnung bedeutet keine Folge, sondern das wirtschaftliche Ergebnis.[263] Der Verkauf der Vermögensgegenstände, der Einkauf eines neuen Dienstwagens oder der Geldzufluss aus der Kreditaufnahme sind zwar beispielhaft sehr wichtige Ereignisse für das Haushalts- und Rechnungswesen, sie werden aber nicht als Ertrag oder Aufwand verbucht, solange sie zum selben Wert ausgetauscht werden.[264] Auch wenn nämlich die Kommune bei dem Ein- oder Verkauf der Vermögensgegenstände das Geld ausgibt oder bekommt, generiert sie keine Erträge oder Aufwendungen, es sei denn hierdurch wird die Wertänderung verursacht. Mit identischem Gesamtwert nehmen der Ergebnishaushalt und die -rechnung keine Rücksicht auf die Art der Ressource, also darauf, ob es sich um einen Dienstwagen oder Geld handelt.[265] Dagegen wird die Abnutzung des Vermögens der Kommune als Aufwand verbucht (§ 60 Nr. 4 KomHKVO).

Nach § 2 Abs. 1 KomHKVO sind im Ergebnishaushalt die ordentlichen und außerordentlichen Erträge bzw. Aufwendungen zu unterscheiden. Gemäß § 60 Nr. 6 KomHKVO wird als außerordentlich definiert, wenn die Aufwendungen und Erträge aus unvorhersehbaren, seltenen oder ungewöhnlichen Vorgängen entstehen. Wenn die Kommune ihr Anlagegut teurer oder billiger als den Buchungswert verkauft hat, ist der Differenzbetrag als außerordentliche Erträge bzw. Aufwendungen zu buchen.[266] Die ordentlichen Erträge sind Steuern und ähnliche Abgaben, Zuwendungen, privatrechtliche Entgelte, Kostenerstattungen, Zinsen usw. (§ 2 Abs. 2 KomHKVO). Die ordentlichen Aufwendungen umfassen Personalaufwendungen, Versorgungsaufwendungen, Aufwendungen für Sach- und Dienstleistungen, Abschreibungen, Zinsen usw. (§ 2 Abs. 3 KomHKVO). Der Ergebnishaushalt rechnet solche Ertrags- und Aufwendungsvarianten zusammen und stellt anschließend den Saldo aus der Summe der ordentlichen Erträge und der Summe der ordentlichen Aufwendungen als ordentliches Ergebnis, in gleicher Weise, den Saldo als außerordentliches Ergebnis und den

---

263 Bräunig, in: Haushalts- und Finanzwirtschaft der Kommunen in der Bundesrepublik Deutschland, S. 703, 715; Knappe, Die Eignung von New Public Management zur Steuerung öffentlicher Kulturbetriebe, S. 77; Hahn, KommunalPraxis spezial 2007, 32, 32; Schmidt, Theatermanagement, S. 87.

264 Faber, Kein Buch mit sieben Siegeln, S. 32 ff.

265 Vgl. Faber, in: Handbuch Kommunale Sozialpolitik, S. 102, 105.

266 Truckenbrodt/Zähle, Der kommunale Haushalt in Aufstellung, Ausführung und Abschluss, S. 235.

Saldo aus dem ordentlichen und außerordentlichen Ergebnis als Jahresergebnis dar (§ 2 Abs. 5 KomHKVO). Die Ergebnisrechnung gibt entsprechend der Gliederung des Ergebnishaushalts in § 2 KomHKVO das ordentliche Ergebnis, das außerordentliche Ergebnis sowie das Jahresergebnis (Fehlbetrag oder Überschuss) wieder (§ 52 Abs. 2 S. 2 KomHKVO).

bb) Finanzhaushalt und Finanzrechnung

Gemäß § 3 KomHKVO sind die eingehenden Einzahlungen und die zu leistenden Auszahlungen während der betrachten Haushaltsperiode im Finanzhaushalt zu verbuchen. Der Finanzhaushalt zeigt die Art, die Höhe, den Saldo und die Gesamtsumme aller Ein- und Auszahlungen, die in drei Arten gegliedert werden: die Ein- und Auszahlungen für die laufende Verwaltungstätigkeit, für die Investitionstätigkeit und für die Finanzierungstätigkeit.[267] Zudem werden der Saldo aus Ein- und Auszahlungen für die laufende Verwaltungstätigkeit, der Saldo aus Ein- und Auszahlungen für die Investitionstätigkeit und der Saldo aus Ein- und Auszahlungen für die Finanzierungstätigkeit sowie die Summe der Salden aus diesen gesamten Ein- und Auszahlungen (Liquiditätssaldo) abgebildet (§ 3 KomHKVO). Dadurch wird eine wichtige Information über die strukturelle Zahlungsfähigkeit geliefert.[268] In der Finanzrechnung werden die im Haushaltsjahr eingegangenen Einzahlungen und geleisteten Auszahlungen nach gleicher Gliederung wie im Finanzhaushalt in Staffelform dargestellt (§ 53 Abs. 1, 2 KomHKVO).

b) Die Abbildung der Wertströme

aa) Abschreibungen

Im doppischen Haushalt werden die Wertverluste von Vermögen, die wegen der Alterung entstehen, als Aufwand in Form von Abschreibungen im Ergebnishaushalt abgebildet (vgl. § 2 Abs. 3 Nr. 4, § 49 KomHKVO).[269] Der Gesamtwert der Vermögensgegenstände, deren Nutzung zeitlich begrenzt sind, in der Bilanz

267 Lasar/Bußmann, Kommunales Rechnungswesen in Niedersachsen, S. 198; Rose, Kommunale Finanzwirtschaft Niedersachsen, S. 33.

268 Heller, Haushaltsgrundsätze für Länder und Gemeinden, Rn. 532.

269 Bals, in: Recht der kommunalen Haushaltswirtschaft, § 2 Rn. 55-60; Bauer/Maier, Der Gemeindehaushalt 2004, 265, 266; Dülk, in: Grundlagen kommunaler Haushaltsführung, S. 135, 140; Lasar/Bußmann, Kommunales Rechnungswesen in Niedersachsen, S. 262 ff. Im kameralen Haushaltssystem wurde dagegen diese Wertminderung nicht berücksichtigt (Raupach/Stangenberg, Doppik in der öffentlichen Verwaltung, S. 149).

wird somit jedes Jahr planmäßig um einen bestimmten Prozentsatz reduziert (§ 124 Abs. 4 S. 2 NKomVG, § 49 Abs. 1 S. 1 KomHKVO).[270] Die Abschreibungsfrist, also die Nutzungsdauer der Anlagegüter, ist schon in der Abschreibungstabelle vorgesehen.[271] Das kommunale Vermögen wie etwa Grundstücke oder Kunstwerke, die grundsätzlich vom Zeitablauf nicht betroffen sind, ist natürlich von dieser planmäßigen Abschreibung befreit.[272]

bb) Rückstellungen

Als Rückstellungen bezeichnet man die Verpflichtungen, die zwar bereits feststehen oder dem Grunde nach zu erwarten, aber in Höhe und Fälligkeit noch ungewiss sind (§ 123 Abs. 2 NKomVG). Sie werden als Aufwand im Ergebnishaushalt verbucht, das heißt, insbesondere werden nicht nur die Besoldung, sondern auch die Pension für Beamte als Personalaufwendungen erfasst.[273] Dadurch kann sich die Kommune auf den Betrag vorbereiten, der mit hoher Wahrscheinlichkeit zu leisten sein wird, womit zukunftsorientiertes Denken ermöglicht wird.[274]

cc) Interne Verrechnung

Vor der Doppikeinführung konnten gemäß § 14 Abs. 3 GemHVO in der Fassung vom 17.3.1997 die Gemeinkosten zwischen Aufgabenbereichen oder Verwaltungsstellen erstattet werden, falls sie durch die Kostenrechnung oder pauschal nach betriebswirtschaftlichen Grundsätzen ermittelt wurden. Diese Bestimmung zeigt keine reglementierte, sondern eine passive Haltung. Da die Kostenrechnung gemäß § 12 GemHVO in der Fassung vom 17.3.1997 nur bei kostenrechnenden Einrichtungen zwingend war, waren innere Veranschlagungen der Erstattungen

---

270 Hierzu in Niedersachsen „Hinweise zu Fragen der Inventur, zur Inventurvereinfachung im Rahmen der ersten Eröffnungsbilanz und zu Bewertungsfragen, Stand: 4.11.2009", S. 2.

271 MI Niedersachsen, RdErl., 33.12-10306/2 v. 24.4.2017 (Anlage 19: Abschreibungstabelle und Konten in der Kommunalverwaltung, Stand 29.5.2017).

272 Rose, Kommunale Finanzwirtschaft Niedersachsen, S. 281 ff.: Außerplanmäßige Abschreibungen gelten jedoch auch für die Grundstücke und Kunstwerke, wenn z. B. infolge Überschwemmung, Bodenkontamination usw. eine dauernde Wertminderung vorliegt (vgl. § 60 Nr. 49 KomHKVO).

273 Des Weiteren sind Rückstellungen für die Altersteilzeitarbeit, die unterlassene Instandhaltung, die Rekultivierung und Nachsorge von Abfalldeponien, die Sanierung von Altlasten, drohende Verpflichtungen aus Bürgschaften, Gewährleistungen und anhängigen Gerichtsverfahren zu bilden (vgl. § 45 Abs. 1 KomHKVO).

274 Pook, VM 2014, 121, 122.

von Verwaltungskosten nicht von großer Bedeutung. Nach den Regeln der Doppik sind neben den Leistungen, die direkt für den Bürger erbracht werden, interne Leistungen innerhalb der Verwaltung vollständig abzubilden.[275] Gemäß § 15 Abs. 3 S. 1 KomHKVO sollen interne Leistungen zwischen den kommunalen Organisationseinheiten in zumutbarem Umfang in den Teilergebnishaushalten veranschlagt und verrechnet werden. Dies erhöht das Ressourcenbewusstsein der Mitarbeiter in der Verwaltung, dass auch für eine interne Leistung ein Preis zu bezahlen ist.[276] Dadurch kann ein richtiger Anreiz für Entscheider in den Verwaltungen geschaffen werden, wirtschaftlich zu handeln, und der Vergleich von internen Leistungen mit externen Anbietern wird ermöglicht.[277]

3. Produktbasierte Teilhaushalte

Im Zuge der Haushaltsreform vollzieht sich der Wandel von einem Denken in Aufgaben hin zu einer Bezugnahme auf Produkte. Das Produkt spielt im neuen Haushalts- und Rechnungswesen als Grundeinheit für Ressourcenmanagement.[278]

a) Die Produktdefinition in der öffentlichen Verwaltung

aa) Das Produktkonzept in der Doppik

Ein Produkt bedeutet in der Betriebswirtschaftslehre das Ergebnis der Arbeit für potenzielle Kunden, das an Externe zum Marktpreis verkauft wird.[279] Der Produktbegriff in der Doppik ist diesem Unternehmensprodukt entlehnt, aber nicht gleichzusetzen.[280] Produkt ist nach der Begriffsbestimmung in § 60 Nr. 37 KomHKVO „die Zusammenfassung von Leistungen nach sachlichen Gesichtspunkten, die von einer Verwaltungseinheit für andere Stellen erbracht werden und Ressourcenverbrauch verursachen". Mit anderen Worten wird es in einem KGSt Bericht definiert als „eine Leistung oder eine Gruppe von Leistungen, die von Stellen außerhalb des jeweils betrachteten Fachbereichs (innerhalb oder außerhalb der Verwaltung) benötigt werden".[281] Laut § 60 Nr. 31 KomHKVO sind die Leistungen „bewertbare Arbeitsergebnisse einer Verwaltungseinheit,

275 Rose, Kommunale Finanzwirtschaft Niedersachsen, S. 302.
276 Jahnke, KommunalPraxis spezial 2007, 9, 11 f.
277 Ebd.
278 Bals/Reichard, in: FS für Lüder, S. 205, 207.
279 Schwarting, Effizienz in der Kommunalverwaltung, Rn. 183.
280 Ebd.
281 KGSt Bericht Nr. 8/1994, S. 11.

die zur Aufgabenerfüllung erzeugt werden". Es liegt somit nahe, dass im kommunalen Haushaltsrecht Produkte und Leistungen aufgabenbezogen sind; die Verwendung des Produktbegriffs ändert nichts an den öffentlichen Aufgaben, die die Kommune zu erfüllen hat.

Die Produkte der Kommune sind äußerst variabel und unterschiedlich in dem Maß, wie die Kommunalverwaltung extrem vielfältige Aufgaben wahrnimmt. Zu beachten ist, dass sich das Verwaltungsprodukt von dem Unternehmensprodukt unterscheidet, das sich konsistent nach dem Gewinn richtet. Im öffentlichen Bereich können sogar die innere Verwaltungssteuerung und der Verwaltungsservice, die mit keinem unmittelbaren Außenbezug verbunden ist, zu den Produkten zählen. In Niedersachsen ist die „Verwaltungssteuerung und -service" als Produkt Nr. 111 zu sehen.[282] Darüber hinaus ist festzuhalten, dass nicht alle einzelnen Aktivitäten der Verwaltung als Produkt von Bedeutung sind.[283] Derartig kleinteilige Tätigkeiten wie etwa eine Entgegennahme der Pass-Anmeldungen geben keine wertvollen Hinweise, zumal eine Vielzahl von kleinen Produkten wirklich effiziente Kontroll- und Steuerungsmöglichkeiten eher zu vereiteln geeignet ist.[284]

bb) Produktbestimmungen im Teilhaushalt

Der doppische Haushalt gliedert sich – anstelle der Einzelpläne – in die Teilhaushalte (§ 4 Abs. 1 S. 1 KomHKVO). Da der doppische Haushalt in den Ergebnishaushalt und Finanzhaushalt geteilt ist, ist der Teilhaushalt auch zwischen dem Teilergebnishaushalt und dem Teilfinanzhaushalt zu trennen (§ 4 Abs. 1 S. 6 KomHKVO). Der wichtige Änderungspunkt ist dabei, dass der Fachbereich der Kommune gemäß § 4 Abs. 1 S. 7 KomHKVO auf Grundlage der gewünschten Produkte und Leistungen selbst einen Teilhaushalt bilden und dort relevante Grunddaten hinzufügen soll, etwa unter anderem Produktziele, Beschreibungen der Leistungen und Kennzahlen.

---

282 Nach dem verbindlichen Produktrahmen für Niedersachsen zählt auch „Innere Verwaltung (Nr. 11)" zu den Produktgruppen (Landesamt für Statistik Niedersachsen, 43-19718, Verbindlicher Produktrahmen für Niedersachsen 2020 – Gemäß der Bezugsbekanntmachung des LSN vom 6.6.2019 (Nds. MBl. Nr. 23 vom 12.6.2019 S. 930)).

283 Mehde, Neues Steuerungsmodell und Demokratieprinzip, S. 94.

284 KGSt Bericht Nr. 8/1994, S. 11.

b) Ziele für wesentliche Produkte

Das Verwaltungsprodukt impliziert, dass das Verwaltungshandeln kein Selbstzweck ist.[285] Allerdings ist das Allgemeinwohl als Ziel der öffentlichen Verwaltung gegebenenfalls kaum erfassbar, während das Unternehmerziel bestimmt und einzig auf eine Gewinnmaximierung ausgerichtet ist.[286] Die zahlreichen Fragen, welche Mittel angewendet werden dürfen, um das Gemeinwohl zu sichern, bleiben so lange ungeklärt, bis eine wertausfüllende Konkretisierung durch die Zielsetzung erfolgt.[287] Im Haushaltsplan sollen gemäß § 4 Abs. 7 KomHKVO die zu erreichenden Leistungsziele in Bezug auf die wesentlichen Produkte mit angegeben werden. Die Inhalte der Ziele sind so zweigeteilt: in die Finanzziele, die unter anderem an dem Haushaltsausgleich oder der Kostendeckung ausgerichtet ist, und die sachbezogenen Ziele, die den gewünschten Output[288] und dessen Wirkung abbilden.[289] Die Finanzziele sind in der Regel quantitativ, so dass ihr Erreichungsgrad direkt messbar ist. Die Steuerquote, die Personalintensität, die Zinslastquote, die Abschreibungsintensität, der Verschuldungsgrad, die Liquiditätskreditquote, die Investitionsvolumen, die Eigenkapitalquote usw. zählen zu den typischen Kennzahlen, die in Prozent ausgedrückt werden können.[290] Im Vergleich können die Sachziele entweder quantitativ (etwa Erhöhung der Besucherzahlen) oder qualitativ (Verbesserung der Lebensbedingungen für die Bewohner) formuliert werden.[291] Das Qualitätsziel wie beispielsweise die Erhöhung der Zufriedenheit, Transparenz, Akzeptanz usw. kann durch betriebswirtschaftliche qualitative Bewertungsmethoden indirekt gemessen werden.[292]

---

285 Vgl. Hock, in: FS Noll, S. 83, 87: „Wäre das Selbstverständnis der Kommunalverwaltung auf Dienstleistungsproduktion ausgerichtet, müßte die Umsetzung der Aufgabenerfüllung zu allererst die Leistung selbst in den Mittelpunkt stellen."

286 Büch, Zur Bestimmung der Grundsätze der Wirtschaftlichkeit und der Sparsamkeit im öffentlichen Haushalt der Bundesrepublik Deutschland, S. 70; Buchholz/Lasar, VM 2010, 293, 299; Lasar/Bußmann, Kommunales Rechnungswesen in Niedersachsen, S. 17.

287 Vgl. Buchholtz, Verwaltungssteuerung mit Kosten- und Leistungsrechnung, S. 36.

288 Horváth, Controlling, S. 32 f. Da auch der Begriff der Leistung als Ergebnis von Maßnahmen definiert werden kann, sind die Begriffe Output und Leistung austauschbar.

289 Henkes, Der Jahresabschluss kommunaler Gebietskörperschaften, S. 225.

290 Vgl. MI Niedersachsen, RdErl., 33.1-10300/3 v. 13.12.2017 (Anlage 2: Kennzahlen und allgemeine Hinweise zum Umgang mit den Kennzahlen).

291 Vgl. Landeshauptstadt Hannover, Haushaltsplan der Landeshauptstadt Hannover für die Haushaltsjahre 2019 und 2020, Teil II, S. 188 und 207.

292 Vgl. Speier-Werner, Public Change Management, S. 63.

c) *Die Messung der Zielerreichung*

Unter dem doppischen System wird der quantifizierte Erreichungsgrad der wesentlichen Produktziele gemessen und diese Messungsergebnisse werden in Form der Kennzahlen im Teilhaushalt anschaulich.[293] Zugleich machen die Kennzahlen konkrete Leistungserwartungen der jeweiligen Ressourceneinsätze eindeutig. Exemplarisch lautet für das Ziel „Sicherstellung des Sicherheitsniveaus durch Einsatz eines Löschzuges innerhalb der Hilfsfrist von 9,5 Minuten" die Kennzahl „Grad der Hilfsfristerreichung".[294] Auch wenn das Ziel abstrakt – wie etwa „Gerechtere Verteilung der Familienarbeit zwischen den Geschlechtern in hannoverschen Betrieben" – beschrieben wird, kann der Zielerreichungsgrad durch die Kennzahl wie „Zahl der Männer in Elternzeit bei den Betrieben" oder „Zahl der Männer, die in den Betrieben in Teilzeit arbeiten" quantitativ aufgezeigt werden.[295]

d) *Die Kosten- und Leistungsrechnung*

§ 21 Abs. 1 KomHKVO sieht die Kosten- und Leistungsrechnung (im Folgenden abgekürzt KLR) als eines der wichtigen haushaltswirtschaftlichen Instrumente vor.[296] Die KLR stellt gemäß § 60 Nr. 29 KomHKVO ein Verfahren dar, in dem Kosten und Leistungen erfasst, nach Kostenarten verursachergerecht auf die

---

293 Vgl. Schwarting, Effizienz in der Verwaltung, S. 39.

294 Landeshauptstadt Hannover, Haushaltsplan der Landeshauptstadt Hannover für die Haushaltsjahre 2019 und 2020, Teil II, S. 133.

295 Landeshauptstadt Hannover, Haushaltsplan der Landeshauptstadt Hannover für die Haushaltsjahre 2019 und 2020, Teil II, S. 67.

296 Als Kosten bezeichnet man den in Geld bewerten Wert aller verbrauchten oder abgenutzten Güter und Dienstleistungen zur Leistungserstellung in einer bestimmten Periode (§ 60 Nr. 28 KomHKVO). Da die Kosten den Werteverzehr in Betracht ziehen, können sie meistens mit den Aufwendungen übereinstimmen. Der Wertverlust einer Maschine kann also zu den Aufwendungen und zugleich zu den Kosten gehören, wenn diese Maschine der betrieblichen Leistungserstellung dient. Das heißt, die Leistungsrelevanz ist die notwendige Bedingung für die Kostenschätzung einer Rechnungsperiode. So stellen die Spende, der Kauf von Baustoffen, die erst in der nächsten Periode benötigt werden oder die Miete für nicht genutzte Räume keine Kosten dar. Stattdessen zählen Abschreibungen, Rückstellungen und andere kalkulatorische Kosten, die bei der Erstellung der Leistung tatsächlich verursacht werden, zu den Kosten. Folglich werden die Kosten in der Regel höher als reine Ausgaben veranschlagt. Hierzu Heller, Haushaltsgrundsätze Bund Länder Kommune, Rn. 472; Truckenbrodt/Zähle, Der kommunale Haushalt in Aufstellung, Ausführung und Abschluss, S. 203 ff.

Kostenstellen verteilt und Kostenträgern zugeordnet werden. Das Produkt dient hierbei als Kostenträger der Kostenrechnung.[297] Durch die Gegenüberstellung der Kosten jeweils mit den quantitativen Leistungen können die Kosten pro Leistungseinheit nach dazu passenden Kalkulationsmethoden ermittelt werden.[298]

III. Die Veränderung der Entscheidungsstruktur

Die Haushaltsreform geht mit einer Veränderung der Entscheidungsstruktur einher. Im doppischen Haushaltssystem hat jeder Fachbereich eine integrierte Fach- und Ressourcenverantwortung.[299] Danach verfügt er über die größere Flexibilität mit erweiterten Kompetenzen beim Umgang mit Finanzen, wohingegen eine herkömmliche zentrale Feinsteuerung des Rats fehlt.[300] Um eine „naive Dezentralisierung“[301] zu verhindern, wird das Controlling eingeführt, das auf die Verbesserung der Informations- und Steuerungsfunktion ausgerichtet ist.[302]

1. Dezentralisierung

Die Dezentralisierung ist eine spezielle Ausprägung der reformierten Haushaltsstruktur.[303] Die Kompetenz zur Feinsteuerung wurde von der politischen Ebene in die operativen Fachbereiche verlagert.[304] Bei der Planung und Ausführung

---

297 Bachmann, Controlling für die öffentliche Verwaltung, S. 120; Rose, Kommunale Finanzwirtschaft Niedersachsen, S. 520.

298 Rose, Kommunale Finanzwirtschaft Niedersachsen, S. 531 ff.

299 Die Haushaltsreform lockert die Spezialisierung der Haushaltstitel und schafft Anreize für wirtschaftliches Handeln seitens der Fachverantwortlichen, vgl. Hoffmann-Riem, in: Verwaltungskontrolle, S. 325, 344; KGSt Bericht Nr. 9/1998, S. 9; Rose, Kommunale Finanzwirtschaft Niedersachsen, S. 8 f.; Schmidt-Aßmann, Das allgemeine Verwaltungsrecht als Ordnungsidee, 3/171.

300 Ebd.

301 Hock, in: FS Noll, S. 83, 105.

302 Zur Steuerung durch Controlling Bachmann, Controlling für die öffentliche Verwaltung, S. 162; Buchholz/Lasar, VM 2010, 293, 293 f.; KGSt-Bericht Nr. 15/1994; Hock, in: FS Noll, S. 83, 105; Schedler/Siegel, Strategisches Management in Kommunen, S. 84.

303 Bals, in: Handbuch zur Verwaltungsreform, S. 329, 332 ff.; Fudalla/Wöste, Doppik schlägt Kameralistik, S. 74; Mehde, Neues Steuerungsmodell und Demokratieprinzip, S. 96 ff.

304 In der Kameralistik wurde die kommunale Haushaltswirtschaft mit einem sehr detaillierten Haushaltsplan des Rats gesteuert. Dülk, in: Grundlagen kommunaler Haushaltsführung, S. 135, 144 ff.; KGSt Bericht Nr. 9/1998, S. 9.

der Haushalte können die Fachbereiche mit ihren Ressourcen verantwortlich und flexibel umgehen.[305]

a) *Die Aufstellung des Teilhaushalts*

Ein herkömmlicher Planungsprozess lief so ab, dass die Vertretung den Haushaltsplan mit atomisierten Einzeltiteln beschließt und die zentrale Organisationseinheit, wie die Haushalts-, Beschaffungs- oder Personalstelle, der Fachebene die dafür erforderlichen Mittel zur Verfügung stellt.[306] Im Gegenteil tauchen im doppischen Haushaltssystem eine anderweitige Ableitungsrichtung und eine Delegation der Verantwortung auf fachlich zuständige Organisationseinheiten auf.[307] Was eine Ableitungsrichtung angeht, sind ursprünglich zwei konträre Wege denkbar: „von der obersten Hierarchieebene bis hinunter zur untersten (top down) und umgekehrt (bottom up)“[308]. Das übliche Verfahren der Haushaltsaufstellung war in der Kameralistik das von unten nach oben verlaufende Bottom-Up-Verfahren. Dabei erarbeiten die unteren Hierarchieebenen Mittelwünsche, die nach oben hin verdichtet werden, bis ein Gesamtplan entsteht.[309] Anschließend beschließt die Vertretung den Haushaltsplan auf Basis dieser von unten nach oben weitergereichten und zusammengefassten Pläne.[310] Das geltende Top-Down-Verfahren läuft dagegen so ab, dass die untere Ebene konkretisiert, was die oberste Arbeitsebene bestimmt.[311] In der Doppik ist das Top-Down-Verfahren dem überkommenen Bottom-Up-Verfahren hinzuzufügen.[312] Dieses „Gegenstromverfahren“ kann nebeneinander so erfolgen: Zunächst sollen wichtige Rahmengrößen und Schwerpunkte durch eine Zielvereinbarung zwischen der Vertretung und der Verwaltungsspitze vorgegeben werden und danach die Fachbereiche innerhalb dieses Rahmens gemäß § 4 Abs. 1 KomHKVO eigene Teilhaushalte einschließlich konkreter Leistungsziele erstellen.[313]

---

305 KGSt Bericht Nr. 9/1998, S. 9.

306 Vgl. Dahm, Das Neue Steuerungsmodell auf Bundes- und Länderebene sowie die Neuordnung der öffentlichen Finanzkontrolle in der Bundesrepublik Deutschland, S. 66.

307 Bals/Reichard, in: FS für Lüder, S. 201, 211 f.

308 Vgl. Dahm, Das Neue Steuerungsmodell auf Bundes- und Länderebene sowie die Neuordnung der öffentlichen Finanzkontrolle in der Bundesrepublik Deutschland, S. 66.

309 Ebd.

310 Dahm, Das Neue Steuerungsmodell auf Bundes- und Länderebene sowie die Neuordnung der öffentlichen Finanzkontrolle in der Bundesrepublik Deutschland, S. 61.

311 Vgl. Rieg, Planung und Budgetierung, S. 11.

312 Rose, Kommunale Finanzwirtschaft Niedersachsen, S. 15.

313 Vgl. Rose, in: Blum/Meyer (Hrsg.), NKomVG-Kommentar, § 113 Rn. 25.

b) Budgetierung

Gemäß § 4 Abs. 3 S. 1 KomHKVO können Teilhaushalte, Produktbereiche, Produktgruppen oder Produkte ganz oder teilweise durch Haushaltsvermerk zu einer Bewirtschaftungseinheit erklärt werden (Budget). Das Budget bildet eine Grundlage für den flexiblen Haushaltsvollzug in zeitlicher wie sachlicher Hinsicht.[314] Innerhalb eines Budgets können nämlich öffentliche Haushaltsmittel deckungsfähig und übertragbar ausgegeben werden.[315]

aa) Die Deckungsfähigkeit

Obgleich die Kommune das Budget grundsätzlich entsprechend dem Haushaltsplan ausgibt, kann eine Differenz zwischen Plan und Ausführung immer auftreten. Im doppischen Haushaltssystem wird die Deckungsfähigkeit anerkannt, die Kosten, die Fachbereiche eingespart haben, für andere auszugeben, ohne eine solche Abweichung als überplanmäßig zu behandeln.[316] Nach § 19 Abs. 1 KomHKVO sind alle Ansätze für Aufwendungen (einschließlich der Haushaltsreste) im Ergebnishaushalt innerhalb eines Budgets automatisch gegenseitig deckungsfähig, wenn im Haushaltsplan nichts anderes bestimmt wird. Ein Haushaltsvermerk wird dazu nicht benötigt.[317] Daraus entnimmt man, dass die Kommune mit einer möglichst geringen Zahl der Teilhaushalte eine höhere Flexibilität haben kann.[318]

Liegt kein Budget vor, können die Ansätze für Aufwendungen einschließlich der Haushaltsreste im Ergebnishaushalt durch Haushaltsvermerk für einseitig oder gegenseitig deckungsfähig erklärt werden, wenn sie in einem sachlichen Zusammenhang stehen (§ 19 Abs. 2 KomHKVO). Dieser sachliche Zusammenhang wird als gegeben betrachtet, wenn im Einzelfall die Aufwendungen zur selben Aufwandsart zählen oder für die Erstellung desselben Produktes dienlich sind.[319]

Die Deckungsfähigkeit innerhalb eines Budgets und die Möglichkeit der Erklärung der einseitigen oder gegenseitigen Deckungsfähigkeit gilt für nach § 19 Abs. 3 S. 1 KomHKVO für die Auszahlungsansätze im Finanzhaushalt

---

314 Speier-Werner, Public Change Management, S. 341.

315 Rose, Kommunale Finanzwirtschaft Niedersachsen, S. 225 ff. und 230 ff.

316 Dülk, in: Grundlagen kommunaler Haushaltsführung, S. 135, 144 f.; Faber, Kein Buch mit sieben Siegeln, S. 44 f.

317 Vgl. Rose, Kommunale Finanzwirtschaft Niedersachsen, S. 227 f.

318 Schwarting, Der Kommunale Haushalt, Rn. 61.

319 Rose, Kommunale Finanzwirtschaft Niedersachsen, S. 227 f.

und für Verpflichtungsermächtigungen entsprechend. Zu beachten ist allerdings, dass Auszahlungen für Investitionstätigkeit und Auszahlungen für laufende Verwaltungstätigkeit gegenseitig nicht deckungsfähig sind (§ 19 Abs. 3 S. 2 KomHKVO). Ausnahmsweise nur wenn es um unerhebliche Auszahlungen geht, können Ansätze für zahlungswirksame Aufwendungen aus laufender Verwaltungstätigkeit zugunsten von unerheblichen Auszahlungen für Investitions- oder Finanzierungstätigkeit innerhalb des Budgets als einseitig deckungsfähig erklärt werden (§ 19 Abs. 4 S. 1 KomHKVO). In jedem Fall ist es nicht zulässig, dass Einsparungen bei der Investitions- oder Finanzierungstätigkeit für Auszahlungen für laufende Verwaltungstätigkeit verwendet werden, aber umgekehrt ist es zulässig, dass unerhebliche Auszahlungen für Investitions- oder Finanzierungstätigkeit durch Einsparungen bei der laufenden Verwaltungstätigkeit ausgeglichen werden.[320]

bb) Die Übertragbarkeit

Der für einen begrenzten Zeitraum aufgestellte Haushaltsplan hat zwangsläufig zur Folge, dass im Rahmen des Haushaltsvollzugs einmal bereitgestellte Finanzmittel bis zum Jahresende auch dann verwendet werden, wenn ihre Verausgabung nach den Kriterien des Wirtschaftlichkeitsprinzips unnötig erscheint.[321] Da der Haushalt nur für eine bestimmte Periode gilt und die Minderausgabe in einem Jahr zur Kürzung des Budgets im Folgejahr führen kann, bestand früher ein systemimmanenter Zwang zur vollen Ausschöpfung des aktuellen Budgets.[322] Dieses als Dezemberfieber bezeichnete Phänomen ist ein typisches Beispiel dafür, dass Verhaltensweisen, die aus der subjektiven Sicht des sachnahen Verwalters rational erscheinen, eine unwirtschaftliche Mittelverwendung zur Folge haben können.[323] Aus diesem Grund sah sich das kamerale Haushaltssystem, in dem nach dem Grundsatz der Jährlichkeit die Ausgabeansätze nur kraft Gesetzes oder Haushaltsvermerks übertragbar sind, heftiger Kritik ausgesetzt.

---

320 Ebd.

321 Denso, Verwaltungseffizienz und Motivation, S. 81 f.

322 Langner, Zero-Base Budgeting und Sunset Legislation, S. 58; Mäding, in: Handbuch zur Verwaltungsreform, S. 341, 343.

323 Kirchhof, in: Effizienz als Herausforderung an das Verwaltungsrecht, S. 112; Langner, Zero-Base Budgeting und Sunset Legislation, S. 59; Schwarting, Den kommunalen Haushaltsplan richtig lesen und verstehen – im doppischen Rechnungswesen, Rn. 151.

Nach der Haushaltsreform zum 1.1.2006 wird die zeitliche Übertragbarkeit freier Mittel erleichtert, indem nach § 20 Abs. 2 S. 1 KomHKVO die Ermächtigungen für Aufwendungen und die damit verbundenen Auszahlungen innerhalb eines Budgets übertragbar sind.[324] Insofern ein Budget gebildet wird, kann die Kommune ohne Gesetzesermächtigung oder Übertragbarkeitsvermerk die verbleibenden Haushaltsmittel des abgelaufenen Haushaltsjahres für das nächste Jahr verwenden. Sie kann sich selbst mit der Frage beschäftigen, wo und wie hoch die Reste gebildet und wofür sie verwendet werden sollten. Es wird erwartet, dass durch die Übertragung der gesparten Mittel komplizierte Haushaltsprozesse vermieden und eine wirtschaftliche Haushaltsführung gefördert werden.[325]

c) *Zielkonkretisierung*

Die Fachbereiche sind bei der Erstellung des Teilhaushalts zuständig auch für die aufgabenbezogene Zielkonkretisierung (§ 4 Abs. 7 KomHKVO). Jedes Verwaltungshandeln sollte gemeinwohlorientiert sein, aber abstrakte Ziele wie das öffentliche Interesse reichen nicht aus, um praktische Handlungsanweisungen zu geben.[326] Im doppischen Haushaltssystem müssen die Ziele unter dem Zusammenhang mit wesentlichen Produkten detailliert, präzise und spezifisch konkretisiert werden.[327] Dieses Reformkonzept geht von der unbefriedigenden Situation aus, in der die untergeordneten Fachbereiche häufig unabhängig von den ursprünglichen Zielen arbeiten.[328] In der großen hierarchischen Organisation pflegen sie die Zusammenhänge zur Erreichung eines gemeinsamen Erfolgs nicht zu achten und sich bloß einer bestimmten Aufgabe zu widmen, die sie übernommen haben.[329] Schmalenbach ging es darum aufzuzeigen, dass der Beamte sich wie ein kleiner Unternehmer verhalten sollte, der seine Fähigkeit

324 Heller, Haushaltsgrundsätze Bund Länder Kommune, Rn. 625.

325 Bachmann, Controlling für die öffentliche Verwaltung, S. 198 f.; Kirchhof, NVwZ 1983, 505, 507: „Andernfalls kann die periodische Haushaltszäsur auf Grund eines Jährlichkeitsprinzips das vorbereitende Sparen für Dauer- oder Großprojekte behindern, wenn die gesparten Mittel nicht übertragbar sind oder dem Haushaltsplaner sogar zum Anlaß dienen, den Bedarfsansatz zu vermindern."

326 Vgl. Buchholtz, Verwaltungssteuerung mit Kosten- und Leistungsrechnung, S. 36; Pieper/Kasten/Mosiek/Gerhardt, VM 2006, 245, 245.

327 Fischer/Lasar, VM 2014, 130, 133; Mollbach, Führen mit Zielvereinbarungen als Verfahren, S. 163; Sensburg, Der kommunale Verwaltungskontrakt, S. 59.

328 Vgl. Sensburg, Der kommunale Verwaltungskontrakt, S. 58.

329 Ebd.

und Ziele klar erfasst.[330] Es wird erwartet, dass Zielidentifikation[331], Verantwortungsbewusstsein und Initiative operativer Verwaltungsträger verbessert werden, indem sie ihre eigenen Ziele festlegen.[332]

2. Controlling und Berichtswesen

a) *Zur Begriffserklärung Controlling*

Die Kommune muss nach betriebswirtschaftlichen Grundsätzen und nach den örtlichen Bedürfnissen das Controlling mit einem Berichtswesen einsetzen (§ 21 Abs. 1 KomHKVO). Das Controlling hört sich zwar ähnlich wie Kontrolle an, aber es darf nicht mit vergangenheitsbezogener Kontrolle gleichgesetzt werden.[333] Nach Promberger wird das Controlling als „eine Form der Führungsunterstützung, die durch die Bereitstellung von Informationen und Methoden den verschiedenen Ebenen des politisch-administrativen Führungssystems die Steuerung der Effektivität, der Effizienz und des Finanzmittelbedarfes ermöglicht,“[334] definiert. Ursprünglich ist in der Betriebswirtschaftslehre „Controlling [...] ein funktionsübergreifendes Steuerungsinstrument, das den unternehmerischen Entscheidungs- und Steuerungsprozess durch zielgerichtete Informationener- und -verarbeitung unterstützt. Der Controller sorgt dafür, dass ein wirtschaftliches Instrumentarium zur Verfügung steht, das vor allem durch systematische Planung und [...][die] damit notwendige[...] Kontrolle hilft, die aufgestellten Unternehmensziele zu erreichen“[335]. In diesem Sinne unterscheidet sich das Controlling für die öffentliche Verwaltung funktionell kaum von dem für die Privatunternehmen. Das Controlling wird in der juristischen Literatur als ein Teil der allgemeinen Verwaltungstätigkeit mit der Informations-, Steuerungs- und Kontrollfunktion verstanden.[336] An diesem Punkt dient es als verwaltungsinterne mitlaufende „rationalitätsorientierte Beratung“[337], und unterscheidet sich trotz der sprachlichen und funktionellen Ähnlichkeit von

330 Schmalenbach, Pretiale Wirtschaftslenkung, S. 16.
331 Mollbach, Führen mit Zielvereinbarungen als Verfahren, S. 166.
332 Vgl. Sensburg, Der kommunale Verwaltungskontrakt, S. 58.
333 Günther, KommunalPraxis spezial 2013, 207, 208; Preißler, Controlling, S. 3.
334 Promberger, Controlling für Politik und öffentliche Verwaltung, S. 17.
335 Preißler, Controlling, S. 2.
336 Vgl. Dahm, Das Neue Steuerungsmodell auf Bundes- und Landesebene sowie die Neuordnung der öffentlichen Finanzkontrolle in der Bundesrepublik Deutschland, S. 299.
337 Günther, KommunalPraxis spezial 2013, 207, 208.

den verwaltungsexternen Kontrollmaßnahmen der Rechnungsprüfung oder der Kommunalaufsicht.[338]

b) Soll-Ist-Vergleich

Obwohl das Controlling ständig weiterentwickelt und unterschiedlich verwendet wird, stehen Soll-Ist-Vergleiche als Controlling-Aufgabe im Mittelpunkt.[339] Der Soll-Ist-Vergleich ist die Normalform einer Überprüfung am Maßstab der Zielerreichung: „Ermittelte Ist-Daten werden mit Soll-Daten verglichen und die entsprechenden Abweichungen werden bezüglich ihrer Ursachen analysiert."[340]

Als zentrales Thema erweist sich zunächst immer wieder die Frage, wie „Soll" und „Ist" bezogen auf den öffentlichen Haushalt zu erfassen sind, da keine Steuerung ohne relevante Informationen funktioniert.[341] Die Grunddaten für das Controlling wurden erst nach der Haushaltsreform gebildet. Im kameralen Rechnungswesen finden sich nirgendwo Zielgrößen oder Leistungsbeschreibungen, sondern nur Ausgabe- und Einnahmearten.[342] Im doppischen Haushaltskreislauf, in dem Zielsetzung, Planung, Ausführung und Kontrolle durchgeführt werden, kann jeder Fachbereich zielorientiert handeln und den Grad der Zielerreichung ermitteln.[343] Das Controlling überprüft hierbei durchaus, inwieweit die kommunale Haushaltswirtschaft vorgegebene Ziele erreicht, und unterstützt basierend auf der Abweichungsanalyse der Ergebnisse von ursprünglichen Zielen die Entscheidungsträger.[344] In diesem Sinne stellt der Controllingkreislauf den Rückkopplungsprozess dar. Die Rückkopplung der tatsächlichen Planungsrealisation sichert eine ziel- und ergebnisorientierte Planung und Ausführung der Kommune.[345]

---

338 Vgl. Promberger, Controlling für Politik und öffentliche Verwaltung, S. 35 ff.

339 Horváth, Controlling, S. 145; zum Soll-Ist-Vergleich Bachmann, Controlling für die öffentliche Verwaltung, S. 153 ff.

340 Bachmann, Controlling für die öffentliche Verwaltung, S. 153.

341 Richter, in: Handbuch zur Verwaltungsreform, S. 392, 392.

342 Hock, in: FS Noll, S. 83, 88.

343 Landesrechnungshof Niedersachsen, Kommunalbericht 2016, S. 49.

344 Dahm, Das Neue Steuerungsmodell auf Bundes- und Landesebene sowie die Neuordnung der öffentlichen Finanzkontrolle in der Bundesrepublik Deutschland, S. 73.

345 Vgl. Buchholz/Lasar, VM 2010, 293, 294; Horváth, Controlling, S. 14.

c) Informationsverarbeitung und Berichtswesen

Das Controlling ist ein wesentliches Instrument des Informationsmanagements. Es sammelt, verbreitet und vermittelt steuerungsrelevante Informationen, um den Entscheidungsträgern zu helfen.[346] Ermittelte Informationen sind in das Berichtswesen aufzunehmen (§ 21 Abs. 1 KomHKVO). Der Bericht soll den aktuellen finanziellen Stand der Kommune wiedergeben und führungsorientierte Informationen vorsorgen.[347] Dies ist ein Grundgerüst der Controllinginformationen an Rat, Fachbereiche und Kontrollorgane.[348]

IV. Verbleibende Probleme und Fragestellungen

Es bleibt festzuhalten, dass die bereits geschilderten Rechtsänderungen im Rahmen des Steuerungskonzeptes auszuloten sind. Im neuen Kommunalhaushaltsrecht sind das doppische Rechnungswesen und die neue Rollenverteilung zwischen der Kommunalvertretung und dem Fachbereich selbst nicht das Ziel.[349] Der Fokus der Haushaltsreform sollte vielmehr auf dem Aufbau eines Anreizsystems und einem konzeptionellen Umdenken, das eine bessere Haushaltsführung vorantreibt, liegen.[350] In diesem Sinne wird im Folgenden auf die erwarteten Auswirkungen der Reformkonzepte, die in der Praxis tatsächlich auftretenden Probleme und die Beitragsmöglichkeiten der Aufsichtsbehörde zur Problemlösung eingegangen.

1. Erwartete Konsequenzen einer Ausgestaltung neuer Haushaltssystematik

a) Die generationengerechte Haushaltswirtschaft

Historisch legte die öffentliche Haushaltsführung großen Stellenwert auf ein einwandfreies Einnahmen- und Ausgabenverhalten.[351] In der Kameralistik ging es also bloß um die genaue Erfassung und Dokumentation des aktuellen Geldbestands und dessen Änderungen.[352] Demgegenüber wird in der Doppik

346 Richter, in: Handbuch zur Verwaltungsreform, S. 392, 392.
347 Vgl. Bachmann, Controlling für die öffentliche Verwaltung, S. 164 f.
348 Richter, in: Handbuch zur Verwaltungsreform, S. 392, 400.
349 Frischmuth, KommunalPraxis spezial 2010, 70, 70.
350 Vierheilig, Budgetierung in der Kommunalverwaltung, S. 62.
351 Budäus/Hilgers, Zeitschrift für Planung & Unternehmenssteuerung 2009, 377, 378; Raupach/Stangenberg, Doppik in der öffentlichen Verwaltung, S. 15.
352 Budäus/Hilgers, Zeitschrift für Planung & Unternehmenssteuerung 2009, 377, 378.

primär das Konzept „Intergenerative Gerechtigkeit" herausgestellt.[353] Dabei geht es um die Frage, ob die Haushaltsbedingungen für die Wahrnehmung der öffentlichen Aufgaben in der Zukunft auch gewährleistet werden können.[354] Die Kapitalerhaltung und der Haushaltsausgleich im doppischen System sind ein wichtiger Hinweis, um zu beurteilen, ob die aktuelle Haushaltsführung generationengerecht ist.

Zur Kapitalerhaltung muss vor allem die Kreditaufnahme sorgfältiger entschieden werden, da die Anschaffung von Finanzmitteln durch die Kredite in der Bilanz als Schulden angegeben und mit der Nettoposition verglichen wird. Die Überschuldung, in der die Nettoposition die Schulden nicht abdecken kann, gefährdet theoretisch die finanzielle Leistungsfähigkeit der zukünftigen Gemeindegeneration.[355] Eine der Hauptaufgaben der Kommunalaufsicht ist es daher, eine Überschuldung zu verhindern (vgl. 110 Abs. 8 NKomVG). Dies macht es leichter, eine Einigung zu erzielen, dass die Kommune sich nur die Dinge leisten darf, welche leistbar sind.[356]

Einen weiteren Faktor zur generationengerechten Haushaltsführung stellt der Haushaltsausgleich dar. Da die Fehlbeträge aus der Ergebnisrechnung die Nettoposition mindern, dürfen die Verwaltungsdienstleistungen zusätzlicher Aufwendungen nicht übermäßig sein, und bei der Senkung der Entgelte sollte die zunehmende Belastung berücksichtigt werden. Darüber hinaus kann die Veräußerung von Vermögen, das zur Erfüllung der Aufgaben in absehbarer Zeit nicht benötigt wird, für die Bilanzschonung nur in Betracht kommen, wenn der Unterschied zwischen dem Buchwert und dem Verkaufspreis als Erträge ausgewiesen werden kann. Allerdings sollte aufgrund der Inflation das Risiko beachtet werden, dass später höhere Preise für einen Wiederkauf gezahlt werden müssen.[357] Ferner können aus bilanztechnischen Gründen Investitionen zur Erneuerung der Gebäude, die den Wertansatz in der Bilanz erhöhen und die Nutzungsdauer der Vermögen verlängern, bevorzugt werden als Instandhaltungen, die nur als Aufwand verbucht werden.[358] Die Verzögerung der Instandhaltung verbessert

353 Fischer/Lasar, VM 2014, 130, 132.
354 Fritze, VM 2019, 164, 165.
355 Demgegenüber kennt die Kameralistik keine Überschuldung (Friedrich Ebert Stiftung, Grundwissen Kommunalpolitik 5. Der kommunale Haushalt, S. 14).
356 Cortner/Franke, Recht der kommunalen Haushaltswirtschaft, § 13 Rn. 1.
357 Vgl. Fritze, VM 2019, 164, 166 f.
358 Dazu vgl. Mende/Wilmsmeier, Die Abgrenzung von Investitionen und Instandhaltungen in Bezug auf Straßen und Ingenieurbauwerke, S. 1, 1 ff. Zum Instandhaltungsaufwand Rose, Kommunale Finanzwirtschaft Niedersachsen, S. 266.

die Haushaltslage jedoch keineswegs, da gemäß § 45 Abs. 1 Nr. 4 KomHKVO für unterlassene Instandhaltungen Rückstellungen gebildet werden müssen.

b) Die ergebnisorientierte Entscheidung

Prägend ist für das neue Kommunalhaushaltsrecht ein Wechsel der Input- auf die Outputsteuerung.[359] Zum einen kann die erweiterte Ressourcenverantwortung der Fachbereiche dazu führen, flexibler und outputorientierter zu handeln. Mit der integrierten Fach- und Ressourcenverantwortung können die Fachbereiche nämlich auf Grundlage der Informationen aus dem produktbasierten doppischen Haushaltswesen und der Kosten- und Leistungsrechnung ihr Budget zeitlich und sachlich umschichten.[360]

Andererseits kann die leistungsorientierte Haushaltsdarstellung in der Doppik als ein faktischer Zwang zur Outputsteuerung dienen. Die Fachbereiche sind dazu verpflichtet, geplante Leistungserstellungen, Ziele und den Grad der Zielerreichung offenzulegen. Dies kann eine Prüfungsgrundlage für das Controlling, die Rechnungsprüfung und die Kommunalaufsicht sein. In Anbetracht dieser Kontrollmöglichkeiten ergibt sich, dass die Fachbereiche sich stärker ihrem Ergebnis der Haushaltsführung zuwenden.[361] Das neue Kommunalhaushaltsrecht versucht nämlich, anstelle der zahlungsorientierten Einzeleingriffe der Gemeindevertretung mit der Überprüfung der Ergebnisse die Haushaltsführung der Kommune zu steuern.[362] Dabei handelt es sich unter anderem um den Zielerreichungsgrad, das Kosten-Leistungsverhältnis und Einsparungen. Ein Kennzahlensystem kann sich dazu weiterentwickeln.[363]

---

359 Dülk, in: Grundlagen kommunaler Haushaltsführung, S. 135, 142 f.

360 Vgl. Hahn, KommunalPraxis spezial 2007, 32, 37; Speier-Werner, Public Change Management, S. 341. In der Kameralistik wurde die KLR meistens für die Gebührenkalkulation verwendet. Ein wesentlicher Änderungspunkt der KLR nach Haushaltsreform ist ihre flächendeckende Anwendung. Sie ist gemäß § 21 KomHKVO als eine grundlegende Basis für jede Planung und Steuerung verankert (Rose, Kommunale Finanzwirtschaft Niedersachsen, S. 513 ff.).

361 Buchholz/Lasar, VM 2010, 293, 301 f.; Naschold/Bogumil, Modernisierung des Staates, S. 247.

362 KGSt Bericht Nr. 9/1998, S. 9.

363 Bogumil, in: Modernisierung des Staates, S. 135, 157.

2. Defizite und Schwächen in der gegenwärtigen Reformsituation

Die Frage, inwieweit die oben beschriebenen Erwartungen an die Haushaltsreform in der Praxis realisiert wurden, ist mittlerweile ein sehr wichtiges Thema geworden. Nach Bogumil ist der aktuelle Reformzustand der Kommunen von einer selektiven Umsetzung der Steuerungsinstrumente geprägt.[364] Zu den Problemen, die durch die unvollkommene Umsetzung der NSM-Reformansätze verursacht werden, gehören vor allem die Lockerung der demokratischen Legitimationskette und die unzureichende Ergebnissteuerung.

a) Die Beeinträchtigung des Demokratieprinzips durch mangelnde Kompensation des Legitimationsdefizits

Von der Anfangsphase der Reformdebatte an hat die Frage, ob die damit einhergehenden Modifikationen der Beziehung zwischen Politik und Verwaltung mit dem Demokratieprinzip vereinbar sind, das Interesse von Juristen geweckt. Die von der Verfassungskonformität ausgehende Argumentation lautet: Die Dezentralisierung bzw. Budgetierung reduziert den Grad der Rückbindung an das Kommunalvolk, indem die Vertretung ihre Detailsteuerungskraft mittels der traditionellen haushaltsstellenscharfen Titel verliert.[365] Die Vertretung wird jedoch in die Lage versetzt, ihren Machtverlust durch die stärker auf vereinbarte Ziele ausgerichtete Verwaltung und den zeitnahen Informationsgewinn über deren Erfolg[366], und zwar in Verbindung mit dem Kontraktmanagement und dem Controlling zu kompensieren und sogar eine bessere Steuerungswirkung zu erreichen, die sich auf wichtige Themen konzentriert.[367] Ein wesentliches

364 Bogumil, in: Kommunale Verwaltungsreform 20 Jahre Neues Steuerungsmodell, S. 13, 20 f.

365 Classen, Demokratische Legitimation im offenen Rechtsstaat, S. 75; Mehde, Neues Steuerungsmodell und Demokratieprinzip, S. 365 ff.; Meyer, Das Neue Steuerungsmodell – Vereinbarkeit mit dem Demokratieprinzip und kommunalverfassungsrechtliche Zulässigkeit, S. 246.

366 Meyer, Das Neue Steuerungsmodell – Vereinbarkeit mit dem Demokratieprinzip und kommunalverfassungsrechtliche Zulässigkeit, S. 247 f.: Mit dem Controlling wird eine zeitnahe Benachrichtigung für die Vertretung ermöglicht, bevor die Ergebnisse der Haushaltsausführung erst in der Rechnungsprüfung erscheinen. Dies kann dazu führen, dass der Rat vielmehr eine höhere Kontrollintensität durch das Controlling aufweist als bisher.

367 Vgl. Bogumil/Holtkamp, Kommunalpolitik und Kommunalverwaltung, S. 84; Gröpl, Haushaltsrecht und Reform, S. 239; Mehde, Neues Steuerungsmodell und

Problem ist dabei, dass die Reformkomponenten in der Praxis möglicherweise nicht in der Lage sind, sich gegenseitig auszugleichen, um ein hinreichendes Legitimationsniveau zu halten.

aa) Die Umstellung der politischen Steuerung auf kommunaler Ebene

Dem NSM liegt die Entflechtung von Politik und Verwaltung zugrunde.[368] Die Legislative legt demnach nur das „Ob" des Verwaltungshandelns durch die Zielvereinbarung (Kontraktmanagement) fest und das „Wie" bleibt der Exekutive überlassen.[369] Es erschien allerdings fraglich, ob dieser Ansatz auf kommunaler Ebene praktiziert werden kann. Denn die Vertretung und der Hauptverwaltungsbeamte sind durch das Kommunalvolk direkt gewählt und politisch verantwortlich, die beiden werden jedoch als Teil der Verwaltungsorganisation eingestuft.[370] In der Reformdebatte wurde die Vertretung, die etwas mehr politische Merkmale aufweist, wie eine Legislative im staatlichen Bereich betrachtet und eine neue Rollenverteilung zwischen der Vertretung und dem Hauptverwaltungsbeamten vorgeschlagen.[371]

Die Aufstellung und die Ausführung der Teilhaushalte liegen nunmehr der sich aus dieser Trennung von Politik und Verwaltung ergebenden Delegation von Budgetkompetenzen auf die Fachbereiche zugrunde (vgl. § 4 Abs. 1 S. 7 und Abs. 3 S. 2 KomHKVO). Das wirtschaftliche Ergebnis der Haushaltsführung gehört nun zu den dezentralisierten Verantwortlichkeiten: Einsparungen können im jeweiligen Budget verbleiben und umgekehrt können die Misserfolge ebenso in das Budget fließen.[372]

Demokratieprinzip, S. 577; Klenk, VM 2008, 3, 9; Meyer, Das Neue Steuerungsmodell – Vereinbarkeit mit dem Demokratieprinzip und kommunalverfassungsrechtliche Zulässigkeit, S. 247-254; Pitschas, DÖV 1998, 907, 912 f.

368 Statt vieler Dahm, Das Neue Steuerungsmodell auf Bundes- und Länderebene sowie die Neuordnung der öffentlichen Finanzkontrolle in der Bundesrepublik Deutschland, S. 57; Mehde, Neues Steuerungsmodell und Demokratieprinzip, S. 357; Schmid, dms 2014, 193, 195.

369 Bogumil/Holtkamp, in: Kommunalpolitik und Kommunalverwaltung, S. 79; Dahm, Das Neue Steuerungsmodell auf Bundes- und Länderebene sowie die Neuordnung der öffentlichen Finanzkontrolle in der Bundesrepublik Deutschland, S. 278; Wallerath, DÖV 1997, 57, 59.

370 Lenz, Kommunalverwaltung und Demokratieprinzip, S. 169; Rubel, Organisatorische Gestaltung der Leistungsbeziehungen in Kommunalverwaltungen, S. 107.

371 KGSt, Bericht Nr. 5/1993, S. 15 ff.

372 Hahn, KommunalPraxis spezial 2007, 32, 37.

bb) Die geschwächte Steuerungsfähigkeit der Kommunalvertretung

Zu beachten ist, dass das Kontraktmanagement unabhängig von seiner praktischen Akzeptanz und Nützlichkeit die Zurücknahme der Einmischungsrechte der Vertretung über Details mit sich bringt.[373] Denn das Kontraktmanagement impliziert, dass die Vertretung nur im Konsens mit dem Hauptverwaltungsbeamten den kommunalen Haushalt beeinflussen kann und ferner die Umsetzung der vereinbarten Ziele keine Rechtsbindung hat.[374]

Nach ursprünglichen Reformkonzepten sollte die Controllingstelle diesen Machtverlust der Vertretung ausgleichen, indem sie die Einhaltung der vereinbarten Angelegenheiten einschließlich der Evaluation der Leistungen überprüft und darüber berichtet.[375] In der Praxis findet allerdings eine solche betriebswirtschaftliche Steuerung kaum Beachtung.[376] Nach Schubert liegt dies hauptsächlich daran, dass die Entscheidungsträger in der Kommunalverwaltung nicht bereit sind, an die Ziele gebunden zu sein und ihre Leistung durch messbare Kennzahlen aufzuzeigen.[377] Daraus folgt, dass die Kommunalvertretung die

---

373 Es ist jedoch darauf hinzuweisen, dass in der Praxis zu hohe Einflüsse der Kommunalvertretung aufgrund ihren mangelnden Fachkenntnissen und politischen Neigungen, die häufig nicht mit dem Wirtschaftlichkeitsprinzip in Einklang stehen, eher heftiger Kritik ausgesetzt wurden. Vgl. Meyer, Das Neue Steuerungsmodell – Vereinbarkeit mit dem Demokratieprinzip und kommunalverfassungsrechtliche Zulässigkeit, S. 12; Schubert, ZKF 2018, 1, 5.

374 Meyer, Das Neue Steuerungsmodell – Vereinbarkeit mit dem Demokratieprinzip und kommunalverfassungsrechtliche Zulässigkeit, S. 12; Speier-Werner, Public Change Management, S. 64: Die Zielvereinbarung bindet die Parteien intern und politisch, hat aber an sich keine vertragliche Bindungswirkung im rechtlichen Sinne. Sensburg, Der kommunale Verwaltungskontrakt, S. 67, 208 f. und 232 f.: Rechtsdogmatisch lässt sich die Rechtsnatur der Zielvereinbarungen (Kontrakte) als Agreements erklären, die sich auf die wechselseitige Abstimmung der Betroffenen in schriftlicher Form beziehen. Ihre Verbindlichkeit stützt sich nur auf eine „neue Verwaltungskultur des Vertrauens" und einen „gegenseitigen Respekt" zwischen den Kommunalorganen.

375 Vgl. Hill, in: Rechts- und Organisationsprobleme der Verwaltungsmodernisierung, S. 18 ff. und 32 f.; Mehde, in: Recht der kommunalen Haushaltswirtschaft, § 6 Rn. 37 ff.; Meyer, Das Neue Steuerungsmodell – Vereinbarkeit mit dem Demokratieprinzip und kommunalverfassungsrechtliche Zulässigkeit, S. 85; Schubert, ZKF 2018, 1, 2.

376 Schubert, ZKF 2018, 1, 1 ff. In der Praxis rückt jedoch ein Investitionscontrolling mit Schwerpunkt auf großen Projekten ins Blickfeld bei Körner/Derfuß, ZögU 2015, 51, 51 ff.; Landesrechnungshof Niedersachsen, Kommunalbericht 2018, S. 80 ff. schildert ein Bauinvestitionscontrolling ausführlich.

377 Schubert, ZKF 2018, 1, 6.

erwünschte Chance verliert, ihre politische Steuerungskraft durch das verbesserte Informations- und Kontrollsystem zu verbessern. So lässt sich feststellen, dass die nach der Dezentralisierung reduzierten Eingriffsrechte der Vertretung in die detaillierten Haushaltsfragen bei einer rudimentären Umsetzung neuer Steuerung nicht ausgeglichen werden können.

b) Die fehlende Ergebnissteuerung

Obwohl die ergebnisorientierte Steuerung durch die Doppikeinführung und die Verbreitung der betriebswirtschaftlichen Methoden gefördert wird, zeigt die Praxis nach empirischen Befunden keine vollständige Neustrukturierung der Verwaltungsleistungen, die über Ziele und Kennzahlen gesteuert werden.[378] Die Schwachstelle liegt vor allem darin, dass die Ziele und Kennzahlen nicht informativ und relevant genug sind, um für die Steuerung verwendet werden zu können.[379] Neue Steuerung ist in diesem Sinne häufig nicht frei von der Kritik, dass es keine sichtbaren Erfolge vor allem hinsichtlich der Effizienzgewinne und der Erhöhung der Zielerreichung gibt.[380]

3. Erwartungen an die Kommunalaufsicht?

Hier drängt sich die Frage auf, ob die Kommunalaufsicht über die Haushaltswirtschaft zur Erreichung der ursprünglichen Reformzwecke zur Lösung dieser Probleme in der gegenwärtigen Reformsituation beitragen kann. Es ist davon auszugehen, dass die Kommunalaufsicht als Ansporn in die Richtung der sachgerechten und wirtschaftlichen Kommunalverwaltung dienen könnte, indem

---

378 Landesrechnungshof Niedersachsen, Kommunalbericht 2018, S. 75: „Keine Kommune steuerte das Produkt „Abwasser“ über Ziele und Kennzahlen.“; Weis, dms 2013, 231, 246.

379 Vgl. Bogumil/Ebinger/Holtkamp, VM 2011, 171, 174 f.; Buchholz/Lasar, VM 2010, 293, 297 ff.; Deutscher Städtetag/PWC 2011, Evaluierung der Reform des kommunalen Haushalts- und Rechnungswesens, S. 27.

380 Allerdings wäre die Erwartung auf die zeitnahe Überwindung der Finanzkrise durch die Haushaltsreform unlogisch (Budäus/Hilgers, in: Kommunalfinanzen in der Krise: Problemlagen und Handlungsansätze, S. 253, 257 f.). Da die Modernisierung des Haushalts- und Rechnungswesens nicht dazu beiträgt, dass die Kommune mehr Budgets bekommt. Der Haushaltsausgleich kann nach den Regeln der doppelten Buchführung sogar in vielen Fällen eher schwerer erreicht werden als in der Kameralistik (Deutscher Städtetag/PWC 2011, Evaluierung der Reform des kommunalen Haushalts- und Rechnungswesens, S. 28; Faber, DVBl. 2005, 933, 934).

eine objektive und detaillierte Beurteilung auf der Grundlage des Informationszuwachses in der Doppik ermöglicht wird. In diesem Zusammenhang wird im Folgenden eine veränderte bzw. veränderbare Kommunalaufsicht nach der Haushaltsreform näher untersucht, die durch eine intensivierte Überwachung für die Umsetzung der konkreten Verpflichtungen aus dem Kommunalhaushaltsrecht die demokratische Legitimation der Kommune stärken und ihr ergebnisorientierte Handlungen aufzwingen bzw. anregen kann.

D. Eine veränderte bzw. veränderbare Kommunalaufsicht unter Einfluss der Doppik

Bei der Annäherung an das Konzept der „wirksamen Kommunalaufsicht" steht die zweckbezogene Frage „wofür" im Mittelpunkt. Die Antwort kann sich auf die vorstehend beschriebenen Forderungen des neuen Kommunalhaushaltsrechts nach einer stärkeren Berücksichtigung der Effizienz und Effektivität zur stetigen Daseinsvorsorge beziehen, d.h., dass die Ausrichtung der wirksamen Kommunalaufsicht das gleiche ist wie das, was mit dem Aufbau Neuer Steuerung in der Haushaltsverwaltung angestrebt wurde. In dieser Hinsicht hängen die von der Betriebswirtschaftslehre inspirierten NSM-Konzepte und die Kommunalaufsicht als die traditionelle Kontrollinstanz zusammen. Konkret geht es hierbei um eine Möglichkeit der intensivierten Kommunalaufsicht auf der Basis transparenter und aussagekräftiger Haushaltsdaten in der Doppik.

I. Kommunalaufsicht in einer veränderten Steuerungslogik

1. Das NSM als Binnenreform und die Rolle der Kommunalaufsicht auf dem Gebiet des kommunalen Haushaltsrechts

a) Doppik und Neue Steuerung

In der Reformdiskussion in Deutschland stand durchgängig „Doppik versus Kameralistik" im Fokus.[381] Die Erneuerung des Haushaltssystems ist jedoch kein Endpunkt, sondern ein wichtiger Startpunkt für die Verwaltungsmodernisierung also Neue Steuerung.[382] Es sollte hierbei darauf hingewiesen werden, dass die Modernisierung der Entscheidungsstruktur und des -verhaltens in der

---

381 Seiwald/Meyer, VM 2012, 122, 123.

382 Statt vieler Bogumil, in: Kommunale Verwaltungsreform, S. 13, 13 f.; ders./Ebinger/Holtkamp, VM 2012, 3, 4; Bogumil/Holtkamp, VM 2012, 115, 115; Budäus/Hilgers, in: Kommunalfinanzen in der Krise: Problemlagen und Handlungsansätze, S. 253, 258; Fischer, VM 2012, 147, 147 ff.; ders./Lasar, VM 2014, 130, 130 ff.; Janda/Ahl, DÖV 2014, 749, 750; Jethon, VM 2018, 88, 89; Pook, VM 2014, 121, 123 f.; Richter, Der Gemeindehaushalt 2015, 121, 121; Weiß/Schubert, dms 2020, 143, 143.

Kommunalverwaltung weitgehend durch bindende Rechtsnormen im Haushaltsrecht induziert wurde.[383] Aus einem Großteil der empirischen Studien gehen bisher die geringen Steuerungswirkungen der Haushaltsreform hervor.[384] Dies kann dahingehend verstanden werden, dass die Doppik keine erfolgreiche und konsequente Nutzung der Reformkonzepte gewährleisten kann. Auch die Schlussfolgerung vieler Autoren ist, dass „Neue Steuerung" nicht automatisch funktioniert, sondern die Kommune nur davon profitieren kann, wenn das Konzept sachangemessen verwendet wird.[385]

b) Neue Steuerung und Kommunalaufsicht

aa) Die Schwächung der Aufsicht in der dezentralisierten Entscheidungsstruktur?

Um die Erweiterungsmöglichkeit der Kommunalaufsicht zu beleuchten, ist zu prüfen, ob die verstärkte Kommunalaufsicht mit der dezentralen Fach- und Ressourcenverantwortung vereinbar sein kann. Einer der zentralen Bausteine des NSM ist die dezentrale Budgetkompetenz, unter der Annahme, dass eine größere Verantwortung und Flexibilität der Fachbereiche eine motivierende Wirkung für

---

383 Dazu ausführlich Bogumil/Ebinger/Holtkamp, VM 2011, 171-180; Weiß, dms 2013, 231, 246 f. Nach § 129 S. 1 GO NRW (Experimentierklausel) können sogar die Ausnahmen von organisations- und haushaltsrechtlichen Vorschriften zur Erprobung neuer Steuerungsmodelle zugelassen werden. Eine ähnliche Klausel bestand auch in Niedersachsen, aber nach der Haushaltsreform 2006 wurde sie aufgehoben (Rose, Kommunale Finanzwirtschaft Niedersachsen, S. 7 f.).

384 Bogumil/Holtkamp, VM 2012, 115, 117; Groth, Aufsicht und Kontrolle im Bereich der kommunalen Haushaltswirtschaft, S. 332; Hellenbrand/Frischmuth, VM 2011, 140, 140 ff.; Janda/Ahl, DÖV 2014, 749, 750; Rechnungshof Sachsen, Jahresbericht 2018, Band II: Kommunalfinanzen, Ergebnisse der überörtlichen Kommunalprüfung, S. 77 ff.; Jethon, VM 2018, 88, 88 ff.; Richter, Der Gemeindehaushalt 2015, 121, 121; Schmid, dms 2014, 193, 193 ff.; Weiß/Schubert, dms 2020, 143, 157 f.

385 Vgl. Deutscher Städtetag/PWC 2011, Evaluierung der Reform des kommunalen Haushalts- und Rechnungswesens, S. 62; Fischer, VM 2012, 147, 147 ff.; Schubert, ZKF 2018, 1, 7; Weiß, dms 2013, 231, 247. Zur Wahrscheinlichkeit, dass es keine Steuerungswirkung (wie etwa durch die Nichtnutzung der Informationen) gibt, Fischer/Lasar, VM 2014, 130, 132. Die großgeschriebene „Neue Steuerung" bezieht sich hauptsächlich auf die Reformbewegung durch die Implementation des NSM, das seit den 1990er Jahren breit diskutiert wurde und die Haushaltsreform zur Einführung der Doppik begründete (Mehde, in: Verwaltungsrechtswissenschaft und Verwaltungsrechtspraxis, S. 147, 154).

die „intelligente Sparstrategie“ haben kann.[386] Es ist noch umstritten, ob diese Dezentralisierung mit der Rechtsaufsicht in Konflikt gerät. Einige vertreten die Ansicht, dass eine Zurückdrängung der aufsichtlichen Einflussnahme für die erfolgreiche Umsetzung der Budgetierung notwendig ist.[387]

Es ist jedoch fraglich, ob die Reform der Entscheidungsstrukturen und -abläufe von innen unbedingt mit einer Schwächung der Kontrolle verbunden sein muss. Die erweiterten Spielräume für die mittelverwaltenden Stellen erlauben ebenfalls keine rechtswidrigen Entscheidungen, die von der Aufsichtsbehörde ohnehin verboten würden. In der Praxis gewinnt die begleitende Kommunalaufsicht nach der Haushaltsreform eher an Relevanz, wenn die Fachbereiche im Budgetierungsprozess – über planmäßiges Ausgabenverhalten hinaus – haushaltswirtschaftlich bedeutende Entscheidungen treffen können. In einem kooperativen Verhältnis benötigt die Kommune möglicherweise die aktive Unterstützung und Hilfestellung der Aufsichtsbehörde.[388] Des Weiteren besteht keine große Gefahr, dass sich die Aufsichtsbehörde bis zur Feinsteuerung gegen den Willen der Kommune einmischt, da ein Einsatz der repressiven Aufsichtsmaßnahmen maßgeblich bei eindeutigen Rechtsverstößen stattfindet.[389]

---

386 Bogumil/Holtkamp, Kommunalpolitik und Kommunalverwaltung, S. 82; ähnlich Dahm, Das Neue Steuerungsmodell auf Bundes- und Länderebene sowie die Neuordnung der öffentlichen Finanzkontrolle in der Bundesrepublik Deutschland, S. 41 f.; Sensburg, Der kommunale Verwaltungskontrakt, S. 27.

387 Bogumil/Grohs/Kuhlmann/Ohm, Zehn Jahre Neues Steuerungsmodell, S. 238 f.; Shirvani, DVBl. 2009, 29, 29 ff. wies auf darauf hin, dass für die dezentralisierte Struktur eine geringere Aufsichtsdichte geeignet ist; Pitschas, DÖV 1998, 907, 912. Zur Veränderung der Rechtsaufsicht in der Staatsverwaltung Dahm, Das Neue Steuerungsmodell auf Bundes- und Länderebene sowie die Neuordnung der öffentlichen Finanzkontrolle in der Bundesrepublik Deutschland, S. 171: „Die Delegation weitreichender Entscheidungsbefugnisse an die sog. unteren operativen Ebenen [hat] zwangsläufig zur Folge, dass die Aufsichtsebenen weniger als bisher in Vorgänge der unteren Verwaltungsebenen eingebunden werden.“

388 Vgl. Landtag Niedersachsen, Drucksache 18/7114 v. 27.7.2020, S. 1; Shirvani, DVBl. 2009, 29, 31. Zur partnerschaftlichen Beziehung zwischen Aufsichtsbehörden und Aufsichtsbetroffenen Ebinger/Zabler/Person/Niemann/Geißler, dms 2018, 167, 176 f.

389 OVG Lüneburg, Beschl. v. 15.8.2007, 10 LA 271/05, Rn. 10: Bei Vorliegen eindeutiger Rechtsverstöße sollte das Ermessen der Aufsichtsbehörde auf ein Einschreiten ausgerichtet sein (sog. intendiertes Ermessen). Landtag Niedersachsen, Drucksache 18/7114 v. 27.7.2020, S. 2 f.: In Niedersachsen erfolgten die repressiven Aufsichtsmaßnahmen durch die Kommunalaufsichtsbehörde nach § 173 NKomVG seit 2015 nur in singulären Fällen.

bb) Die Durchsetzung und Bewirkung gewünschter Ergebnisse durch die Aufsichtsbehörde

Dem Konzept „Steuerung" wohnt eine ergebnisorientierte Ausrichtung inne.[390] Diesbezüglich ist zu beachten, dass die Kommunalaufsicht ein rechtliches Sanktionspotenzial hat, im Gegensatz zur Rechnungsprüfung, bei der rechtswidrige Haushaltsentscheidungen „nicht bindend korrigier[t] oder gar kassier[t], sondern nur kritisier[t] und monier[t]"[391] werden können. Das heißt, dass die Aufsichtsbehörde ex ante bzw. ex post ein Veto gegen (absehbare) Rechtswidrigkeiten einlegen und sie in einen rechtmäßigen Zustand versetzen kann. Daraus ergibt sich auch die Möglichkeit, dass die Aufsichtsbehörde gegebenenfalls sogar allein durch Drohungen mit rechtlichen Sanktionen die kommunale Haushaltswirtschaft steuern könnte.[392] Diese direkte bzw. indirekte Steuerungswirkung der Kommunalaufsicht kann zunehmen, wenn die verbesserte Informationslage über die Haushalte die Steuerungsgrundlage der Kommunalaufsicht solider macht.

2. Die Verbindung von Demokratie und Kommunalaufsicht

a) Die Kompensation der Legitimationslücke durch die Absicherung der Gesetzesbindung

Die Bindung der Kommunalverwaltung an die Gesetze vermittelt eine sachlich-inhaltliche Legitimation, da hierdurch ihre inhaltliche Rückbindung an das Parlament, das das Staatsvolk vertritt, gesichert ist.[393] Dementsprechend ist eine

---

390 Blinn, Die Aufgabendelegation an die Handwerkskammern als wirkungsorientierte Verwaltungsführung, S. 45 ff.; Schuppert, Verwaltungswissenschaft, S. 65. Von Mutius, VVDStRL 42, 149, 153 definierte „Steuerung" als „bewußtes Einwirken auf Organisationen – insbes. Menschen, ihre Umwelt, ihre Entscheidungssituation und ihre Entscheidungsabläufe – zur Erreichung vorgegebener oder selbst gesteckter Ziele namentlich durch Zielsetzung, Planung, Information, Koordination, Motivation und Kontrolle."

391 Schulze-Fielitz, VVDStRL 1996, S. 231, 243.

392 Vgl. Berens/Mosiek/Röhrig/Gerhardt, BFuP 2004, 323, 326; Holtkamp, polis Nr. 64 / 2007, 1, 14 ff.; Mehde, in: Verwaltungsrechtswissenschaft und Verwaltungsrechtspraxis, S. 147, 159; Seuberlich, Arme und reiche Städte, S. 110.

393 Statt vieler Mehde, Neues Steuerungsmodell und Demokratieprinzip, S. 247; Meyer, Das Neue Steuerungsmodell – Vereinbarkeit mit dem Demokratieprinzip und kommunalverfassungsrechtliche Zulässigkeit, S. 223, 225 und 239; Schmidt-Aßmann, AöR 1991, 329, 357.

legitimatorische Wirkung der Rechtsaufsicht, die auf die Umsetzung geltender Gesetze ausgerichtet ist, von großer Relevanz.[394]

Lenz dagegen behauptete, dass die Rechtsaufsicht die demokratische Legitimation nicht stärken kann.[395] Dies hängt damit zusammen, dass die Rechtsaufsicht keine zusätzliche Legitimation schaffen kann, wenn das Gesetz keinen Entscheidungsfreiraum lässt.[396] Wenn hingegen ein Entscheidungsspielraum besteht, steht die Letztentscheidungsmacht den Kommunen zu und die Rechtsaufsicht überprüft nur die Wahrung der Grenze des Entscheidungsspielraums.[397] Lenz betonte, dass die Letztentscheidungskompetenz der Kommunen nicht durch eine eigene Entscheidung der Aufsichtsbehörde ersetzt werden darf.[398]

Diese Auffassung blendet jedoch die Tatsache aus, dass die Kommunalaufsicht einen offenkundigen und gravierenden Rechtsverstoß feststellen und gegebenenfalls den gesetzgeberischen Willen selbst umsetzen kann. Wie oben in B. II. 3. schon dargestellt, wurde durch die Rechtsprechung bestätigt, dass im Falle der langanhaltenden Haushaltsdefizite sogar konkrete Sparmaßnahmen der Aufsichtsbehörde zur Wiederherstellung solider Haushalte eingesetzt werden können.

Zu beachten ist, dass die Transparenz über die Vermögens- und Schuldenlage, den Ressourcenverbrauch, das Kosten-Leistungsverhältnis und den Zielerreichungsgrad der Produkte in der Doppik eine genauere Beurteilung in Bezug auf Rechtsverstöße ermöglichen kann.[399] Ein daraus resultierendes effektives Gegensteuern im Wege der Kommunalaufsicht kann die Gesetzesbindung der Kommunalverwaltung verstärken. Gemeint ist damit, dass die verstärkte

---

394 Geis, Kommunalrecht, § 24 Rn. 1; Mehde, Neues Steuerungsmodell und Demokratieprinzip, S. 191; Meyer, Das Neue Steuerungsmodell – Vereinbarkeit mit dem Demokratieprinzip und kommunalverfassungsrechtliche Zulässigkeit, S. 223.

395 Lenz, Kommunalverwaltung und Demokratieprinzip, S. 172 unter Hinweis auf Kluth, Funktionale Selbstverwaltung, S. 270 ff., bes. 271 f.

396 Ebd.

397 Ebd.

398 Lenz, Kommunalverwaltung und Demokratieprinzip, S. 113 f.

399 Zu den Reformen auf Bundes- und Landesebene Dahm, Das Neue Steuerungsmodell auf Bundes- und Länderebene sowie die Neuordnung der öffentlichen Finanzkontrolle in der Bundesrepublik Deutschland, S. 283: „Mit der Kosten- und Leistungsrechnung in Verbindung mit dem Controlling würde sich eine neue Kontrollstruktur in der öffentlichen Verwaltung etablieren. Im Zusammenwirken mit der bestehenden externen Finanzkontrolle könnte dies zu einer deutlich besseren Kontrolle des Wirtschaftlichkeitsgebots führen.“

Kommunalaufsicht nach der Haushaltsreform in höherem Grad sachlich-inhaltlich legitimierend wirken könnte als zuvor.

b) Weitere Möglichkeiten zur Verstärkung der demokratischen Legitimation der Kommunen durch die Kommunalaufsicht

aa) Demokratische Legitimation durch den starken Wirtschaftlichkeitsbezug?

Es ist zu klären, ob die Steigerung der Effektivität und Effizienz des Verwaltungshandelns mithilfe der Kommunalaufsicht für sich isoliert als „Output-Legitimation" einen Beitrag zum hinreichenden Legitimationsniveau leisten kann.[400] Dieser Ansatz wurde häufig in der demokratietheoretischen Debatte zu NGOs, EU oder Global Governance erörtert, um auf der Grundlage der weitbekannten Demokratiedefinition Lincolns „eine Regierung für das Volk" das Demokratiedefizit dieser Organe, die keine Regierung durch das Volk sind, zu überwinden.[401] Nach der allgemeinen juristischen Auffassung, die sich größtenteils an den formellen Aspekten demokratischer Legitimation orientiert, geht die Bewertung politischer Leistung und deren Richtigkeit über den normativen Bereich weit hinaus.[402] Somit wird eine zusätzliche legitimierende Kraft durch rein qualitativ verbesserte Leistungen kaum akzeptiert.

bb) Demokratische Legitimation durch zukünftige Gemeinden?

Mit der Einführung der Vermögensrechnung legt das neue Haushaltsrecht seinen Schwerpunkt stärker auf die generationengerechte Haushaltswirtschaft (vor allem § 110 Abs. 4 und 8, § 120 Abs. 2 S. 3 NKomVG in Verbindung mit § 23 S. 1 KomHKVO). Eine realitätsnahe Darstellung über die Schulden- und Vermögenslage der Kommunen ermöglicht der Aufsichtsbehörde, ihr Steuerungs- und Kontrolldefizit zu überwinden, das durch eine strukturelle Verschleierung impliziter Schulden im kameralistischen Haushaltssystem ausgelöst wird.[403] Auch in der Literatur und Praxis wird mit Kritik an der politischen Logik, die

---

400 Dazu vgl. Abels, in: Handbuch Europäische Union, 175, 179; Greven, Kontingenz und Dezision, S. 195; Mehde, in: Herausforderung e-Government, S. 213, 213 ff.; Scharpf, Demokratietheorie zwischen Utopie und Anpassung, S. 21.

401 Abels, in: Handbuch Europäische Union, 175, 179 ff.; Classen, Demokratische Legitimation im offenen Rechtsstaat, S. 27 f.; Curbach, Global Governance und NGOs, S. 135 ff.; Schäfer, Integration 2006, 187, 190.

402 Vgl. Classen, Demokratische Legitimation im offenen Rechtsstaat, S. 27 f.

403 Vgl. Gröpl, Haushaltsrecht und Reform, S. 408 f.

tendenziell zur Übergabe der heutigen Lasten an die nächste Generation neigt, um bei den nächsten Wahlen wieder zu gewinnen, die Rolle der Kommunalaufsicht zunehmend herausgestellt.[404] Diese kann beim Schuldenmanagement entsprechend der gesetzlichen Anforderungen „das Wohlergehen zukünftiger Generation"[405] vertreten. Dennoch kann nicht ohne weiteres davon ausgegangen werden, dass die Aufsichtsbehörde durch die Verbindung mit der zukünftigen Generation eine zusätzliche legitimatorische Wirkung haben kann. In den demokratietheoretischen Diskussionen wird den künftigen Generationen als „Leerstelle der Demokratie" kaum Aufmerksamkeit geschenkt.[406]

3. Die Kommunalaufsicht zur ergebnisorientierten Steuerung in der kommunalen Haushaltswirtschaft

a) Kommunalaufsicht aus der Steuerungsperspektive?

aa) Das Haushaltsrecht als Steuerungsmedium

Hinsichtlich der Frage, wie die Gesetzesbindung der Verwaltung als „ein genuiner Zusammenhang zwischen dem Rechtsstaats- und dem Demokratieprinzip"[407] rechtspraktisch gewährleistet werden kann, gibt es zwei Herangehensweisen: Die eine betont „Subsumtionsentscheidungen im Sinne eines strikten Gesetzesvollzugs"[408] im Rekurs auf „Juristische Methode"[409], die andere richtet sich an die Umsetzung des gesetzgeberischen Willens durch die Normkonkretisierung der Rechtsanwender[410]. Große nennt die erstere die traditionelle Rechtswissenschaft und die letztere die steuerungswissenschaftlich orientierte Rechtswissenschaft.[411]

404 Vgl. Magin, Kommunale Rechnungslegung, S. 112; Mlynek, NdsVBl. 54, 59.

405 Rose, Zukünftige Generationen in der heutigen Demokratie, S. 55.

406 Reder/Tamoudi/Faets, in: Politik der Zukunft: Zukünftige Generationen als Leerstelle der Demokratie, S. 11, 12 ff.; Rose, Zukünftige Generationen in der heutigen Demokratie, S. 55 schilderte, dass in der heutigen Politik die demokratische Gegenwartspräferenz herrscht.

407 Thiemann, in: FS Ehlers, S. 257, 261.

408 Große, Qualität des öffentlichen Schulwesens als Verfassungsgebot?, S. 51.

409 Große, Qualität des öffentlichen Schulwesens als Verfassungsgebot?, S. 45 unter Verweis auf Appel, VVDStRL 2008, 226, 235 f.; Krebs, in: Methoden der Verwaltungswissenschaft, S. 209, 212 f.

410 Dreier, Hierarchische Verwaltung im demokratischen Staat, S. 164 ff.

411 Große, Qualität des öffentlichen Schulwesens als Verfassungsgebot?, S. 45.

Das reformierte Kommunalhaushaltsrecht ist als eines der Rechtsgebiete eingestuft, in denen steuerungswissenschaftliche Ansätze weitgehend rezipiert werden. Die Einführung des doppischen Haushaltswesens und neuer Steuerungsinstrumente ist im Wesentlichen auf die Umsetzung der NSM-Konzepte ausgerichtet.[412] Außerdem ist zu beachten, dass die haushaltsrechtlichen Vorschriften ursprünglich „offen normative Begriffe“[413] sind und den Kommunen eine große Gestaltungsfreiheit bei ihrer Haushaltswirtschaft belassen.[414] Somit ist ein Steuerungsdefizit des Gesetzes, das durch die „selektive Gesetzmäßigkeit infolge Regelungshypertrophie“[415] ausgelöst wird, auf das Dreier hingewiesen hat, hier kaum zu sehen. Es wird vielmehr erwartet, dass die Kommune durch die Ausübung der ihr zugebilligten Konkretisierungsspielräume unter Verwendung ihrer Fachkenntnisse und aus der Doppik zu erhaltenden Zusatzinformationen die „bestmögliche[…] Zweckverwirklichung des Rechts“[416] erreichen kann.[417]

bb) Die kommunalaufsichtlichen Maßnahmen als Steuerungsmedium?

Im steuerungswissenschaftlichen Ansatz übernimmt die Rechtsaufsicht wie andere Rechtsanwender die Aufgaben der Rechtskonkretisierung und dient dazu, die Steuerungswirkung des Gesetzes zu ergänzen.[418] Dies steht allerdings hinsichtlich der Kommunalaufsicht in Frage, da eine gestaltende Kommunalaufsicht

412 Holtkamp, Verwaltungsreformen, S. 221; Mehde, in: Verwaltungsrechtswissenschaft und Verwaltungsrechtspraxis, S. 147, 155.

413 Rüthers/Fischer/Birk, Rechtstheorie mit juristischer Methodenlehre, Rn. 183: Die Rechtsbegriffe, die ohne die Wertungsentscheidung der Rechtsanwender nicht auf konkret-individuelle Fälle angewendet werden können, weil das Gesetz nur generell und abstrakt definiert ist, sind offen normativ. Dreier, Hierarchische Verwaltung im demokratischen Staat, S. 168 f. nennt sie offene Normen.

414 Vgl. Schmidt Aßmann, Die kommunale Rechtsetzung im Gefüge der administrativen Handlungsformen und Rechtsquellen, S. 11.

415 Dreier, Hierarchische Verwaltung im demokratischen Staat, S. 172 ff.

416 Große, Qualität des öffentlichen Schulwesens als Verfassungsgebot?, S. 53.

417 Ergebnisorientiertes Denken ist im steuerungswissenschaftlichen Ansatz weit verbreitet. Vgl. Bumke, Relative Rechtswidrigkeit, S. 12 ff., 255 ff., 264 wies darauf hin, dass sich der Steuerungsgedanke auf einen normativen Zurechnungs- und Rechtsfolgenzusammenhang bezieht, also die Aufgabenwahrnehmungen „etwas zur Folge haben sollen“; Dreier, Hierarchische Verwaltung im demokratischen Staat, S. 171; siehe auch Franzius, DV 2006, 335, 340 f.; Thiemann, in: FS Ehlers, S. 257, 263.

418 Kahl, Die Staatsaufsicht, S. 355 ff.; Mehde, Neues Steuerungsmodell und Demokratieprinzip, S. 191 f.: Je schwächer der Steuerungseffekt des Gesetzes ist, desto wichtiger ist der Steuerungseffekt der Rechtsaufsicht unter dem legitimatorischen Gesichtspunkt.

grundsätzlich nicht erlaubt ist, um unter Beachtung des Selbstverwaltungsrechts die Spielräume der Kommune zu respektieren.[419] Entscheidend ist die Frage, ob auch die Aufsichtsbehörde einen weiten Entscheidungsspielraum hat, um abzuklären, ob sie in der Praxis konkrete Steuerungsimpulse setzen kann.[420] Im Gegensatz zu der theoretisch dominierenden Ansicht sind de facto die Bedingungen bereits so ausgestaltet, dass die aufsichtlichen Maßnahmen als Steuerungsmittel fungieren können.

b) Die Überprüfung der Einhaltung der Haushaltsgrundsätze

aa) Abstrakte Rechtspflichten der Kommunen bei der Haushaltssatzunggebung als Geflecht zwischen Gesetz und Satzungsrecht

Die Kommune hat keine Gesetzgebungskompetenz, sondern das Satzungsrecht (§ 10 Abs. 1 NKomVG) und die Ausübung ihres Satzungsermessens ist nach Art. 28 Abs. 2 GG nur im Rahmen der Gesetze möglich. Nach der dualistischen Aufgabenstruktur lassen sich die Verwaltungsaufgaben der Kommunen in Niedersachsen in die Aufgaben des übertragenen Wirkungskreises und in die Selbstverwaltungsaufgaben (pflichtig, freiwillig) unterteilen (§ 4 Abs. 1 S. 1 NKomVG). Die Kommune ist verpflichtet, die finanzielle Grundlage auch für die Wahrnehmung der Pflichtaufgaben zu schaffen. Auffällig ist, dass auf kommunaler Ebene normalerweise mehr als 90 Prozent des gesamten Budgets für die Erfüllung der Pflichtaufgaben entfallen.[421] Die Ressourcenplanung für die freiwilligen Selbstverwaltungsaufgaben ist auf den Restbetrag beschränkt.[422] Ein Mindestmaß an freiwilliger Selbstverwaltungsaufgabe ist verfassungsrechtlich

---

419 Dazu näher in B. II. 3. c).

420 Vgl. Mehde, in: Verwaltungsrechtswissenschaft und Verwaltungsrechtspraxis, S. 147, 155.

421 In der Literatur wird häufig das Postulat von mindestens fünf bis zehn Prozent der Gesamtausgaben für freiwillige Selbstverwaltungsaufgaben aufgetreten. Diemert, DVBl. 2015, 1003, 1005; Hufen, DÖV 1998, 276, 280; Landesrechnungshof Niedersachsen, Pflichtaufgabe oder Freiwillige Leistung?, 6.3-10713/4-15 v. 21.8.2017, S. 11; Lange, DVBl. 2015, 457, 458; Schoch/Wieland, Finanzierungsverantwortung für gesetzgeberisch veranlaßte kommunale Aufgaben, S. 189; Wendt, in: FS Stern, S. 603, 625.

422 VG Düsseldorf, 5 K 630/15, Rn. 29. Nach Art. 28 Abs. 2 GG haben die gesetzlich vorgeschriebenen Aufgaben einen Vorrang vor den freiwilligen Selbstverwaltungsaufgaben. Die Bereitstellung von Budgets unterliegt deshalb dieser Rangordnung.

garantiert, aber es besteht kein Anspruch auf Gewährleistung der exakt berechneten Mindestfinanzausstattung.[423]

Bei dieser Ressourcenzuteilung steht die Kommune unter den Grundregeln des Haushaltsrechts. Insbesondere ist eine Sicherstellung der stetigen Aufgabenerfüllung gemäß § 110 Abs. 1 NKomVG als das Oberziel der gesamten Haushaltstätigkeiten von großer Bedeutung.[424] Dafür sind die Kommunen weiterhin verpflichtet, die sparsame und wirtschaftliche Haushaltswirtschaft, die dauernde finanzielle Leistungsfähigkeit und die Pflicht zur Herbeiführung des Haushaltsausgleichs zu erzielen (vgl. § 110 Abs. 2 und 4, § 120 Abs. 2 S. 3 NKomVG). Hinsichtlich der formalen Aspekte der Buchhaltung geht es um ihre Richtigkeit, Vollständigkeit, Übersichtlichkeit und Nachvollziehbarkeit (vgl. § 37 Abs. 2 KomHKVO).[425] Mit dem datentechnischen Fortschritt wurde allerdings die Bedeutung der Prüfung auf Rechenfehler verringert.[426]

bb) Die Plankontrolle im Haushaltsrechtsbereich: die umfassende Anwendung der Grundregeln

Da ein wesentlicher Teil der Haushaltssatzung ein Haushaltsplan ist, wird das Satzungsermessen auch als das Planungsermessen dargestellt.[427] Der Haushaltsplan zeigt auf, welche der vielen Ausgabewünsche priorisiert werden. Dem Planungsermessen entstammt der Abwägungsauftrag unter Erwägung und Prognose aller relevanten finanziellen, rechtlichen, institutionellen und politischen Faktoren.[428] Die Ausübung des Planungsermessens beschränkt sich also nicht auf eine bloße Subsumtion, sondern hat einen politischen Charakter.[429] Das

---

423 VerfGH NRW, Urt. v. 10.5.2016, VerfGH 19/13, Rn. 74. mwN. Gleichwohl wurde die Ermittlung des Aufwandes also der notwendigen Kosten für die Wahrnehmung der Selbstverwaltungsaufgaben vermittels der Doppik deutlich erleichtert (Lange, Verfassungsrechtliche Grundlagen der Finanzierung der Kommunen in Nordrhein-Westfalen, S. 51).

424 VG Düsseldorf, 5 K 630/15, Rn. 29; Fritze, VM 2019, 164, 167; Glinder/Friedl, Gemeindehaushaltsrecht Baden-Württemberg, S. 36 f.

425 Binus, Überörtliche Kommunalprüfung, S. 103; Glöckner/Mühlenkamp, Zeitschrift für Planung & Unternehmenssteuerung 2009, 397, 402; Wenzler, Institutionenökonomik und öffentliche Finanzkontrolle, S. 53.

426 Wenzler, Institutionenökonomik und öffentliche Finanzkontrolle, S. 53.

427 Vgl. Mehde, in: Recht der kommunalen Haushaltswirtschaft, S. 97, 102.

428 Dazu vertieft Badura, in: FS zum 25-jährigen Bestehen des Bayerischen Verfassungsgerichtshofs, S. 157, 157 ff.; Koch, DVBl. 1989, 399, 399 ff.

429 Franzius, DV 2006, 335, 357: „Aufgabenerfüllung ist mehr als die Beachtung rechtlicher Vorgabe.“; Oebbecke, DV 2015, 233, 244; Pieper, Aufsicht, S. 417: „Die Ausübung

BVerwG stellt fest, dass sich bezogen auf die Erstellung von Bebauungsplänen die Plankontrolle durch die Aufsichtsbehörde aufgrund der Verbindung von Planung und Gestaltungsfreiheit darauf beschränkt, „ob im Einzelfall die gesetzlichen Grenzen der Gestaltungsfreiheit überschritten sind oder von der Gestaltungsfreiheit in einer der Ermächtigung nicht entsprechenden Weise Gebrauch gemacht wurde (vgl. § 114 VwGO)".[430] Auffällig ist, dass dort die Plankontrolle über die Einhaltung von Grundregeln der Bauleitplanung, die im Gesetz als Voraussetzungen, Schranken, Ziele oder Leitsätze das Planungsermessen binden, und die Plankontrolle über die Interessenabwägung im Planungsprozess unterschiedlich behandelt wurden.[431] Eine Beschränkung der Rechtskontrolle gilt nur für den Schutz der der Kommune bei der Planung zustehenden Gestaltungsfreiheit im Abwägungsprozess: demgegenüber ist die Rechtmäßigkeit der Auslegung und Anwendung von Grundregeln durch die Gerichte und Aufsichtsbehörden vollständig zu prüfen.[432]

Wird diese Klassifikation auf das Haushaltsgesetz angewendet, ist grundsätzlich von Beurteilungsspielräumen bei der Auslegung und der Anwendung unbestimmter Rechtsbegriffe (vor allem „die dauernde Leistungsfähigkeit" oder „sparsam und wirtschaftlich") keine Rede. Da diese als Voraussetzungen, Schranken, Ziele bzw. Leitsätze die Grundregeln der Haushaltsplanung darstellen, die für jede Haushaltsentscheidung gelten[433], ist ihre Einhaltung durch Gerichte und Aufsichtsbehörden vollständig überprüfbar[434]. Im Bereich des Haushaltsrechts ist es ständige Rechtsprechung, dass ein Beurteilungsspielraum bei der Anwendung unbestimmter Rechtsbegriffe nur den Kommunen eingeräumt wird.[435] Demnach beschränkt sich die Rechtskontrolle auf die

---

des Ermessens ist rechtlich zwar umhegt, wird aber ganz maßgeblich durch Zweckmäßigkeitserwägungen dirigiert."

430 BVerwGE 34, 301, Rn. 20.

431 BVerwGE 34, 301, Rn. 21 und 26 f.

432 Ebd.

433 Vgl. Reinhardt, Neue kommunale Finanzierungsmodelle und Zukunftsgerechtigkeit, S. 114.

434 Jede Rechtsanwendung unterliegt grundsätzlich der uneingeschränkten Rechtskontrolle. BVerfGE 129, 1, 21; auch vgl. Pache, Tatbestandliche Abwägung und Beurteilungsspielraum, S. 475.

435 Statt vieler OVG Münster, NVwZ-RR 1991, 509, 509: „Der programmatische Inhalt dieses ökonomischen Prinzips, dessen Einhaltung hinsichtlich der Art, des Umfangs und der Qualität der vorgesehenen Aufgabenerfüllung in aller Regel objektiv nicht messbar ist, lässt es geboten erscheinen, der Gemeinde bei der Anwendung des

Vertretbarkeitskontrolle.[436]

c) Die Durchsetzung von Haushaltsgrundsätzen durch Kommunalaufsichtsbehörden

Im Bereich des Haushaltsrechts, das die Gestaltungsaufgaben den Kommunen überlässt und zugleich die Haushaltsgrundsätze festlegt, die bei allen Entscheidungen zu beachten sind, können die vollziehenden und gestaltenden Tätigkeiten konvergieren. Daraus folgt, dass die Grenze der Kommunalaufsicht als Kontrolle auf Rechtsverstöße de facto verwischt wird.[437] Soweit die Sicherstellung der Rechtmäßigkeit der kommunalen Haushaltsverwaltung letzthin auf ihre langfristige Wahrung finanzieller Stabilität ausgerichtet ist, muss auch die Kommunalaufsicht die gesetzlich vorgeprägten Haushaltsgrundsätze erforderlichenfalls durch die eigene Rechtskonkretisierung durchsetzen können.[438]

Dafür ist die präventive Kommunalaufsicht, unter anderem Beratung und Genehmigungsvorbehalte, von sehr großer Bedeutung. Bei der Entscheidung über die Genehmigung sollte die Aufsichtsbehörde die gegebenen Informationen

---

Grundsatzes der Wirtschaftlichkeit und Sparsamkeit im Einzelfall einen weitgehenden Entscheidungsspielraum zuzubilligen." OVG Saarland, Urt. v. 19.12.2001 - 9 R 5/00, Rn. 88: „Die Kriterien, die ihrerseits auf Schätzungen beruhen und prognostische Aussagen erfordern, belegen eindeutig den Charakter der Beurteilung der Folgen der Umlagefestsetzung für die dauernde Leistungsfähigkeit der Gemeinden als komplexe Prognoseentscheidung und damit das Bestehen eines vom Beklagten nur beschränkt überprüfbaren Beurteilungsspielraumes."

436 Statt vieler OVG Münster, NVwZ-RR 1991, 509, 509; zum Verhältnis zwischen Spielraum und Kontrolle Klatt, Die praktische Konkordanz von Kompetenzen, S. 57; ders./Schmidt, Spielräume im Öffentlichen Recht, S. 58: „Wenn die Kontrollkompetenz fehlt, besteht ein Spielraum – und umgekehrt."; a. A. Ozdemir vertritt die Ansicht, dass kein Zusammenhang zwischen der Reduzierung der Kontrolle und der Gewährleistung des planerischen Gestaltungsspielraums der Kommune besteht, mit der Begründung, dass ein Spielraum bereits in der Entscheidungsphase existiert und nicht erst durch die Begrenzung der Kontrolle gewährleistet werden kann (Özdemir, Die Behandlung von Mängeln der Abwägung bei der Aufstellung von Bauleitplänen im Planerhaltungssystem des EAG Bau, S. 44 f.).

437 So bedeutet beispielsweise die Feststellung des Gerichts, dass „die Erhöhung des Umlagesatzes der Kreisumlage nur einer Rechtskontrolle der Aufsichtsbehörde unterliegt" (VerfGH NRW, Urt. v. 13.8.1996 – VerfGH 23/94, openJur 2012, 75604), nicht unbedingt eine Beschränkung der Aufsichtspflicht.

438 Hierzu a. A. Boettcher, Ursachen kommunaler Haushaltsdefizite, S. 61; Georg/Gnädinger/Hardt, VM 2018, 72, 72.

bestmöglich nutzen und eine aktive, objektive und begründbare Bewertung vornehmen, um festzustellen, ob eine Genehmigung nach den gesetzlichen Anforderungen möglich ist.[439] Dabei müssen auch die Beurteilungsspielräume der Kommunen hinsichtlich der Auslegung und Anwendung unbestimmter Rechtsbegriffe geachtet werden,[440] aber sie werden durch die Einführung der eindeutigen Genehmigungskriterien gemäß § 23 S. 1 KomHKVO eingeengt.[441] Bei der begleitenden Beratung kann die Aufsichtsbehörde sogar den Prozess der Gestaltung der rechtlichen Beurteilung der Kommune unterstützen. Es ist der Aufsichtsbehörde nicht verwehrt, in der Praxis im Wege der Beratung oder Genehmigung einen tieferen Einblick in die Haushaltslage der Kommunen zu nehmen und darauf basierend später gegen Rechtsverstöße repressiv einzugreifen.[442]

Im Folgenden sollte somit näher auf das Potenzial aktiver Wahrnehmung der Aufsichtspflicht eingegangen werden, um aufzuzeigen, wie abstrakt bestehende Handlungsnormen im Haushaltsrecht umzusetzen sind.[443] Dies wird gefördert durch den Informationszuwachs in der Doppik, der die Erkenntnisprobleme für die Beurteilung unbestimmter Rechtsbegriffe mindestens in eingeschränktem Umfang mit hinreichender Deutlichkeit (zahlenmäßig) lösen kann.[444]

II. Auswirkungen der Transparenz der Vermögens- und Schuldenlage in der Doppik auf die Kreditgenehmigung

Während die Schuldenbremse von Bund und Ländern in Art. 109 Abs. 3 S. 1 GG verankert ist, wird die Verschuldungsgrenze der Kommunen in jedem

439 Damit die von der Vertretung beschlossene Haushaltssatzung verkündet werden kann, muss die Aufsichtsbehörde eine Genehmigung über ihre genehmigungsbedürftigen Teile erteilen (§ 114 Abs. 2 S. 1 NKomVG). Die Haushaltssatzung ist der Aufsichtsbehörde für das Genehmigungsverfahren spätestens einen Monat vor Beginn des Haushaltsjahres vorzulegen (§ 114 Abs. 1 NKomVG).

440 VGH Kassel, Beschl. v. 10.8.2006 – 8 TG 592/06 = BeckRS 2006, 136453, Rn. 21; Gellen, Zweckzuweisungen und kommunale Selbstverwaltung, S. 101.

441 Vgl. Schnapp/Kreutz, VerwArch 2017, 383, 406.

442 Vgl. Diemert, in: Recht der kommunalen Haushaltswirtschaft, § 21 Rn. 82.

443 Vgl. Oebbecke, Der Gemeindehaushalt 2009, 241, 242 wies auf das Problem der Handlungsnormen hin, die nur die Pflicht zum Haushaltsausgleich klar und eindeutig definieren, aber nichts darüber sagen, wie die haushaltsrechtlichen Zielvorgaben zu erreichen sind.

444 Vgl. Mehde, Neues Steuerungsmodell und Demokratieprinzip, S. 530.

Haushaltsjahr im Genehmigungsverfahren durch die Aufsichtsbehörde bestimmt (vor allem § 119 Abs. 4, § 120 Abs. 2 S. 1 NKomVG).[445] Daher wurde im Falle der anhaltend hohen Verschuldung der Kommunen oft ein fehlender Aufsichtswille oder eine mangelhafte Aufsichtsfähigkeit kritisiert.[446] Besonders anzumerken ist, dass mit Einführung der Doppik die Rechtsgrundlage für die Kreditgenehmigung einen großen Wandel erfahren hat. Im Folgenden geht es um die Frage, welche Auswirkungen dies haben kann.

1. Umdenken über die Kreditaufnahme in den kommunalen Haushalten

a) Die Kreditaufnahme in der Kameralistik

Einnahmen und Ausgaben sind in jedem Haushaltsjahr in Planung und Rechnung auszugleichen, aber dieser Themenbereich rückt in der Kameralistik nicht stark ins Blickfeld. Denn auch wenn in einem Kommunalhaushalt – wegen entweder struktureller Finanzmängel oder verschwenderischen Umgangs[447] – die Ausgaben konstant höher sind als die Einnahmen, können die Defizite durch die zusätzliche Kreditaufnahme immer erfüllt werden.[448] Bei der aufsichtsbehördlichen Entscheidung über die Genehmigung der Kreditaufnahme geht es um die dauerhafte Zahlungsfähigkeit der Kommune, d.h. um die Frage, ob die laufenden Einnahmen im Verwaltungshaushalt sowohl die laufenden Ausgaben im Verwaltungshaushalt als auch die an den Vermögenshaushalt zu leistenden Pflichtzuführungen abdecken können.[449]

---

445 Vgl. Gnädinger, Generationengerechte Haushalts- und Finanzpolitik in Kommunen, S. 220 ff.

446 Borchert, Kommunalaufsicht und kommunaler Haushalt, S. 245; Faber, DVBl. 2005, 933, 937; Schulze, Der Gemeindehaushalt 2011, 49, 51.

447 Zu den Ursachen kommunaler Haushaltsdefizite Holtkamp, Verwaltungsreformen, S. 143.

448 Die Einnahmen aus Krediten erhöhen – ungeachtet einer Quelle der Mittelzuschüsse – das Finanzmittel im Vermögenshaushalt. Mühlenkamp, Der Städtetag 2011, 14, 17: „Der kameralistische Einnahmen-Ausgaben-Ausgleich lässt sich – solange sich Kapitalgeber finden – durch Kreditaufnahme immer erreichen."

449 Dülk, in: Grundlagen kommunaler Haushaltsführung, S. 135, 164; Heinemann/Feld/Geys/Gröpl/Hauptmeier/Kalb, Der kommunale Kassenkredit zwischen Liquiditätssicherung und Missbrauchsgefahr, S. 45; Fudalla/Wöste, Doppik schlägt Kameralistik, S. 9. Die Höhe der Pflichtzuführungen muss somit mindestens einer Höhe der Kreditbeschaffungskosten und der ordentlichen Tilgung entsprechen (§ 22 Abs. 1 GemHVO

Das kamerale Haushaltssystem, in dem Einnahmen aus Krediten mitgerechnet werden, zeigt für das Schuldenmanagement deutliche Schwächen. Selbst die Kassenkredite sind haushaltsneutral, weder ihre Aufnahme noch ihre Tilgung wurde im Haushalt gebucht.[450] Daraus folgt, dass das faktische Ausmaß zukünftiger Zahlungsverpflichtungen zum großen Teil verschleiert werden kann.

b) Die Kreditaufnahme in der Doppik

In der Doppik erfolgen im Vergleich keine „Einnahmen aus Krediten“[451]. Dies entspricht dem Konzept der neuen Staatsschuldenbremse, wonach der Staat seit dem Haushaltsjahr 2020 verpflichtet ist, ohne Einnahmen aus Kredite den Haushalt auszugleichen (Art. 109 Abs. 3 S. 1 GG).[452] Der doppische Haushaltsausgleich ist allerdings eine restriktivere Vorgabe als die neue Staatsschuldenbremse auf Basis der Kameralistik, da dort das Ressourcenaufkommen und der Ressourcenverbrauch auch ausgeglichen werden müssen.[453]

Mit Einführung der Doppik, der die Generationengerechtigkeitsvorstellung zugrunde liegt[454], zeichnet sich ein negatives Bild der Kreditaufnahme ab. Die Kredite werden als Belastung kommender Generationen für den gegenwärtigen

in der Fassung vom 17.3.1997 (Nds. GVBl. S. 90), zuletzt geändert am 12.5.2003 (Nds. GVBl. S. 192)).

450 Heinemann/Feld/Geys/Gröpl/Hauptmeier/Kalb, Der kommunale Kassenkredit zwischen Liquiditätssicherung und Missbrauchsgefahr, S. 165 ff.; Herrmann, Kommunale Kassenkredite - Missbrauchsgefahr und Reformvorschläge, S. 71; ders., Wirtschaftsdienst 2011, 686, 687; Rudel/Gack, Haushalt und Finanzen in der Kommune, Petra-Kelly-Stiftung Bayerisches Bildungswerk für Demokratie und Ökologie, S. 17.

451 Tappe, Wirtschaftsdienst 2010, 269, 269. Da der Kreditbetrag in jedem Fall zurückgezahlt werden soll, erhöht er nicht den ressourcenorientierten Ergebnishaushalt. Demgegenüber ist ein Finanzmittelfluss aus Krediten als Einzahlung und eine Tilgungsleistung als Auszahlung im Finanzhaushalt zu veranschlagen (vgl. § 120 Abs. 1 S. 1 NKomVG).

452 Deutscher Bundestag, Drucksache 19/20768 v. 26.6.2020, S. 1: Der Stabilitätsrat hält die Corona-Pandemie für eine Naturkatastrophe bzw. außergewöhnliche Notsituation im Sinne des Artikel 109 Abs. 3 S. 2 GG, in der zur Bewältigung der Krise die Schuldenbremse ausgesetzt werden muss. Dazu ausführlich Henneke, DVBl. 2020, 725, 725 ff.

453 Landtag Hessen, Drucksache 18/4676 v. 9.11.2011, S. 9.

454 Fischer/Gnädinger, VM 2009, 283, 289 f.; Schwarting, Der kommunale Haushalt, Rn. 83.

Nutzen verstanden.[455] Die Vermögensrechnung bringt die Frage ans Licht, ob die Kommune infolge ihrer gegenwärtigen Haushaltswirtschaft „das von ihrer Vorgänger-Generation empfangene öffentliche Vermögen uneingeschränkt der Nachfolger-Generation übergeben“ kann.[456] Ein Kreditbedarf darf nämlich nicht aus der Diskrepanz von kommunalen Erträgen und Aufwendungen entstehen. Diese Lücke ist eher ein Grund für die Ablehnung der Genehmigung für die Neuverschuldung (vgl. § 120 Abs. 2 S. 3 NKomVG, § 23 S. 1 Nr. 1 KomHKVO).

2. Generationengerechtigkeitsvorstellung im neuen Kommunalhaushaltsrecht

Im neuen Haushaltsrecht wurden die Ausgleichregelung und Beurteilungskriterien der dauernden Leistungsfähigkeit als ein Schwellenwert der Kreditgenehmigung im Interesse der Generationengerechtigkeit überarbeitet. Nachfolgend wird auf diese Erneuerung und ihre Bedeutung eingegangen.

a) Die Einführung neuer Kriterien zur Beurteilung der dauernden Leistungsfähigkeit der Kommunalhaushalte

Die Genehmigung für die Neuaufnahme von Krediten für Investitionen und Investitionsförderungsmaßnahmen ist grundsätzlich zu verweigern, wenn eine dauernde finanzielle Leistungsfähigkeit der einzelnen Kommunen nicht als gesichert angenommen werden kann (vgl. § 120 Abs. 2 S. 3 NKomVG). Die signifikante Änderung der Genehmigungspraxis rührt somit nach Einführung der Doppik von der Verfeinerung der Bewertungskriterien der dauernden Leistungsfähigkeit her (§ 23 S. 1 KomHKVO). Neu eingeführte Kriterien gemäß § 23 S. 1 KomHKVO, die in der Regel sämtlich erfüllt sein müssen, damit die finanzielle Leistungsfähigkeit anerkannt wird, können wie folgt dargestellt werden:

---

455 Munzert, in: Haushaltsreform und Finanzkontrolle, S. 29, 31: „Die nachfolgende Generation wird durch die von uns verursachten Zins- und Tilgungslasten erheblich belastet sein. Das Spannungsfeld zwischen Gegenwartsinteressen und Zukunftssicherung wurde allzu häufig zugunsten der Gegenwart und zu Lasten der Zukunft aufgelöst.“

456 Lüder, Konzeptionelle Grundlagen des Neuen Kommunalen Rechnungswesens S. 7. Siehe auch Gnädinger, Generationengerechte Haushalts- und Finanzpolitik in Kommunen, S. 188; Lasar, VM 2010, 3, 4 f.; Schwarting, Der kommunale Haushalt, Rn. 319.

aa) *Der Haushaltsausgleich in der Planung und Rechnung*

(1) *Die Erträge-Aufwendungen-Ausgleichsforderung in Ergebnishaushalt bzw. -rechnung*

Der Haushaltsausgleich bedeutet in einer allgemeinen kaufmännischen Definition, dass die Aufwendungen in demselben Haushaltsjahr nicht größer sind als die Erträge.[457] Dementsprechend ist der Kommunalhaushalt auf doppischer Basis ausgeglichen, wenn der Gesamtbetrag der ordentlichen Erträge die Höhe des Gesamtbetrages der ordentlichen Aufwendungen und der Gesamtbetrag der außerordentlichen Erträge die Höhe des Gesamtbetrages der außerordentlichen Aufwendungen erreicht oder übersteigt (§ 110 Abs. 4 S. 2 NKomVG). Das kommunale Haushaltsrecht gibt allerdings unter Beachtung der öffentlich-haushaltlichen Besonderheiten weithin die Möglichkeit, durch die Deckung von Fehlbeträgen als ausgeglichen gelten zu können (§ 110 Abs. 5 NKomVG).[458]

Der Prozess zur Deckung von voraussichtlichen Fehlbeträgen läuft stufenweise ab.[459] Die Fehlbeträge der ordentlichen Ergebnisse dieses Haushaltsjahres können durch die Ablösung der Überschussrücklagen aus Vorjahren ausgeglichen werden (§ 110 Abs. 5 S. 1 Nr. 1 NKomVG, § 24 Abs. 1 S. 1 KomHKVO). Wenn diese Überschussrücklagen nicht ausreichen, um die Fehlbeträge zu decken, kann die Pflicht zum Haushaltsausgleich als erfüllt gelten, wenn die Fehlbeträge mit dem Überschuss der außerordentlichen Ergebnisse im selben Haushaltsjahr oder mit den Überschussrücklagen aus den außerordentlichen Ergebnissen gedeckt werden können (§ 110 Abs. 5 S. 1 Nr. 1 NKomVG). Soweit ein ausgeglichener Haushalt noch nicht möglich ist, kann ein voraussichtlich verbleibender Fehlbetrag nach der mittelfristigen Ergebnis- und Finanzplanung mit Überschüssen des dem Haushaltsjahr folgenden Jahres oder spätestens des zweiten dem Haushaltsjahr folgenden Jahres verrechnet werden (§ 110 Abs. 5 S. 1 Nr. 2 NKomVG). Die noch verbleibenden Fehlbeträge sind in der Bilanz aufgeführt (§ 24 Abs. 2 S. 1 KomHKVO).[460] Dort können sie mit dem Basisreinvermögen bis zur Höhe von Überschüssen, die in Vorjahren in Basisreinvermögen

457 Geißler, Kommunalrechtliche Steuerungsansätze der Haushaltskonsolidierung, S. 9: Zwischen dem Ergebnis- und dem Finanzhaushalt in der Doppik kann überhaupt kein Haushaltstransfer (wie Pflichtzuführung in der Kameralistik) erfolgen.

458 Vgl. Geißler, Kommunalrechtliche Steuerungsansätze der Haushaltskonsolidierung, S. 9.

459 Vgl. Mühlenkamp/Glöckner, Rechtsvergleich Doppik – Kommunales Haushalts- und Rechnungswesen –, S. 3-41.

460 Rose, Kommunale Finanzwirtschaft Niedersachsen, S. 65.

umgewandelt wurden, verrechnet werden, unter der Bedingung, dass die Kommune alle Ertrags- und Sparmöglichkeiten ausgeschöpft hat (§ 110 Abs. 5 S. 4 NKomVG). Dies betrifft eine Ausnahme von § 110 Abs. 5 S. 2 NKomVG, wonach eine Deckung von Fehlbeträgen der Ergebnishaushalte mit Basisreinvermögen unzulässig ist.

Was die Fehlbeträge der außerordentlichen Ergebnisse betrifft, werden sie zunächst aus der mit Überschüssen der außerordentlichen Ergebnisse angesammelten Rücklage verrechnet (§ 110 Abs. 5 S. 1 Nr. 1 NKomVG, § 24 Abs. 3 S. 1 KomHKVO). Soweit ein Ausgleich scheitert, wird der Fehlbetrag des außerordentlichen Ergebnisses mit dem Überschuss des ordentlichen Ergebnisses im selben Haushaltsjahr oder der Überschussrücklage des ordentlichen Ergebnisses verrechnet (§ 110 Abs. 5 S. 1 Nr. 1 NKomVG, § 24 Abs. 3 S. 2 KomHKVO). Der weitere Prozess zur Deckung der Fehlbeträge der außerordentlichen Ergebnisse läuft auf gleiche Weise wie beim ordentlichen Ergebnis ab.

(2) Die Einnahmen-Ausgaben-Ausgleichsforderung in Finanzhaushalt bzw. -rechnung

In Niedersachsen ist neben dem Haushaltsausgleich im Ergebnishaushalt die Liquidität sowie die Finanzierung für Investitionen und Investitionsförderungsmaßnahmen sicherzustellen (§ 110 Abs. 4 S. 3 NKomVG). Fraglich ist, ob dies die Ausgleichsforderung von laufenden Ein- und Auszahlungen bedeutet.[461] Sicher ist, dass die Liquidität als ein Indikator für die dauernde Leistungsfähigkeit wenig bedeutend ist, da der Mangel an verfügbaren liquiden Reserven oder Kassenbeständen eher durch die Kreditaufnahme behoben werden kann (§ 122 Abs. 1 S. 1 NKomVG).[462] Mühlenkamp und Sossong verwiesen darauf, dass die Mischung ressourcenorientierter und zahlungsorientierter Messtechniken hinsichtlich des Haushaltsausgleichs den Spielraum der gegenwärtigen Kommune bei Ausgaben zu stark einschränkt und nicht mit dem Konzept der Generationengerechtigkeit vereinbar ist.[463]

---

461 In Mecklenburg-Vorpommern und Rheinland-Pfalz ist die Pflicht zum Haushaltsausgleich nicht nur im Ergebnishaushalt, sondern auch im Finanzhaushalt gesetzlich ausdrücklich vorgeschrieben (vgl. § 16 Abs. 1 GemHVO-MV, § 18 Abs. 1 GemHVO-RP).

462 Gnädinger, Generationengerechte Haushalts- und Finanzpolitik in Kommunen, S. 190.

463 Mühlenkamp/Sossong, in: Haushalts- und Finanzwirtschaft der Kommunen in der Bundesrepublik Deutschland, S. 575, 589 f.

bb) Der Ausgleich in der mittelfristigen Ergebnis- und Finanzplanung

Nach § 118 Abs. 1 S. 1 NKomVG haben die Kommunen zur Vorausschau über die finanzwirtschaftliche Entwicklung eine fünfjährige mittelfristige Ergebnis- und Finanzplanung zu erstellen. Der Ausgleich in dieser Planung ist somit ein Frühindikator für die dauernde Leistungsfähigkeit.[464] In der Praxis kann jedoch die mittelfristige Planung jährlich geändert werden, sodass ihr Ausgleich nicht in den Vordergrund der Beurteilung der dauernden Leistungsfähigkeit tritt.[465]

cc) Die Deckungsmöglichkeit der Verbindlichkeiten der ausgelagerten Einheiten der Kommunen

Die Deckungsfähigkeit der Verbindlichkeiten aus Verlustübernahmen für die Einrichtungen und Eigenbetriebe sowie für kommunale Anstalten und Eigen- sowie Beteiligungsgesellschaften ist gemäß § 23 S. 1 Nr. 3 KomHKVO ein Beurteilungskriterium der dauernden Leistungsfähigkeit. Das neue Haushaltsrecht schreibt eine Erstellungspflicht des Gesamtabschlusses vor, in dem der kommunale Kernhaushalt mit dem ursprünglich kaufmännisch gebuchten Haushalt der verselbstständigten kommunalen Aufgabenträger konsolidiert wird (§ 128 Abs. 4 NKomVG). Dies wurde erst durch den Übergang zu einer doppischen Buchführung des Kernhaushalts möglich.[466] Diese Gesamtschau der Finanzsituation kann eine verhindernde Wirkung gegen Schattenhaushalte und -kredite haben, die zur Umgehung der Schuldenregeln außerhalb des Kernhaushalts entstehen können.[467]

dd) Die Einlösbarkeit von Vorbelastungen künftiger Haushaltsjahre und die Deckungsmöglichkeit von nicht im Haushalt abgebildeten Fehlbeträgen

Bei der Beurteilung der dauernden Leistungsfähigkeit ist auch zu berücksichtigen, ob die nicht auf der Passivseite ausgewiesenen Vorbelastungen künftiger

---

464 Freymuth, Umstellung von der Kameralistik auf das „Neue Kommunale Rechnungswesen“ für Niedersachsen, S. 135.

465 Rose, Kommunale Finanzwirtschaft Niedersachsen, S. 121.

466 Christofzik/Dorn/Gäbler/Raffer/Rösel, Wirtschaftsdienst 2020, 707, 708; Faber, Kein Buch mit sieben Siegeln, S. 59; Rose, Kommunale Finanzwirtschaft in Niedersachsen, S. 484 ff.; Schwarting, Der kommunale Haushalt, Rn. 539.

467 Budäus/Hilgers, in: Kommunalfinanzen in der Krise: Probleme und Handlungsansätze, S. 253, 257; Tappe, in Haushalts- und Finanzwirtschaft der Kommunen in der Bundesrepublik Deutschland, S. 519, 533.

Haushaltsjahre[468] und die nicht in den Haushalt oder in die mittelfristige Ergebnis- und Finanzplanung einbezogenen Fehlbeträge voraussichtlich gedeckt werden können (§ 23 S. 1 Nr. 4 KomHKVO).

ee) Eine positive oder voraussichtlich positive Nettoposition in der Bilanz

Eine der großen Errungenschaften der Einführung der Doppik ist eine Bilanzierung des kommunalen Vermögens. Die Vermögens- und Schuldenlage wurde in der Eröffnungsbilanz erstmals vollständig erfasst und bewertet.[469] § 23 S. 1 Nr. 5 KomHKVO schreibt eine aktuelle und eine voraussichtliche positive Nettoposition als Beurteilungskriterium für die dauernde Leistungsfähigkeit vor. Während die Ermittlung einer positiven Nettoposition lediglich mit einer quantitativen Bewertung der Haushaltsergebnisse erfolgen kann, bezieht die Analyse der Wahrscheinlichkeit der positiven Nettoposition Elemente einer Prognose und eines Risikomanagements mit ein.

b) Die Bedeutung der Einführung des § 23 S. 1 KomHKVO

aa) Ein Wandel bei der Beurteilung der dauernden finanziellen Leistungsfähigkeit

Bei der Genehmigungspraxis geht es um die Frage, wie ein abstrakter Terminus „die dauernde Leistungsfähigkeit" ausgelegt und angewendet werden sollte. Nach den kameralen Regeln wurde sie maßgeblich anhand der Existenz freier Spitzen, nämlich eines Überschusses an den zur Verfügung stehenden Zahlungsmitteln im Verwaltungshaushalt, beurteilt.[470] Hingegen behauptete das OVG Saarland,

468 Gemäß § 55 Abs. 4 S. 1, 2 KomHKVO werden die Vorbelastungen künftiger Haushaltsjahre, die insbesondere Haushaltsreste, in Anspruch genommene Verpflichtungsermächtigungen, Bürgschaften, Gewährverträge und Verpflichtungen aus kreditähnlichen Rechtsgeschäften umschließen, sowie die über das Ende des Haushaltsjahres hinaus gestundeten Beträge unter der Bilanz vermerkt, soweit sie nicht auf der Passivseite verbucht werden.

469 Lasar, VM 2010, 3, 10; Rose, Kommunale Finanzwirtschaft Niedersachsen, S. 46 ff.; Schwarting, Der kommunale Haushalt, Rn. 83; Thieme, DÖV 2008, 433, 433: „Die Kameralistik sagt nichts darüber, ob sich das Vermögen des Verwaltungsträgers vermindert oder vermehrt hat, noch weniger macht sie darüber Aussagen, ob die Verwaltung wirtschaftlich gehandelt hat. Dies war niemals das Ziel der Kameralistik."

470 Schwarting, Der kommunale Haushalt, Rn. 277; Zimmermann, Das System der kommunalen Einnahmen und die Finanzierung der kommunalen Aufgaben in der Bundesrepublik Deutschland, S. 147. Zu detaillierten Beurteilungskriterien Reinhardt, Neue kommunale Finanzierungsmodelle und Zukunftsgerechtigkeit, S. 89 ff. Zum

dass es fehlerhaft sei, die Feststellung der dauernden Leistungsfähigkeit auf das Vorhandensein freier Spitzen zu beschränken und ergänzte folgende Beurteilungskriterien: „der Stand der Aufgabenerfüllung (Infrastrukturausstattung), die Belastungen aus Kreditaufnahmen, die Rücklagenbestände, das verwertbare Vermögen, die mittelfristige Finanzplanung und das Einsparpotenzial sowie die Möglichkeiten der Streckung von Finanzierungen".[471] Daraus kam das Gericht zu dem Schluss, dass der Beurteilung der dauerhaften Leistungsfähigkeit eine komplexe Prognose der Kommune zugrunde liegen solle und die Kommune über einen Beurteilungsspielraum verfüge; in diesem Sinne überprüft die Aufsichtsbehörde, ob sie im Wertungsvorgang alle erforderlichen Gesichtspunkte berücksichtigt hat und ob das Entscheidungsergebnis nicht offenbar fehlerhaft, also vertretbar ist.[472]

Mit Einführung der Neuregelungen in § 23 S. 1 KomHKVO geht ein großer Wandel bei der Beurteilung der dauernden Leistungsfähigkeit einher. Diese detaillierten Beurteilungskriterien sind weder höchst vage noch schwierig konkretisierbar. Ob diese erfüllt sind, ist eher mit Hilfe der signifikanten Eckdaten aus dem doppischen Haushaltssystem im Wesentlichen mathematisch und objektiv feststellbar. Die Doppik erleichtert also eine datenbasierte Prognose.[473] In Mecklenburg-Vorpommern wird die Beurteilung der dauernden Leistungsfähigkeit sogar dem eigenen automatisierten Haushaltsbewertungs- und Informationssystem überlassen (§ 17 Abs. 3 GemHVO-Doppik MV).[474] Die aufsichtlich nur eingeschränkt überprüfbaren Beurteilungsspielräume der Kommunen werden daher dort in Frage gestellt.

Verhältnis der freien Spitze und dem PPP-Vertrag Gebhardt, Zweckzuweisungen als Barriere für Public Private Partnership, S. 248.

471 OVG Saarland, Urt. v. 19.12.2001 – 9 R 5/00, Rn. 80-87.

472 OVG Saarland, Urt. v. 19.12.2001 – 9 R 5/00, Rn. 75 unter Hinweis auf Ade, Der Gemeindehaushalt 1992, S. 40 ff.; VG Cottbus, Urt. v. 24.5.2018 - VG 1 K 839/14, BeckRS 2018, 11164, Rn. 23; Gellen, Zweckzuweisungen und kommunale Selbstverwaltung, S. 101 wies darauf hin, dass die Einhaltung der Leistungsfähigkeit nicht rechtlich überprüfbar ist und somit nur der Gemeinde ein Ermessensspielraum eingeräumt wird; Meyer, NVwZ 2003, 818, 819.

473 MI Niedersachsen, RdErl., 33.1-10245/1 v. 13.12.2017, 1.4.2: „Die Kriterien für die dauernde Leistungsfähigkeit ergeben sich aus § 23 GemHKVO. Die Kommunalaufsichtsbehörde trifft hierzu im Rahmen der Genehmigung von Kreditaufnahmen eine entsprechende Feststellung."

474 Dieses Auswertungssystem wird später in D. IV. 2. b) behandelt.

Da die Kommune bei der Beurteilung des Fortbestehens der dauernden Leistungsfähigkeit über den vom Gesetz eingeräumten Spielraum nicht hinausgehen darf, werden die quantitativen Faktoren in § 23 S. 1 KomHKVO stärker als die nicht-positivrechtlichen Prognosefaktoren gewichtet. Daraufhin wird anstelle der Sachkompetenz der Kommune zur Vorhersage ihrer zukünftigen Leistungsfähigkeit eine starre Anwendung von Haushaltskennzahlen herausgestellt.

bb) Die Entscheidung über die Kreditgenehmigung

Das Maßstabsgerüst in § 23 S. 1 KomHKVO konkretisiert die abstrakt bestehende Pflicht der dauernden finanziellen Leistungsfähigkeit der Kommune. Nach § 23 S. 1 KomHKVO kann die dauernde Leistungsfähigkeit der Kommunen als gesichert angenommen werden, nur wenn alle Bedingungen von Nr. 1 bis Nr. 5 in § 23 S. 1 KomHKVO erfüllt sind. Wenn es keine dauerhafte finanzielle Leistungsfähigkeit gibt, muss die Genehmigung über die Kreditaufnahme zur Finanzierung von Investitionen in der Regel verweigert werden (§ 120 Abs. 2 S. 3 NKomVG). Die Aufsichtsbehörde kann jedoch auch bei nicht vorhandener dauernder Leistungsfähigkeit mit der gesonderten Begründung die Genehmigung über die Neuverschuldung erteilen.[475] Die Kreditgenehmigung für Kommunen, die bereits unter einem Haushaltssicherungskonzept gemäß § 110 Abs. 8 NKomVG stehen, ist somit nicht völlig ausgeschlossen, sondern kann im Rahmen der mit dem Land abgeschlossenen Zielvereinbarung für die Investitionen und die Begrenzung der Neuverschuldung erteilt werden.[476]

3. Die Kreditgenehmigung im Rahmen des doppischen Haushaltssystems

a) Indikatoren zur Früherkennung von Haushaltsrisiken der Kommunen

Aus den Beurteilungskriterien in § 23 S. 1 KomHKVO sind die Symptome einer finanziellen Schieflage frühzeitig und mehrdimensional erkennbar.[477] Ein Fortschritt findet sich vor allem im doppischen Ergebnishaushalt, in dem

475 MI Niedersachsen, RdErl., 33.1-10245/1 v. 13.12.2017, 1.4.2.

476 Vgl. Stadt Salzgitter, Haushaltsplan 2019/2020, Teil A -Allgemeiner Teil, S. 254.

477 Schwarting, DÖV 2006, 947, 949 wies darauf hin, dass sich die „Risikobetrachtung" bereits in die doppische Haushaltssystematik eingeschlichen hat.

Abschreibungen[478] und Rückstellungen[479], die in der Kameralistik als „implizite Schulden“[480] versteckt wurden, als Aufwendungen ausgewiesen werden.[481] Dennoch ist zu klären, ob diese rechtlich fundierten Beurteilungskriterien aus der Sicht intergenerationeller Gerechtigkeit ausreichend sind.

aa) Eine kritische Würdigung der Beurteilungskriterien in § 23 S. 1 KomHKVO aus generationengerechter Hinsicht

(1) Decken in einem Zustand des Haushaltsausgleichs gemäß § 110 Abs. 5 NKomVG die Erträge alle Aufwendungen?

Ein Schlüsselfaktor bei der Beurteilung dauerhafter Leistungsfähigkeit ist die Pflicht zum Haushaltsausgleich im Ergebnishaushalt, in dem der wirtschaftliche Erfolg der Haushaltsführung ausgewiesen wird.[482] Ein nicht ausgeglichener Haushalt mindert die Nettoposition und kann letztlich die stetige Aufgabenerfüllung der Kommunen verletzen.

---

478 Der Wert der Vermögensgegenstände wird gemäß § 124 Abs. 4 S. 2 NKomVG mit der Zeit abgeschrieben. Eine Gemeinde mit vielen abnutzbaren Vermögen hat somit jedes Haushaltsjahr einen hohen Wertverlust zu erleben.

479 Als typisches Beispiel dafür wird die Pensionsrückstellung angeführt, neben den tatsächlich gezahlten Besoldungen werden auch die Pensionen zu den Personalaufwendungen zugeordnet. Vgl. Dülk, in: Grundlagen kommunaler Haushaltsführung, S. 135, 150.

480 Pünder, DV 2012, 1, 2 wies auch darauf hin, dass implizite Schulden, die sich aus Versorgungsansprüchen der Beamten, Ansprüchen an die umlagefinanzierten Sozialversicherungen und unterlassenen Instandhaltungen ergeben, Lasten auf nächste Generation verlagern und deren Gestaltungsspielraum besonders einschränken.

481 In der Kameralistik musste somit die Kommune ihre Finanzmittel zur Refinanzierung gesondert ansparen, um den Ressourcenverzehr des Vermögens, der sich aus der Nutzungsdauer ergibt, oder die Pensionsauszahlungen in der Zukunft zu decken. Andernfalls kann sie große Ausgabenverpflichtungen treffen, selbst wenn im Moment ein Haushaltsausgleich erreicht wird. Vgl. Bauer/Maier, Der Gemeindehaushalt 2004, 265, 266; Dülk, in: Grundlagen kommunaler Haushaltsführung, S. 135, 165. Zum Vergleich der Bedeutung des doppischen und kameralen Haushaltsausgleichs Müller-Osten, VM 2012, 102, 105 ff.

482 Vgl. Oebbecke, Der Gemeindehaushalt 2009, 241, 241 wies darauf hin, dass „die Pflicht zum Haushaltsausgleich […] allen anderen Pflichten vor[geht], weil auf die Dauer keine Pflicht mehr erfüllt werden kann, wenn der Haushaltsausgleich nicht gelingt.“; zum Haushaltsausgleich der Erträge und Aufwendungen in der Doppik Gnädinger, Generationengerechte Haushalts- und Finanzpolitik in Kommunen, S. 187 ff.

In § 110 Abs. 5 NKomVG wird allerdings der Haushaltsausgleich weit gefasst. Hiernach können die Fehlbeträge im ordentlichen Ergebnis durch mehrstufige Ersatzdeckungswege gedeckt werden. Das Problem ist, dass dieser fiktive Haushaltsausgleich in folgenden Fällen die dauernde Leistungsfähigkeit konterkarieren kann.[483]

Selbst wenn diesjährige Defizite gemäß § 110 Abs. 5 S. 1 Nr. 1 NKomVG mit außerordentlichen Erträgen wie z. B. Veräußerungserlösen des Vermögens oder Fördermitteln[484] saldiert werden können, kann die dauernde Leistungsfähigkeit der Kommune nicht gewährleistet werden, es sei denn, außerordentliche Erträge aus den ungewöhnlichen Geschäften kommen wiederholt vor.[485] Sodann birgt der Haushaltsausgleich, der gemäß § 110 Abs. 5 S. 1 Nr. 2 NKomVG mit den Überschüssen in der mittelfristigen Planung ein aktuelles Defizit verrechnet, ebenfalls ein Risiko, da der erwartete Überschuss auch ausbleiben kann.[486] § 110 Abs. 5 S. 4 NKomVG, der es ermöglicht, das Defizit als Teil der Nettoposition zu decken, widerspricht sogar auch der Prämisse der Generationengerechtigkeit.[487]

(2) Garantiert eine positive Nettoposition die dauernde Leistungsfähigkeit der Kommune?

Bilanztechnisch wird eine positive Nettoposition als ein Puffer behandelt.[488] Eine Überschuldung bzw. eine drohende Überschuldung ist ein Krisenindikator, der zu einem Haushaltssicherungskonzept führt (vgl. § 110 Abs. 8 S. 1 KomHKVO).

---

483 Zur Unterscheidung zwischen dem faktisch und dem fiktiv ausgeglichenen Haushalt Bahadori, Kommunalhaushalte in Niedersachsen, Helaba Volkswirtschaft/Research, S. 8.

484 Die Fördermittel für bestimmte Zwecke wie z. B. Investitionszuschüsse von Land, Bund oder EU werden in der Doppik zuerst in Sonderposten als Teil der Nettoposition auf der Passivseite gebucht und dann entsprechend der Nutzungsdauer zum geförderten Vermögensgegenstand aufgelöst. Demgegenüber werden sie in einem System der Kameralistik zum Zeitpunkt einer Aufnahme im Haushaltswesen insgesamt als Einnahmen berechnet (Rose, Kommunale Finanzwirtschaft Niedersachsen, S. 293 ff.). Zu den Veräußerungserlösen als Ersatzdeckungswege Geißler, Kommunalrechtliche Steuerungsansätze der Haushaltskonsolidierung, S. 10.

485 Freymuth, Umstellung von der Kameralistik auf das „Neue Kommunale Rechnungswesen" für Niedersachsen, S. 139; auch Gnädinger, Generationengerechte Haushalts- und Finanzpolitik in Kommunen, S. 189; ders./Grieger, Kommune 21 2008, 60, 61.

486 Rose, Kommunale Finanzwirtschaft Niedersachsen, S. 63.

487 Fischer/Lasar, VM 2014, 130, 134.

488 Gnädinger, Generationengerechte Haushalts- und Finanzpolitik in Kommunen, S. 193.

Dennoch besteht eine gewisse Skepsis gegenüber der These, dass eine hohe Nettopositionshöhe bzw. -quote[489] der Kommune die dauernde Leistungsfähigkeit gewährleisten kann.[490] Es ist noch nicht klar, wie es gerechtfertigt werden kann, dass die Kreditaufnahme in Kommunen mit der ursprünglich relativ kleineren Nettoposition stärker begrenzt werden sollte als die in den Kommunen mit einer hohen Nettopositionbasis.

Dies liegt daran, dass der Vermögenswert der Kommune in der Bilanz kein Veräußerungswert ist, sondern nur eine fiktiv geschätzte rechnerische Größe.[491] Ferner weist ein großer Teil des Kommunalvermögens[492], das einem öffentlichen Zweck dient oder historisch bzw. künstlerisch wertvoll ist, eine fehlende Marktgängigkeit aus.[493] Die Vermögensrechnung der Kommune zeigt also nicht die Möglichkeit ihres Fortbestands, anders als eine kaufmännische Bilanz eines Unternehmens, das für Verbindlichkeiten mit dem gesamten Vermögen haftet[494]. Die Kommune wird nicht durch ihre Vermögenswerte, sondern (verfassungs)rechtlich institutionell garantiert (unter Hinweis auf ihre Selbstverwaltungsgarantie nach Art. 28 Abs. 2 GG und Art. 57 NV).[495]

---

489 Die Nettovermögensquote ist das Verhältnis des Nettovermögens zum Gesamtkapital (Bilanzsumme). Je mehr Sachvermögen und liquide Mittel und je weniger Schulden, desto höher ist die Nettopositionquote. Landesrechnungshof Niedersachsen, Kommunalbericht 2016, S. 97 f.

490 Freymuth, Umstellung von der Kameralistik auf das „Neue Kommunale Rechnungswesen“ für Niedersachsen, S. 172 f.; Thieme, DÖV 2008, 433, 436: „In einer kaufmännischen Bilanz hat die Gegenüberstellung von Vermögen und Schulden einen Sinn. Sie erlaubt Aussagen über die Kreditfähigkeit des Unternehmens. Für Verwaltungsträger gilt das nicht. Denn gerade bei den von der öffentlichen Verwaltung zu betreuenden Sachen sind viele Vermögensgegenstände unverkäuflich.“

491 Das Vermögen in der Bilanz wurde anhand Anschaffungs- oder Herstellungswerten bewertet (§ 124 Abs. 4 S. 2 NKomVG). Freymuth, Umstellung von der Kameralistik auf das „Neue Kommunale Rechnungswesen“ für Niedersachsen, S. 112; Lasar, VM 2010, 3, 10 f.

492 Landesrechnungshof Niedersachsen, Kommunalbericht, 2017, S. 55: „Beispielhaft sei hier die Stadt Hildesheim genannt, die im Zuge der Umstellung ihres Rechnungswesens von der Kameralistik auf die Doppik in ihrer ersten Eröffnungsbilanz zum 01.01.2011 Kunstgegenstände in Höhe von 160,8 Mio. € auswies. Dies entsprach 26 % der Bilanzsumme.“

493 Brand, Forschung für Kommunen – Arbeitspapier 2014, 1, 7; Magin, Kommunale Rechnungslegung, S. 111 f.; Thieme, DÖV 2008, 433, 436.

494 Vgl. Hafner, in: Kommunale Nachhaltigkeit, S. 175, 175.

495 Bahadori, Kommunalhaushalte in Niedersachsen, Helaba Volkswirtschaft/Research, S. 6 und 150; Brand, Immobilien & Finanzierung 2013, 914, 915.

bb) Nutzbare Indikatoren zur genaueren Beurteilung der dauernden Leistungsfähigkeit der Kommunen

Einige Kommunen bemühen sich, selbst die Finanzkraft künftiger Generationen in weitaus strengerem Maße als gesetzlich vorgeschrieben sicherzustellen.[496] Konkret geht es um das Bestreben nach schuldenfreien Kommunen und die Einführung der Generationenbeiträge.[497] Die Aufsichtsbehörde, die die Beachtung des Haushaltsrechts überwacht, kann demgegenüber bei der Entscheidung über die Kreditgenehmigung keine strengeren Genehmigungsmaßstäbe als die gesetzlichen Vorgaben in § 23 S. 1 KomHKVO anwenden. Anhand der folgenden Indikatoren kann sie allerdings genauer feststellen, wie nahe die aktuelle Haushaltsführung der Kommune an der Generationengerechtigkeitsvorstellung liegt.

(1) Der faktische Haushaltsausgleich

Um künftige Generationen nicht zu belasten, sollte zunächst kein Defizit in jeder Periode entstehen. Das heißt, dass in einem strengen Sinne nur ein faktischer Haushaltsausgleich, in dem zusätzliche Deckungswege nicht benötigt werden, mit der dauerhaft finanziellen Leistungsfähigkeit vereinbar ist.[498] Dies entspricht dem Prinzip „pay as you use".[499]

(2) Nettopositionveränderungsrate

Mit Blick auf die generationengerechte Haushaltswirtschaft sollte der im Zeitablauf konsistenten Aufrechterhaltung der Vermögenswerte, nicht der absoluten Höhe der Nettoposition, besondere Aufmerksamkeit geschenkt werden.[500] Denn der Abbau der Nettoposition impliziert, dass die bisherige Haushaltsführung

---

496 Vgl. Gnädinger, Generationengerechte Haushalts- und Finanzpolitik in Kommunen, S. 272 ff.

497 Vgl. Gnädinger, Generationengerechte Haushalts- und Finanzpolitik in Kommunen, S. 283 ff.; Hilgers/Burth, VM 2011, 242, 249 f.

498 Keilmann/Gnädinger/Volk, ZKF 2020, 25, 26; Müller-Osten, VM 2012, 102, 102.

499 Dazu Schellenberg/Glöckner, in: Haushalts- und Finanzwirtschaft der Kommunen in der Bundesrepublik Deutschland, S. 537, 567; siehe auch Georg/Gnädinger/Hardt, Der Gemeindehaushalt 2019, 110, 113; zum Prinzip „Pay as you use" Müller-Osten, VM 2012, 105; Fritze, VM 2019, 164, 165.

500 Frischmuth, in: Kommunalrating, S. 351, 374 f.; Gnädinger, Generationengerechte Haushalts- und Finanzpolitik in Kommunen, S. 198 f.; Magin, Kommunale Rechnungslegung, S. 111; Rehm/Matern-Rehm, Kommunalfinanzen, S. 339; Schellenberg/Glöckner, in: Haushalts- und Finanzwirtschaft der Kommunen in der Bundesrepublik Deutschland, S. 537, 567.

substanzverzehrend ist.[501] Die Eigenkapitalveränderungsrate kann so berechnet werden (Eigenkapital aktuelles Jahr / Eigenkapital in der Eröffnungsbilanz).[502]

Umstritten ist allerdings, wie streng die Anforderung an die Substanz- und Geldkapitalerhaltung (wie etwa die Verschuldungsgrenze) für nächste Generationen sein sollte. Es ist zu prüfen, ob eine bloße Vermögenserhaltung in der Bilanz tatsächlich auch in Zukunft einen gleichwertigen Vermögensstatus garantieren kann. Fritze wies darauf hin, dass angesichts der Inflation und des Anstiegs des Güterpreises ein strengeres Maß an Kapitalerhaltung erforderlich sein könnte.[503] Um jedoch in dieser Richtung präzise Forderungen an das Schuldenmanagement zu stellen, sollten zahlreiche weitere Punkte überlegt werden. Zu berücksichtigen ist, dass die finanzpolitischen Spielräume der gegenwärtigen Kommune nicht übermäßig verletzt werden dürfen[504] und in einigen Kommunen aufgrund der sinkenden Einwohnerzahl in Zukunft weniger Vermögen benötigt werden könnte.[505]

(3) Mindestnettoposition

Für die generationengerechte Haushaltswirtschaft wäre es angebracht, dass die Kommune ihre Mindestnettoposition festlegt und diesen Schwellenwert selbst einhält. Hieraus kann sich auch ein Anhaltspunkt zur Bestimmung der drohenden Überschuldung ergeben. Die Verwendung der Mindestnettoposition kann insofern ein sinnvoller Versuch sein, da die Kommune und die Aufsichtsbehörde früher den Verzehr der Nettoposition erkennen und rechtzeitig entgegenwirken können.[506]

---

501 Schellenberg/Glöckner, in: Haushalts- und Finanzwirtschaft der Kommunen in der Bundesrepublik Deutschland, S. 537, 568.

502 Gnädinger, Generationengerechte Haushalts- und Finanzpolitik in Kommunen, S. 198.

503 Fritze, VM 2019, 164, 165.

504 Fritze, VM 2019, 164, 171.

505 Schwarting, Der kommunale Haushalt, Rn. 83, 319 wies darauf hin, dass angesichts der demographischen Entwicklung der Grundsatz der Vermögenserhaltung relativiert werden kann. Magin, Kommunale Rechnungslegung, S. 164 wandte sich gegen eine Korrelation zwischen dem Vermögen und der Bevölkerung ein. Nach ihm ist eine Erhöhung des Eigenkapitals bei einer steigenden Einwohnerzahl bzw. eine Reduktion des Eigenkapitals bei sinkender Einwohnerzahl nicht immer begründbar.

506 Vgl. Halsch/Stähler/Weiß, Für zukunftsfähige Kommunalfinanzen, Friedrich Ebert Stiftung, S. 25.

b) Schuldenportfolioverwaltung im Wege der Kreditgenehmigung durch die Aufsichtsbehörde

aa) Das Schuldenportfoliomanagement zur Vorbereitung auf erschwerte Kreditbedingungen

Es wurde bislang der Finanzierungsquelle auffallend wenig Aufmerksamkeit geschenkt, da es im öffentlichen Sektor keine besonderen Schwierigkeiten für eine Kreditfinanzierung durch Banken gab.[507] Da die Bonität der Kommunalkredite aufgrund einer Staatshaftung als risikolos betrachtet wird, ist die Kommune in der Lage, von den Gläubigerbanken günstigere Kreditangebote zu bekommen.[508] Es ist jedoch unklar, ob diese Praxis fortgesetzt wird.

Das Beispiel Griechenlands hat an einer vollständigen Einstandspflicht eines Landes für kommunale Schulden Zweifel geweckt.[509] Wenn der Staat keine Ausfallhaftung dafür übernimmt, wären die Kommunalkredite nicht mehr risikolos.[510] Da es noch keine klaren gesetzlichen Vorgaben über eine staatliche Einstandspflicht für einen Bailout der Kommunen gibt[511], ist es unklar, ob die Banken im Falle der Zahlungsunfähigkeit der Kommune konkret einen gesetzlichen Anspruch gegen den Staat haben können und was wäre, wenn sie sich ihrer finanziellen Schwierigkeiten bei der Kreditaufnahme schon bewusst sind.[512] In der Praxis werden vielmehr die Bemühungen der Aufsichtsbehörde und der

---

507 Ein größter Teil der Kreditfinanzierung wird durch Kreditinstitute erzielt. Rehm, VM 2013, 71, 72; ders./Matern-Rehm, Kommunalfinanzen, S. 183.

508 Vgl. Fritze, Entwicklung rechnungswesenbasierter Systeme zur Stabilisierung der Kommunalfinanzen, S. 105 f.; Korioth/Müller, VerwArch 2016, 380, 384; Hermann, KBI Kompakt 2012 No. 13, 1, 2; Ritgen, DVBl. 2014, 1302, 1308; Schwarting, Der kommunale Haushalt, Rn. 274.

509 Heidinger, in: Kommunalrating, S. 17, 21.

510 Vgl. Korioth/Müller, VerwArch 2016, 380, 384; Rehm, VM 2013, 71, 73.

511 Fritze, Entwicklung rechnungswesenbasierter Systeme zur Stabilisierung der Kommunalfinanzen, S. 106 mwN; Heidinger, in: Kommunalrating, S. 17, 21; Schulze, Der Gemeindehaushalt 2011, 49, 51.

512 Brand, Immobilien & Finanzierung 2013, 914, 915. Demgegenüber stellte Schulze, Der Gemeindehaushalt 2011, 49, 58 fest, dass aufgrund der verfassungsrechtlich normierten Staatshaftung das Land für die drohende oder faktische Insolvenz einstehen muss und der Bund die Mitverantwortung für die aufgabenadäquate Finanzausstattung der Kommunen hat.

Kommunen betont, einer solchen Zahlungsunfähigkeit zu vorbeugen, statt die Verantwortung genau zu identifizieren.[513]

Ferner könnte infolge des Basel III-Rahmenwerks die Veränderung der Kreditvergabepraxis von Banken gegenüber den Kommunen beschleunigt werden. Der Baseler Ausschuss für Bankenaufsicht hat Ende 2010 das Reformpaket Basel III für das stabile Funktionieren der Kreditinstitute beschlossen und seine schrittweise Umsetzung geplant.[514] Das Paket hat maßgeblich folgende Neuerungen zum Inhalt: Die Einführung der Höchstverschuldungsgrenze (Leverage Ratio), die Verstärkung der Liquiditätsausstattungen und die verschärfte Eigenkapitalanforderung für Banken.[515] Basel III begrenzt nämlich die Kreditvergabe der Banken, was voraussichtlich zu kommunalen Kreditbeschränkungen führen wird.[516] Denn es liegt nahe anzunehmen, dass die Banken unter den neuen strengeren Restriktionen, die keinem Ausfallrisiko Rechnung tragen, andere margenreiche Kreditgeschäfte gegenüber den risikoarmen aber margenarmen Kommunalkrediten bevorzugen.[517] Seitens der Kreditinstitute rückt das interne „Kommunalrating" somit zunehmend in den Mittelpunkt der Diskussion, um das finanzielle Risiko der einzelnen Kommune zu bewerten und entsprechende Kreditangebote vorzuschlagen.[518]

Hieraus ergibt sich die Notwendigkeit des Schuldenportfoliomanagements, um sich auf die mögliche Kreditwürdigkeitsprüfung durch die Banken vorzubereiten. Dafür kommt nicht nur die Höhe der Kredite, sondern auch der Zweck der Kreditaufnahme in Betracht, da die Kreditaufnahme sich unterschiedlich auf die Vermögensrechnung auswirkt, je nachdem, ob es sich um einen investiven oder einen konsumtiven Zweck handelt. Dies kann ein Hauptanliegen für die Aufsichtsbehörden werden, die zur Begrenzung des Gesamtbudgets auf den leistbaren Umfang auch auf die Hilfestellung bei der günstigen Finanzierung ausgerichtet sind.

513 Vgl. Landesrechnungshof Mecklenburg-Vorpommern, Kommunalfinanzbericht 2015, S. 48.

514 Dazu Rehm, Kredit und Kapital 2011, 317, 321 ff.

515 Rehm, VM 2013, 71, 72; Buschmeier, in: Basel III, S. 13, 15 ff.

516 Rehm, VM 2013, 71, 72 f.; Zimmermann, in: Basel III, S. 57, 58.

517 Brand, Forschung für Kommunen – Arbeitspapier 2014, 1, 10.

518 Dazu vertieft Brand, Kommunale Insolvenz und Kommunalrating als Steuerungsinstrumente einer nachhaltigen kommunalen Finanz- und Haushaltspolitik, S. 199 ff.; Heidinger, in: Kommunalrating, S. 17, 17 ff.

bb) Die Unterscheidung von investiven und konsumtiven Krediten

Die Kommunalkredite dienen grundsätzlich der Finanzierung von Investitionen (§ 120 Abs. 1 S. 1 NKomVG). Die Aufnahme der Liquiditätskredite ist demgegenüber nur für die kurzfristige Liquiditätssicherung gedacht (vgl. § 122 Abs. 1 S. 1 NKomVG). Problematisch ist, dass die Liquiditätskredite für die Kommunen vielmehr zugänglicher sind. Während die Aufnahme der investiven Kredite mit der dauernden finanziellen Leistungsfähigkeit der Kommune vereinbar sein muss, gibt es bei Liquiditätskrediten keine vergleichbaren Regelungen.[519] Sie sind sogar genehmigungsfrei, wenn sie ein Sechstel der im Finanzhaushalt veranschlagten Einzahlungen aus laufender Verwaltungstätigkeit nicht überschreiten (§ 122 Abs. 2 NKomVG). In den Kommunen sind jedoch etwa 16,7% der Einzahlungen ein bedeutender Betrag.[520]

Im doppischen Haushalts- und Rechnungswesen werden die Vermögens- und Schuldenlage und ihre Entwicklung infolge von Krediten transparent offengelegt.[521] Alle Kredite sind als Verbindlichkeiten in der Bilanz zu passivieren, wonach die Nettopositionsquote sinkt.[522] Bei den investiven Krediten verringert sich die Nettoposition durch die Aktivierung des mit Krediten angeschafften oder hergestellten Vermögenswerts nicht um den entsprechenden Wert (z. B. wenn das investierte Wirtschaftsgut fertiggestellt ist, wird sein Wert dem Anlagevermögen zugerechnet).[523] Die Kredite zu konsumtiven Zwecken haben dagegen keine Gegenposten auf der Aktivseite.[524] Diese Kredite wirken sich in der Bilanz wie Fehlbeträge aus der Ergebnisrechnung aus, verringern also die Nettoposition.[525] Es steht damit fest, dass Investitionen haushaltsscho-

---

519 Deutsche Bundesbank Monatsbericht 10.2016, S. 27.

520 Heinemann/Feld/Geys/Gröpl/Hauptmeier/Kalb, Der kommunale Kassenkredit zwischen Liquiditätssicherung und Missbrauchsgefahr, S. 50.

521 Lasar, VM 2010, 3, 7.

522 Herrmann, Wirtschaftsdienst 10/2011, 686, 692; MI Niedersachsen, RdErl., 33.12-10306/2 v. 24.4.2017 (Anlage 14, Bilanz (Muster 14)).

523 Vgl. Herrmann, Kommunale Kassenkredite - Missbrauchsgefahr und Reformvorschläge, S. 71; Mende/Wilmsmeier, Die Abgrenzung von Investitionen und Instandhaltungen in Bezug auf Straßen und Ingenieurbauwerke, S. 1 f.; Schwarting, Der kommunale Haushalt, Rn. 645.

524 Herrmann, Kommunale Kassenkredite - Missbrauchsgefahr und Reformvorschläge, S. 71.

525 Herrmann, Kommunale Kassenkredite - Missbrauchsgefahr und Reformvorschläge, S. 71; Hilgers/Burth, VM 2011, 242, 248.

nender als konsumtive Ausgaben sind, da letztere zu einem Substanzverzehr führen.[526]

(1) Die lockere Genehmigung für die Aufnahme von Krediten für Investitionen durch die Kommunalaufsicht

Die Aufsichtsbehörde muss bei der Entscheidung über die Kreditgenehmigung den Einfluss der Kreditaufnahme auf die kommunale Haushaltslage in Erwägung ziehen, nämlich ob der kommunale Haushalt auch nach der Kreditaufnahme trotz der Zins- und Tilgungslasten dauerhaft leistungsfähig sein kann (§ 120 Abs. 2 S. 3 NKomVG in Verbindung mit § 23 S. 1 KomHKVO).[527] Unter diesem Gesichtspunkt drängt sich die weitere Frage auf, ob die Genehmigung über die Neuverschuldung bei einem nicht ausgeglichenen Haushalt erteilt werden könnte, wenn die bereits bestehenden Haushaltsdefizite durch Kreditaufnahmen nicht weiter verstärkt werden. Exemplarisch ist in diesem Zusammenhang von rentierlichen Investitionen[528] und Investitionsplänen mit großteiligen Förderzuschüssen[529] die Rede.

Investitionen in den Kommunen sind unter dem Blickwinkel intergenerationeller Gerechtigkeit von großer Relevanz. Denn die Lebensqualität der künftigen Generationen, insbesondere die Kommunalvermögen, die der öffentlichen Aufgabenerfüllung dienen, kann zweifellos nur durch stetige Investitionen weiterhin erhalten bleiben. Daher kann es problematisch sein, dass sich eine

---

526 Vgl. Investitionsbegriff in kaufmännischer Buchführung Thommen/Achleitner/Gilbert/Hachmeister/Jarchow/Kaiser, Allgemeine Betriebswirtschaftslehre, S. 334.

527 Vgl. Rose, Kommunale Finanzwirtschaft Niedersachsen, S. 169: In der von der Vertretung beschlossenen Haushaltssatzung, die gemäß § 114 Abs. 1 NKomVG für Beginn des Genehmigungsverfahrens der Aufsichtsbehörde vorzulegen ist, werden die nach der Kreditaufnahme hinzugefügten Zinsbelastungen schon als Aufwand im Ergebnishaushalt ausgewiesen und auf der Grundlage dieser Haushaltssatzung können auch erwartete Änderungen der Nettoposition in dem betreffenden Jahr berechnet werden.

528 Rentierliche Investitionen bedeuten im Allgemeinen eine Investition mit Ertragserwartungen. In der Praxis rücken nach ökologischen Gesichtspunkten insbesondere rentierliche Investitionen zur Energieverbrauchsreduzierung ins Blickfeld. Denkbar ist beispielsweise der Fall, dass sich Investitionen in die rentierliche und energetische Gebäudesanierung durch die Einsparung der Energiekosten amortisieren können. Rudel/Gack, Haushalt und Finanzen in der Kommune, Petra-Kelly-Stiftung Bayerisches Bildungswerk für Demokratie und Ökologie, S. 24 f.; Schwarting, Der kommunale Haushalt, Rn. 206.

529 Vgl. Geißler, Wirtschaftsdienst 2018, 439, 439 ff.

Kommune mit einem hohen Investitionsstau nach den restriktiven Haushaltsregeln aufgrund der Haushaltsdefizite nicht durch Kredite finanzieren kann.

In Anbetracht der Probleme der generationengerechten Haushaltswirtschaft, des Investitionsstaus und der Gewährleistung des kommunalen Selbstverwaltungsrechts sollte die Aufsichtsbehörde im Genehmigungsverfahren ihren Fokus durchaus auf die Auswirkungen der Kreditaufnahme auf die bestehende Haushaltslage legen. Daraufhin muss sie in der Lage sein, – sogar bei prekärer Haushaltssituation – die Genehmigung großzügig zu erteilen, wenn die Kommune ihre Investitionsaufwendungen aus Krediten durch spätere Gebührenaufkommen refinanzieren oder wenn sie mit geringem Eigenanteil an den Förderprogrammen teilnehmen kann.[530]

Diese lockere Handhabung der Aufsichtsbehörde unter Berücksichtigung der Schuldenart ist in einer Niedrigzinsphase von großer Bedeutung.[531] Da allerdings die Rentabilität ein risikobehaftetes Konzept ist, sollten im Genehmigungsverfahren auch die Plausibilität und Wahrscheinlichkeit der Ertragserwartung sorgfältig bestätigt werden.[532] Das verbleibende Problem ist, dass unter dem Gesamtdeckungsprinzip die Kredite für rentable Investitionen nicht zweckgebunden sein können.[533] Die Kommunalaufsicht sollte dann praktisch zusätzlich überprüfen, ob diese Kredite nur für rentable Investitionstätigkeiten verwendet werden. Denkbar wäre eine Genehmigung unter den Bedingungen oder Auflagen, in denen der spezifische Verwendungszweck angegeben ist.

(2) Der Umgang mit Liquiditätskrediten und die Entschuldungshilfe

Hohe Liquiditätskreditbestände sind manchmal auf Missbrauchsfälle von Liquiditätskrediten zurückzuführen, durch die die Finanzkrise langfristig verschleiert wurde, indem die Kommune die Summe der Liquiditätskredite als

---

530 In anderen Ländern, auf Anraten des Landes hin (MI Sachsen-Anhalt, Erl., 32.11-10401/1 v. 9.3.2017, S. 1 ff.) oder nach den gesetzlichen Vorgaben ausdrücklich (§ 17 a Abs. 2 GemHVO-DoppVV MV), kann die Genehmigung über die Kreditaufnahme für Investitionen in die rentierlichen bzw. energiesparenden Maßnahmen, die keine negativen Folgewirkungen auf den Haushalt hat, auch für finanzschwache Kommunen erteilt werden.

531 Vgl. MI Sachsen-Anhalt, Erl., 32.11-10401/1 v. 9.3.2017, S. 1 ff.

532 Gnädinger/Hilgers, ZögU 2010, 181, 196; Schwarting, Der kommunale Haushalt, Rn. 259.

533 Vgl. Faber, in: Recht der Kommunalfinanzen, § 34 Rn. 21 f.; Schwarting, Der kommunale Haushalt, Rn. 206: In der Kameralistik wurde auch versucht, Defizite im Verwaltungshaushalt durch die Kassenkreditaufnahme zu decken.

Deckungsmittel zum Ausgleich des Haushaltsdefizits verwendete.[534] Für die Eindämmung der Liquiditätskredite und ihre zweckmäßige Verwendung ist die Rolle der Aufsichtsbehörde von großer Bedeutung. Auch in der Literatur wurde oft auf einen Zusammenhang zwischen der tolerierenden Kommunalaufsicht und dem Anstieg der Verschuldung hingewiesen.[535] Dennoch steht fest, dass nur durch die Begrenzung der Liquiditätskredite in Verbindung mit der strikten Aufsicht das Problem des aufgehäuften Schuldenbetrags, das teilweise auf die nicht ausreichende Finanzausstattung der Länder zurückgeführt wird[536], nicht gelöst werden kann.[537]

In Niedersachsen wurde in diesem Zusammenhang die Entschuldungshilfe des Landes vorgenommen, die ab 2009 unter dem Namen „Zukunftsvertrag" zwischen Land und Kommunen vereinbart wurde. Dies führte zu einem deutlich ausgeprägten Rückgang der Liquiditätskredite von 2013 bis 2018.[538] Im Rahmen des Zukunftsvertrags wird die große Zins- und Tilgungshilfe bereitgestellt.[539] Im Gegenzug müssen die Entschuldungskommunen Haushaltsziele, wie einen ausgeglichenen Ergebnishaushalt, und vielfältige Konsolidierungsmaßnahmen mit dem Land vereinbaren, erarbeiten und umsetzen.[540] Darunter fallen nicht nur Einsparungen auf der Aufwandsseite, sondern auch Ertragserhöhungen.[541]

534 Zum Missbrauchsproblem der Liquiditätskredite (Kassenkredite) zum Ganzen Heinemann/Feld/Geys/Gröpl/Hauptmeier/Kalb, Der kommunale Kassenkredit zwischen Liquiditätssicherung und Missbrauchsgefahr; Herrmann, Kommunale Kassenkredite - Missbrauchsgefahr und Reformvorschläge. Pünder, DV 2012, 1, 1 wies darauf hin, dass dieses Missbrauchsproblem eine Dauerrechtsverletzung ist.

535 Gröpl/Heinemann/Kalb, Perspektiven der Wirtschaftspolitik 2010, 178, 194; Herrmann, Wirtschaftsdienst 10/2011, 686, 688; ZKF-Finanzstatistik, ZKF 10/2019, 230, 230; a. A. Zabler/Person/Erbinger, ZKF 2016, 6, 12.

536 Bach, Der kommunale Finanzausgleich als Existenzsicherung der Selbstverwaltungsgarantie, S. 305; Gnädinger, Generationengerechte Haushalts- und Finanzpolitik in Kommunen, S. 235 f.; Henneke, DVBl. 2020, 725, 730 f.

537 Deutsche Bundesbank Monatsbericht, 10. 2016, S. 26.

538 Landesrechnungshof Niedersachsen, Kommunalbericht 2019, S. 31 f.

539 MI Niedersachsen, Zwischenbilanz der niedersächsischen Entschuldungsprogramme, Az. 33.27-10461 N32; 10461/2; 10464 N40, 18.8.2017, S. 11 f.

540 MI Niedersachsen, Zwischenbilanz der niedersächsischen Entschuldungsprogramme, Az. 33.27-10461 N32; 10461/2; 10464 N40, 18.8.2017, S. 21.

541 MI Niedersachsen, Zwischenbilanz der niedersächsischen Entschuldungsprogramme, Az. 33.27-10461 N32; 10461/2; 10464 N40, 18.8.2017, S. 21 ff.; Zukunftsvertrag zwischen dem Land Niedersachsen, dem Landkreis Osterode am Harz, der Stadt Bad Lauterberg im Harz zur Erreichung nachhaltiger Haushaltskonsolidierung der Stadt Bad Lauterberg im Harz (abrufbar unter: https://thomas-gans.de/workspace/media/

Die Unklarheit der vertraglichen Verpflichtungen der Kommunen ist von der Aufsichtsbehörde zu beurteilen.[542]

Insofern rückt zweifellos eine stärkere Kommunalaufsicht ins Blickfeld.[543] Dabei wird eine aktive und begleitende Kontrolle über die vereinbarten Angelegenheiten herausgestellt, die Kommunalaufsicht hat beratenden Charakter und geht somit über die Funktionen als Genehmigungsbehörde hinaus.[544] Die im Voraus vereinbarten konkreten Ziele und Einsparmaßnahmen erleichtern das Eingreifen der Aufsichtsbehörde. Die Kommunalaufsicht zielt darauf ab, durch die aktive Einbindung in die Vereinbarungs- und die Einhaltungsphase des Zukunftsvertrags die Kommunen frühestmöglich aus der Haushaltskrise herauszuführen und mehr finanzpolitische Spielräume zu erlangen.[545]

c) Der flexible Umgang mit der Genehmigungserteilung zur Umsetzung des Gedankens der Generationengerechtigkeit

Die erwarteten Reaktionen der Kommunen auf die Einführung neuer Genehmigungskriterien auf doppischer Basis wären ihre generationengerechten und aktiven Anstrengungen zur Sicherstellung der notwendigen Investitionen gewesen. Von großer Bedeutung ist vor allem die Einsparung des Haushalts in Verbindung mit der outputorientierten Steuerung. Denn hohe Ausgaben können in Anbetracht der Pflicht zum Haushaltsausgleich sogar den positiven Effekt aus der Ertragssteigerung in den konjunkturell guten Zeiten aufzehren.[546]

Offenbar gibt es Fälle, in denen die Haushaltsreform nicht wie erwartet wirkt. Nach empirischen Befunden zeigt sich die Tendenz, dass die strengeren Genehmigungsstandards nur zum Rückgang der Investitionen führen, anstatt dass aktiv gestaltende Politikansätze der Kommunen für gezielte Investitionen – z. B. durch rentierliche Investitionen, Einsparungen, Bemühungen um

---

zukunftsvertrag-536f838d2f33b.pdf, zuletzt 6.9.2021), S. 3 f. Die Einsparbemühungen umfassen beispielsweise die Kürzung freiwilliger Leistungen, die Schließung von Einrichtungen, die energetische Sanierung von öffentlichen Gebäuden sowie die Senkung der Personal- und Sachkosten.

542 MI Niedersachsen, Drucksache 17/3647 v. 1.7.2015, S. 1.

543 Hopfe/Sommer/Krampe, Der Neue Kämmerer vom 1.12.2011 Nr. 5, 4, 4; zur Änderung der Finanzaufsicht in Bezug auf Entschuldungsfonds Person/Zabler, ZKF 2017, 1, 1 ff.

544 Landesrechnungshof Niedersachsen, Kommunalbericht 2013, S. 61.

545 Vgl. Landesrechnungshof Niedersachsen, Kommunalbericht 2013, S. 61.

546 Landesrechnungshof Niedersachsen, Kommunalbericht 2015, S. 29 f.; 2017, S. 28; 2018, S. 32.

die Verringerung der Schuldenlast usw. – vorgenommen werden.[547] Außerdem haben einige politische Entscheidungsträger der Kommunen noch die Neigung zur Kreditaufnahme, anstatt die Ausgaben zu reduzieren[548]. Sie konzentrieren sich nicht auf die nachhaltige Haushaltswirtschaft, sondern eher darauf, kurzfristige Investitionsvorhaben[549] oder einen Plan zur Erhöhung der Ausgaben für die Wahlperiode[550] zu verwirklichen.

Um auf solche Probleme zu reagieren, ist die Flexibilität im Genehmigungsverfahren unerlässlich. Die Aufsichtsbehörde kann die im Haushaltsrecht verankerte Generationengerechtigkeitsvorstellung auf folgende Weise umsetzen: Nach § 120 Abs. 2 S. 2 NKomVG verfügt sie über große Gestaltungsfreiheit bei der Entscheidung über die Genehmigung mit konkreten Auflagen und Bedingungen. In einer zweideutigen Situation, in der die Genehmigung für die Kreditaufnahme erteilt oder abgelehnt werden kann, könnte die Aufsichtsbehörde damit möglichst Genehmigungsverweigerungen vermeiden, aber weiterhin eine nachhaltige Haushaltswirtschaft sicherstellen.[551]

Sodann können die genehmigungsbezogenen Fragen in Form von Zielvereinbarungen zwischen der Aufsichtsbehörde und der Kommune festgelegt werden. Die Zielvereinbarungen ermöglichen es der Aufsichtsbehörde, von der Gefahr der Einmischungsaufsicht befreit zu werden, indem die Kommune und die Aufsichtsbehörde bloß eine betragsmäßige Ergebnisverbesserung als Bedingung der Genehmigungserteilung vereinbaren und demgegenüber die Entscheidung über konkrete Maßnahmen, wie diese Haushaltsentlastung erreicht wird (z. B. entweder durch Einsparungen oder Steuer- und Gebührenerhöhungen), der Kommune überlassen.[552] Dabei kann die Haushaltskürzung statt zentraler Eingriffe

547 Christofzik/Dorn/Gäbler/Raffer/Rösel, Wirtschaftsdienst 2020, 707, 707 ff.

548 Heinemann/Feld/Geys/Gröpl/Hauptmeier/Kalb, Der kommunale Kassenkredit zwischen Liquiditätssicherung und Missbrauchsgefahr, S. 46.

549 Fischer/Lasar, VM 2014, 130, 133.

550 Borchert, Kommunalaufsicht und kommunaler Haushalt, S. 189 wies darauf hin, dass die Scheu der Aufsichtsbehörde teilweise auf ihren Willen zurückzuführen ist, sich nicht an politischen Entscheidungen zu beteiligen.

551 Lang, DVBl. 1995, 657, 660 ff. äußerte dagegen Bedenken darüber, dass sich die Kommunalaufsicht dadurch in Richtung der von BVerfGE 78, 331, 341 und 343 verbotenen Einmischungsaufsicht ausdehnen könnte.

552 Vgl. Stadt Laatzen, Drucksache 2018/033 v. 12.2.2018, Beschlussvorlage: Gewährung einer Bedarfszuweisung durch Abschluss einer Zielvereinbarung zwischen dem Land Niedersachsen, der Region Hannover und der Stadt Laatzen zur Erreichung nachhaltiger Haushaltskonsolidierung, S. 2.

nach dem Rasenmäherprinzip jedem Fachbereich anvertraut werden, der die einsparbaren Faktoren innerhalb eines Budgets sachgerecht bestimmen kann.

Anschließend können die Bestrebungen der Aufsichtsbehörde in Richtung generationengerechter Haushaltsverwaltung im Wege der Beratung weiter ausgeweitet werden. Hier könnte sie sogar einen strengeren Maßstab zur Beurteilung der dauernden Leistungsfähigkeit ansetzen als die Bedingungen in § 23 S. 1 KomHKVO. Auf doppischer Datenbasis kann die Aufsichtsbehörde einen eigenen Schwellenwert der Kreditgenehmigung unter dem Blickwinkel der Generationengerechtigkeit definieren und hierzu im Vorfeld qualifizierte Beratung geben.[553] Die Gegenstände der Beratung können beispielsweise die gemeinsame Suche nach Einsparpotenzialen[554], die Forderung nach der Mindesteigenkapitalausstattung oder der Abbau der akkumulierten Schulden[555] sein. Umgekehrt könnte die Aufsichtsbehörde bei der Beratung auf einen etwaigen problematischen Investitionsstau hinweisen und notwendige Investitionen anregen, aber solche politischen Überlegungen sind grundsätzlich die Sache der Kommunen.

III. Auswirkungen der Kosten- und Leistungstransparenz in der Doppik auf die Überprüfung der Wirtschaftlichkeit

1. Inhaltliche Ausformung der Grundsätze der Wirtschaftlichkeit und Sparsamkeit im neuen Kommunalhaushaltsrecht

Ein ökonomischer Forschungsansatz ist eine andauernde Herausforderung in der juristischen Diskussion. In der ökonomischen Theorie (bzw. Analyse) des Rechts wurden schon zahlreiche Studien zu den Auswirkungen der Rechtsänderung hinsichtlich einer Restriktion oder eines Anreizes auf das Verhalten der Normadressaten durchgeführt.[556] Auf dem Gebiet des öffentlichen Rechts

---

553 Vgl. Darsow, in: Kommunale Finanzen im Bundesstaat, S. 117, 121.

554 Vgl. Bezirksregierung Arnsberg, Kommunales Beratungskonzept der Bezirksregierung Arnsberg – Neue Wege in schwierigen Zeiten, S. 7; Mlynek, NdsVBl. 1995, 54, 57.

555 Da sich die unerwartete Zinsänderung negativ auf die Haushaltsstruktur auswirken kann, ist die Kommune gehalten, die gute Ertragslage für den Schuldenabbau zu verwenden. Landesrechnungshof Niedersachsen, Kommunalbericht 2018, S. 27.

556 Die Literatur zu diesem Thema ist nun nahezu unüberschaubar. Statt vieler Blankart, Öffentliche Finanzen in der Demokratie, S. 3-46; Finsinger/von Randow, in: Ökonomische Probleme des Zivilrechts, S. 87, 87 ff.; Fleischer/Zimmer, in: Effizienz als Regelungsziel im Handels- und Wirtschaftsrecht, S. 9, 9 ff; Gunnar, Ökonomische

rückt eine Berücksichtigung ökonomischen Denkens bei der Gesetzgebung, der Rechtsanwendung und der judikativen Rechtsfortbildung ins Blickfeld.[557] In einigen Themenbereichen wurden jedoch Bedenken geäußert, dass diese Betrachtungsweise die Rechtmäßigkeit relativieren könnte.[558]

Hingegen geht im Haushaltsrechtsbereich die ökonomische Ausrichtung in Verbindung mit den Grundsätzen der Wirtschaftlichkeit und Sparsamkeit vielmehr den Weg der Rechtmäßigkeit.[559] Die Steigerung von Effizienz und Effektivität nimmt einen immer wichtigen Platz als wesentliches Ziel des Haushaltsrechts ein. Als rechtliches Gebot haben die Grundsätze der Sparsamkeit und Wirtschaftlichkeit in Deutschland eine lange Tradition – schon § 24 der Instruktion für die Preußische Oberrechnungskammer vom 18. 12. 1824 schrieb vor, dass „bei allen Ausgaben, insofern deren Bestimmung nicht durch die Etats unveränderlich und unwiderruflich feststeht, [...] die größte mit dem Zweck der Bewilligung nur irgend vereinbare Sparsamkeit beobachtet und jede Unwirtschaftlichkeit bei Vermeidung eigener Vertretung vermieden werden [muss]“.[560] Seit dieser Zeit wurden verstärkt Bemühungen unternommen, die Konzepte der Sparsamkeit und Wirtschaftlichkeit begrifflich zu schärfen. Es wäre allerdings an dieser Stelle nicht ergiebig, eine ganze Reihe von semantischen Übungen anzustellen, da noch immer deutliche Meinungsverschiedenheiten[561] existieren.

Theorie im Recht, S. 25 ff.; Janson, Ökonomische Theorie im Recht, S. 19-206; Mathis, Effizienz statt Gerechtigkeit, S. 69-107; Sauerbruch, Das Freigabeverfahren gemäß § 246a Aktiengesetz, S. 81 ff.; Schäfer, Die ökonomische Analyse des Rechts, S. 1-90.

557 Zur Folgenberücksichtigung bzw. -orientiertung im Recht Eidenmüller, Effizienz als Rechtsprinzip, S. 393-485; ders., Archiv für die civilistische Praxis 1997, 80, 82 f.; Gaentzsch, DÖV 1998, 952, 952 ff.; Hoffmann-Riem, in: Effizienz als Herausforderung an das Verwaltungsrecht, S. 11, 40-49; Kirchner, Ökonomische Theorie des Rechts, S. 31; ders., in: Wirkungsforschug zum Recht III, S. 25, 31 ff., 38 f.; Mathis, Effizienz statt Gerechtigkeit, S. 21.

558 Vgl. Gaentzsch, DÖV 1998, 952, 953 f.; Hoffmann-Riem, in: Effizienz als Herausforderung an das Verwaltungsrecht, S. 11, 18.

559 Blasius, DÖV 1988, 819, 822; Nullmeier, in Handbuch zur Verwaltungsreform, S. 357, 358; Schmidt-Aßmann, Das allgemeine Verwaltungsrecht als Ordnungsidee, 6/65 f.

560 § 24 der Instruktion abgedruckt bei Hertel, Die Preußische Oberrechnungskammer (Rechnungshof des Deutschen Reiches), ihre Geschichte, Einrichtung und Befugnisse, S. 137 f. Dies wurde auch in den folgenden Büchern zitiert: Salmen, Das Wirtschaftlichkeitsprinzip in der kommunalen Finanz- und Haushaltsplanung, S. 13; Sigg, Die Stellung der Rechnungshöfe im politischen System der Bundesrepublik Deutschland, S. 44.

561 Vgl. Fischer, JZ 1982, 6, 6; Rehm, DV 1980, 77, 77; zu den Meinungsverschiedenheiten über die Bedeutung der Sparsamkeit und Wirtschaftlichkeit Fuchs, Wesen und Wirken

Im Folgenden wird auf die quantitativ berechenbare Wirtschaftlichkeit und Sparsamkeit im neuen Kommunalhaushaltsrecht eingegangen, die mithilfe der Indikatoren und der betriebswirtschaftlichen Methoden im doppischen Rechnungswesen als Effizienz und Effektivität dargestellt werden.

a) Reichweite der haushaltsrechtlichen Grundsätze der Wirtschaftlichkeit und Sparsamkeit

Die Kerndefinition der haushaltsrechtlichen Grundsätze der Wirtschaftlichkeit und Sparsamkeit lautet wie folgt: Die Wirtschaftlichkeit postuliert in der Entscheidungssituation, wo entweder Input oder Output als Konstante festgelegt wird, bei feststehendem Input den Output zu maximieren (Maximalprinzip) und bei feststehendem Output den geringstmöglichen Input anzustreben (Minimalprinzip).[562] Die Sparsamkeit wird als eine Variante der Wirtschaftlichkeit, und zwar als das Minimalprinzip aufgefasst.[563]

Dieser Wirtschaftlichkeitstopos impliziert „eine formale Messfunktion mit Blick auf das Verhältnis zwischen Mittel und Zweck“[564], aber jene ist im bisherigen kameralistischen Rechnungswesen schwer auszuüben. Aus den Einnahmen und Ausgaben ergeben sich die Informationen über Kosten für bestimmte Leistungen nur sehr eingeschränkt.[565] Für die Erfassung von Inputs und Outputs ist also eine separate Kostenrechnung erforderlich. Daraufhin wird die Wirtschaftlichkeit traditionell eher oft mit Sparsamkeit als Enthaltsamkeit gegenüber den Mittelverwendungen gleichgesetzt.[566] Die Sparsamkeit in diesem Sinne ist

---

der Kontrolle, S. 137; Grupp, in: GS für Heuer, S. 9, 11-14; Krebs, in: Finanzkontrolle im Wandel, S. 65, 66; Sigg, Die Stellung der Rechnungshöfe im politischen System der Bundesrepublik Deutschland, S. 44.

562 Büch, Zur Bestimmung der Grundsätze der Wirtschaftlichkeit und der Sparsamkeit im öffentlichen Haushalt der Bundesrepublik Deutschland, S. 140; Eichhorn, Verwaltungshandeln und Verwaltungskosten, S. 14 f.; Gaentzsch, DÖV 1998, 952, 954; Krebs, in: Finanzkontrolle im Wandel, S. 65, 66 f.; Mühlenkamp, Wirtschaftlichkeit im öffentlichen Sektor, S. 7; von Arnim, Wirtschaftlichkeit als Rechtsprinzip, S. 20.

563 Abschnitt 3, Allgemeine Verwaltungsvorschriften zur Bundeshaushaltsordnung (VV-BHO) zu § 7; Büch, Zur Bestimmung der Grundsätze der Wirtschaftlichkeit und Sparsamkeit im öffentlichen Haushalt der Bundesrepublik Deutschland, S. 73 ff.; Eichhorn, Liquiditätsplanung und Gelddisposition in öffentlichen Haushalten, S. 62.

564 Gröpl, Haushaltsrecht und Reform, S. 368.

565 Streitferdt, in: Neues öffentliches Rechnungswesen, S. 271, 279.

566 Knobloch, in: Leistungserfassung und Leistungsmessung in öffentlichen Verwaltungen, S. 111, 116.

„eine lobenswerte Tugend"[567] des Staates, um die Belastung der Bürger gering zu halten.[568] Gemeint ist damit heute jedoch keine absolute Minimierung des Mitteleinsatzes.[569] Dies ist dadurch begründet, dass einerseits die Erfüllung der gesetzlich vorgesehenen Aufgaben nicht durch das Haushaltsdefizit beeinträchtigt werden darf, und dass andererseits unzureichende Ressourceneinsätze immer die Gefahr bergen, die Qualität der Leistungen zu schwächen und letztendlich zu höheren Kosten zu führen.[570]

In dieser Hinsicht lässt sich der Sparsamkeitsgrundsatz so verstehen: „[Begrenzung der] aufzuwendenden Mittel auf den zur Erfüllung der staatlichen Aufgaben notwendigen Umfang"[571]. Dies ist inhaltlich mit dem Schenkungsverbot des Staats eng verbunden.[572] Danach hat der Staat nichts zu verschenken, nämlich darf eine bestimmte Person oder Gruppe keinesfalls vom staatlichen Tun oder Unterlassen ohne legitimen Grund profitieren.[573] Gemeint ist damit, dass die

567 Luhmann, VerwArch 1960, 97, 104.

568 In diesem Sinne sind die Sparsamkeit als Enthaltsamkeit und die Wirtschaftlichkeit, die eine möglichst günstige Kosten-Leistung-Relation verlangt, nicht deckungsgleich, vielmehr geraten sie in Konkurrenz zueinander. Schwarting, Der Kommunale Haushalt, Rn. 76 f.; ders., in: Recht der kommunalen Haushaltswirtschaft, § 7 Rn. 15; Fischer, JZ 1982, 6, 6; zur vertiefenden Diskussion über die Enthaltsamkeit Büch, Zur Bestimmung der Grundsätze der Wirtschaftlichkeit und der Sparsamkeit im öffentlichen Haushalt der Bundesrepublik Deutschland, S. 80 ff.

569 Das Sparsamkeitsprinzip als eine möglichst weitgehende Vermeidung von Auszahlung stammt aus der liberalen Zeit des Nachtwächterstaates. Da der Liberalismus das Erwerbsstreben der Individuen mit der Erzielung des Gemeinwohls gleichsetzt, sollten die Tätigkeiten des Staates, die von der Eingriffsverwaltung geprägt war, auf ein Minimum beschränkt bleiben. Vgl. Büch, Zur Bestimmung der Grundsätze der Wirtschaftlichkeit und Sparsamkeit im öffentlichen Haushalt der Bundesrepublik Deutschland, S. 78 f.; Kirchhof, NVwZ 1983, 505, 515; Langner, Zero-Base Budgeting und Sunset Legislation, S. 24 f.

570 Fischer, JZ 1982, 6, 9; Salmen, Das Wirtschaftlichkeitsprinzip in der kommunalen Finanz- und Haushaltsplanung, S. 50 f.

571 Verwaltungsvorschriften zur Landeshaushaltsordnung (VV-LHO) Hamburg zu § 7, Ziff. 1. 1. So zutreffend auch von Arnim, Wirtschaftlichkeit als Rechtsprinzip, S. 50; Grupp, in: GS für Heuer, S. 9, 14; Salmen, Das Wirtschaftlichkeitsprinzip in der kommunalen Finanz- und Haushaltsplanung, S. 126-137.

572 Vgl. Eppe, Subventionen und staatliche Geschenke, S. 141; Waechter, Kommunalrecht, Rn. 461.

573 Isensee, in: Entwicklungslinien der Finanzverfassung, S. 117, 132 ff.; Schuwirth, Wirtschaftlichkeit und Sparsamkeit im Budgetkreislauf, S. 57; Winter, Kritische Justiz 2001, 300, 310.

Notwendigkeit bzw. Erforderlichkeit bei der Mittelbewirtschaftung ein wichtiger Maßstab bei der Beurteilung der Sparsamkeit ist. Daraus folgt, dass die Sparsamkeit mit der materiellen Richtigkeit verbunden ist. Für die sparsame Haushaltswirtschaft darf die Kommune somit weder mit unzureichenden Mitteln eine Aufgabenerfüllung anstreben noch ein Budget vergeuden.[574]

b) Die Berechnung der Wirtschaftlichkeit kommunaler Haushaltswirtschaft im Zusammenhang mit Effizienz und Effektivität im doppischen System

Mit der Einführung der Doppik wurde auf kommunaler Ebene ein buchhalterischer Fortschritt erreicht, wobei aussagekräftige und transparente Informationen eine Beurteilung der Wirtschaftlichkeit vereinfachen. Dadurch würde es möglich, die Grundsätze der Wirtschaftlichkeit und Sparsamkeit, die weder inhaltlich scharf noch stringent sind[575], mithilfe der Begriffe der Effizienz und Effektivität zu konkretisieren und zu kalkulieren.

aa) Effizienz

Die Effizienz wird im Haushaltsrechtsbereich mit der Wirtschaftlichkeit als Maximal- und Minimalprinzip gleichgesetzt.[576] Ein effizientes und wirtschaftliches Handeln bedeutet also eine günstige Beziehung zwischen Inputs und Outputs (auch Kosten-Leistung, Mittel-Zweck, Mitteleinsatz-Produkt usw.).[577] Im doppischen Haushaltssystem dient das Produkt (Output, Leistungen) als Berechnungseinheit zum Effizienzkalkül.[578] Interne Verrechnung gemäß § 15 Abs. 3 S. 1 KomHKVO und die Abbildung der Aufwendungen (Ressourcenverbrauch) im Haushalt und in der Rechnung tragen zur Erhöhung der Kostentransparenz bei.[579] Dabei geht es um die Messungen und Vergleiche der monetären bzw.

---

574 Vgl. Isensee, in: Entwicklungslinien der Finanzverfassung, S. 117, 132 ff.; Winter, Kritische Justiz 2001, 300, 310.

575 Binus, VM 2006, 141, 145; ders., Überörtliche Kommunalprüfung, S. 104.

576 Schmidt-Aßmann, Das allgemeine Verwaltungsrecht als Ordnungsidee, 6/66.

577 Röhl, DVBl. 2006, 1070, 1070.

578 Knobloch, in: Leistungserfassung und Leistungsmessung in öffentlichen Verwaltungen, S. 111, 116 f.; Wulf/Freymuth, DÖV 2012, 346, 349.

579 Vgl. Bals, Finanzwirtschaft 2000, 84, 84; Bolsenkötter/Poullie/Vogelpoth, in: Die Zukunft des Öffentlichen Rechnungswesens, S. 281, 305; Streitferdt, in: Neues öffentliches Rechnungswesen, S. 271, 280 ff.

mengenmäßigen Größe, wobei die Effizienz als Quotient aus Output und Input mathematisch dargestellt wird.[580]

bb) Effektivität

Die Effektivität bezeichnet einerseits das Maximalprinzip der Wirtschaftlichkeit, das mit den gegebenen Mitteln den höchsten Nutzen erzielt.[581] Andererseits stellt sie ohne Berücksichtigung von Inputmengen nur einen Erreichungsgrad der Produktziele dar.[582] In der Diskussion über die Wirtschaftlichkeitsaspekte der Haushaltsführung auf doppischer Basis wird die Effektivität in letzterem Sinne hervorgehoben.[583] Im Teilhaushalt machen die zahlenmäßig begreifbaren Zielinhalte und Kennzahlen die Effektivität einer Aufgabenwahrnehmung quantitativ sichtbar. Die Überlegung der Effektivität bei der Mittelverwendung ist im normativen Kontext von großer Bedeutung, da die Ineffektivität des Verwaltungshandelns nicht nur einen Verstoß gegen den Sparsamkeitsgrundsatz[584],

---

580 Vgl. Büch, Zur Bestimmung der Grundsätze der Wirtschaftlichkeit und der Sparsamkeit im öffentlichen Haushalt der Bundesrepublik Deutschland, S. 37.

581 Burgi, in: FS für Schnapp, S. 53, 54; Dahm, Das Neue Steuerungsmodell auf Bundes- und Länderebene sowie die Neuordnung der öffentlichen Finanzkontrolle in der Bundesrepublik Deutschland, S. 34; Leisner, Effizienz als Rechtsprinzip, S. 7. Von Arnim, Wirtschaftlichkeit als Rechtsprinzip, S. 51: „Eine Maßnahme muss sparsam und effektiv zugleich sein, wenn sie den Anforderungen der Wirtschaftlichkeit entsprechen soll."

582 Gröpl, Haushaltsrecht und Reform, S. 346; Hoffmann-Riem, in: Effizienz als Herausforderung an das Verwaltungsrecht, S. 11, 16 ff.; Schmidt-Aßmann, in: aaO, S. 245, 246; Nullmeier, in: Handbuch zur Verwaltungsreform, S. 357, 358; Röhl, DVBl. 2006, 1070, 1071; Schmidt-Aßmann, Das allgemeine Verwaltungsrecht als Ordnungsidee, 6/64.

583 Hervorhebung der Effektivität, Effizienz und Kosteneffizienz in der öffentlichen Haushaltswirtschaft Budäus/Buchholtz, Die Betriebswirtschaft 1997, 322, 332; Glöckner/Mühlenkamp, Zeitschrift für Planung & Unternehmenssteuerung 2009, 397, 403; Schwarting, Der kommunale Haushalt, Rn. 79.

584 Die Ineffektivität im Sinne des Scheiterns des Erreichens der Verwaltungsziele bedeutet, dass das Budget für unnötige Dinge ausgegeben wurde, was als Verstoß gegen den Grundsatz der Sparsamkeit betrachtet werden kann. Die Sparsamkeit hängt also im Sinne der „Kostenminimierung auf dem Weg zur Zielerreichung" (Schnapp/Kreutz, VerwArch 2017, 383, 388) mit der Effektivität zusammen. Vgl. Kirchhof, NVwZ 1983, 505, 515: „Wirtschaftlichkeit drängt also nicht auf eine Verbilligung des Staatshandelns, sondern gebietet, das Verwaltungsziel unter größtmöglicher Schonung der Finanzmittel sachangemessen zu verwirklichen."

sondern auch eine Nichterfüllung gesetzlicher Pflichten[585] darstellen kann. Das unzureichende Zielerreichungsniveau bei der Wahrnehmung der Pflichtaufgaben kann somit als eine haushalts- und fachgesetzliche Pflichtverletzung eingestuft werden.[586]

c) *Das Verhältnis zwischen den Begriffen Wirtschaftlichkeit, Sparsamkeit, Effizienz und Effektivität im Haushaltsrechtsbereich*

Der Terminus Wirtschaftlichkeit wird einerseits als ein Teil des Konzepts der Effizienz begriffen[587], aber andererseits als Oberbegriff verwendet, der alle ökonomischen Ansätze samt der Effizienz und Effektivität umfasst[588]. Auf hochabstrakter Ebene hat die Wirtschaftlichkeit außerdem inhaltlich eine sehr enge Verwandtschaft mit der Rationalität; denn in Anbetracht begrenzter Ressourcen ist nur die wirtschaftliche Ressourcennutzung rational.[589] In der Rechtsprechung ist die Rationalität in Gestalt der „Grundsätze vernünftigen Wirtschaftens" als Kriterien für die Überprüfung der Einhaltung der Grundsätze der Wirtschaftlichkeit und Sparsamkeit aufgetreten.[590] Die Betonung des Rationalitätsprinzips wird mit der plausiblen Begründbarkeit bzw. Nachvollziehbarkeit der Entscheidungen im Konfliktfall um die Wirtschaftlichkeitsfragen in Zusammenhang gebracht.[591]

---

585 Hoffmann-Riem, in: Effizienz als Herausforderung an das Verwaltungsrecht, S. 11, 17.

586 Vgl. Grupp, in: GS für Heuer, S. 9, 20; Schmidt am Busch, DV 2016, 205, 220.

587 Isensee, Subsidiaritätsprinzip und Verfassungsrecht, S. 311 f., ihm folgend von Arnim, Wirtschaftlichkeit als Rechtsprinzip, S. 47: Die Effizienz weist weit über den Haushaltsrechtsbereich hinaus eine große Variationsbreite in den vielfältigen Forschungsbereichen auf.

588 Nullmeier, in: Handbuch zur Verwaltungsreform, S. 357, 358.

589 Büch, Zur Bestimmung der Grundsätze der Wirtschaftlichkeit und der Sparsamkeit im öffentlichen Haushalt der Bundesrepublik Deutschland, S. 38 ff. und 60 ff., ihm folgend von Arnim, Wirtschaftlichkeit als Rechtsprinzip, S. 48. Luhmann, VerwArch 1960, 97, 99; Schmidt-Aßmann, Das allgemeine Verwaltungsrecht als Ordnungsidee, 6/66.

590 OVG Koblenz, Urt. v. 8.6.2007 – 2 A 10286/07, KommJur 10/2007, 372, 374 unter Hinweis auf OVG Koblenz, AS 13, 412, 414; LG Saarbrücken, Beschl. v. 8.1.2020 – BGH 5 StR 366/19, Rn. 16 unter Hinweis auf BGH, Beschl. v. 26.11.2015 – 3 StR 17/15, BGHSt 61, 48, 70 f. mwN.

591 Vgl. Garrn, Zur Rationalität rechtlicher Entscheidungen, S. 18 ff.; Waechter, Geminderte demokratische Legitimation staatlicher Institutionen im parlamentarischen Regierungssystem, S. 232; Wallerath, DÖV 1997, 57, 64.

Da die Kernfrage hier die Klärung der Reichweite der Grundsätze der Wirtschaftlichkeit und Sparsamkeit ist, bei deren Verstoß ein aufsichtsbehördliches Einschreiten gerechtfertigt werden kann, spielt es überhaupt keine Rolle, strikt zu unterscheiden, ob ein Handeln gegen den Sparsamkeits- oder den Wirtschaftlichkeitsgrundsatz verstößt. Im Folgenden bezeichnet daher das „Wirtschaftlichkeitsgebot" kollektiv das haushaltsrechtliche Gebot der Wirtschaftlichkeit und Sparsamkeit und die „Wirtschaftlichkeitskontrolle" jede Art von Überprüfung der Beachtung der Grundsätze der Sparsamkeit und Wirtschaftlichkeit.

2. Unwirtschaftlichkeit als Rechtswidrigkeit

Die Unwirtschaftlichkeit ist selbstverständlich eine Rechtsverletzung, die von der Kommunalaufsicht gerügt werden kann, soweit das Haushaltsrecht die Grundsätze der Wirtschaftlichkeit und Sparsamkeit gesetzlich verbindlich festschreibt (vgl. § 7 Abs. 1 BHO, § 7 Abs. 1 LHO und § 110 Abs. 2 NKomVG).[592] Auch Luhmann wies auf die Erforderlichkeit der rechtlichen Wirtschaftlichkeitskontrolle hin: „Unwirtschaftlichkeit [müsste] nicht mit einschläfernden Appellen bekämpft, sie könnte als Rechtswidrigkeit mit sehr einfachen Mitteln praktisch ausgemerzt werden."[593]

Bei der Überprüfung der Einhaltung der Grundsätze der Sparsamkeit und Wirtschaftlichkeit durch die Kommunalaufsicht muss bedacht werden, dass die ökonomische Frage, ob ein Mitteleinsatz zwecktauglich erfolgt ist, der typischen Zweckmäßigkeitskontrolle recht nahekommt.[594] Nach ständiger Rechtsprechung steht fest, dass die Kommunalaufsicht selbst keine eigenen Zweckmäßigkeits- oder Ermessenserwägungen anstellen darf.[595] Die Grundsätze der Wirtschaftlichkeit und Sparsamkeit sind jedoch rechtsverbindliche

---

592 Vgl. Bussmann, in: Einführung in die Politikevaluation, S. 13, 23; Gönnenwein, in: GS für Jellinek, S. 511, 517; Mühlenkamp, in: Neue Wege in der Finanzkontrolle, S. 9, 14; Landtag Niedersachsen, Drucksache 18/4405 S. 1; Pieper, Aufsicht, S. 416: „Maßstab für die Rechtsaufsicht sind die jeweils für den beaufsichtigten Bereich geltenden Rechtsregelungen."; Schnapp/Kreutz, VerwArch 2017, 383, 397.

593 Luhmann, Recht und Automation in der öffentlichen Verwaltung, S. 118.

594 Vgl. Burgi, Kommunalrecht, § 8 Rn. 44; Eichhorn, Verwaltungshandeln und Verwaltungskosten, S. 15; Pfeiffer, ThürVBl. 2007, 201, 205; Rehm, DV 1980, 77, 79; Ruffert, VerwArch 2001, 27, 46; von Arnim, Wirtschaftlichkeit als Rechtsprinzip, S. 56 ff.

595 Statt vieler BVerwGE 138, 89, Rn. 22; OVG NRW, Beschl. v. 4.7.2014 – 15 B 571/14, openJur 2014, 14070, Rn. 19; VG Kassel, Urt. v. 14.2.2012 – 3 K 936/10.KS, openJur 2012, 35626, Rn. 32; VG Magdeburg, Beschl. v. 28.8.2014 – 9 B 176/14, BeckRS 2015, 40850, S. 6.

Entscheidungsmaßstäbe und dienen als „ein zulässiger Hebel für die Kommunalaufsicht", um die Unwirtschaftlichkeit im Wege der Rechtmäßigkeitsprüfung zu verhindern.[596] Die aufsichtsbehördliche Überwachung der Wirtschaftlichkeit sollte trotz der Gefahr der Vertiefung der Kommunalaufsicht auf die Zweckmäßigkeitskontrolle nicht ausgeschlossen werden. Denn dieses Zweck-Mittel-Schema ist auch der Verhältnismäßigkeitsprüfung immanent[597] und die Grenze zwischen den beiden verschwimmt, wenn die Zweckmäßigkeitselemente bereits rechtssatzmäßig formuliert sind.[598]

a) *Der Geltungsbereich der Grundsätze der Wirtschaftlichkeit und Sparsamkeit*

Im Gegensatz zu den Bundes- und Landeshaushaltsordnungen, in denen die Aufstellung und Ausführung des Haushaltsplans als Geltungsbereich der Grundsätze der Wirtschaftlichkeit und Sparsamkeit klar geregelt wird, schreibt § 110 Abs. 2 NKomVG vor, dass „die Haushaltswirtschaft [...] sparsam und wirtschaftlich zu führen [ist]". Dies bedeutet jedoch nicht, dass das Wirtschaftlichkeitsgebot auf kommunaler Ebene nur für die Haushaltsführung gilt, da der Begriff „Haushaltswirtschaft" alle Angelegenheiten im Haushaltskreislauf umfasst.[599] Das heißt, dass auch für die Vorgänge der Haushaltsplanung die Wirtschaftlichkeit von großer Relevanz ist. Salmen wies im gleichen Kontext darauf hin, dass die Wirtschaftlichkeit dem Wesen der Planung immanent sein könnte.[600]

Zu beachten ist, dass die Grundsätze der Sparsamkeit und Wirtschaftlichkeit im subsidiären Nachrang zu anderen konkreten Rechtspflichten stehen.[601] Das unzureichende Budget oder die Sparbemühungen können kein Grund sein, die

596 Groth, Aufsicht und Kontrolle im Bereich der kommunalen Haushaltswirtschaft, S. 267.

597 Haverkate, Rechtsfragen des Leistungsstaats, S. 33.

598 Pfeiffer, ThürVBl. 2007, 201, 205; von Arnim, Wirtschaftlichkeit als Rechtsprinzip, S. 57 f.

599 NWVerfGH, NVwZ 2004, 217, 217; Salmen, Das Wirtschaftlichkeitsprinzip in der kommunalen Finanz- und Haushaltsplanung, S. 27; von Arnim, Wirtschaftlichkeit als Rechtsprinzip, S. 64.

600 Salmen, Das Wirtschaftlichkeitsprinzip in der kommunalen Finanz- und Haushaltsplanung, S. 34 f.

601 Kirchhof, NVwZ 1983, 505, 512; von Arnim, Wirtschaftlichkeit als Rechtsprinzip, S. 93 f.

Erfüllung gesetzlicher Pflichtleistungen zurückzuweisen.[602] Die Erwägung der Wirtschaftlichkeit setzt also voraus, dass das Recht Spielräume belässt.[603] Daraus ist zu schließen, dass nicht jedes unwirtschaftliches Handeln rechtswidrig ist. In Fällen, in denen die Entscheidungsfindung bereits gesetzlich abgeschlossen ist und die Kommune über keine Spielräume verfügt, ist die Wirtschaftlichkeit kein Entscheidungs- und Prüfungsmaßstab. Freilich kommt bei der Haushaltsverwaltung den Kommunen eine breite Gestaltungsfreiheit zu, die befugt sind, das Budget für jede Aufgabenwahrnehmung zuzuweisen und auszugeben, sodass die Kommunen gehalten sind, rechtmäßig und zugleich wirtschaftlich zu handeln.[604] Je geringer die Regelungsdichte ist, desto stärker lenken und begrenzen die Grundsätze der Wirtschaftlichkeit und Sparsamkeit eine Haushaltsentscheidung der Kommunen.

b) Was ist unwirtschaftlich?

In der einschlägigen Literatur gibt es zwei Positionen zur Abgrenzung zwischen Wirtschaftlichkeit und Unwirtschaftlichkeit: Die erste lautet, dass die wirtschaftlichste Option die einzige richtige (wirtschaftliche) ist, während die zweite besagt, dass eine Entscheidung im Rahmen des Vertretbaren wirtschaftlich ist.

Luhmann versteht die Wirtschaftlichkeit als das Optimum im Sinne „eine[r] eindeutige[n], einzig-richtige[n] Lösung praktischer Probleme“.[605] Nach dieser Ansicht sind alle anderen suboptimalen oder teilrationalen Entscheidungen unwirtschaftlich. Das Problem ist, dass dieses Optimum bloß eine idealtypische Vorstellung ist.[606] Sowohl Kontrolleuer als auch Entscheidungsträger können

602 Gröpl, Haushaltsrecht und Reform, S. 81; Papier, in: Effizienz als Herausforderung an das Verwaltungsrecht, S. 231, 237; Pünder, DV 2012, 1, 7.

603 Vgl. Butzer, in: Handbuch zur Verwaltungsreform, S. 392, 398; Krebs, in: Finanzkontrolle im Wandel, S. 65, 71 f.; Gaentzsch, DÖV 1998, 952, 954; Gröpl, Haushaltsrecht und Reform, S. 362 f.; Grupp, DÖV 1983, 661, 663; ders., in: GS für Heuer, S. 9, 20; Salmen, Das Wirtschaftlichkeitsprinzip in der kommunalen Finanz- und Haushaltsplanung, S. 143; Wieland, DVBl. 1999, 1470, 1473; ders., DVBl. 1995, 894, 897.

604 Vgl. Krebs, in: Finanzkontrolle im Wandel, S. 65, 72 ff. wies darauf hin, dass der Umfang der Prüfung der Rechtmäßigkeit vom Grad der Verrechtlichung der Entscheidung abhängt. Bei finaler Programmierung umfasst die Rechtmäßigkeitsprüfung die Wirtschaftlichkeitsprüfung.

605 Luhmann, VerwArch 1960, 97, 98.

606 Die These von der einzig-richtigen Lösung wurde als realitätsfern kritisiert (Kelsen, Reine Rechtslehre, S. 94; Schulze-Fielitz, VVDStRL 1996, S. 231, 256; von Arnim, Wirtschaftlichkeit als Rechtsprinzip, S. 33, 47 ff.). Von daher hat auch Luhmann selbst Sinn und Nutzen einer Theorie der brauchbaren Entscheidungen als Versuch einer

angesichts der hochkomplexen Wirklichkeit nicht oder nicht mit vertretbarem Aufwand beurteilen, welche Entscheidung optimal ist.[607] Demgegenüber wird nach herrschender Meinung argumentiert, dass die Wirtschaftlichkeit am Maßstab der Vertretbarkeit zu beurteilen ist: eine Entscheidung ist wirtschaftlich, wenn die Kommune bei der Auslegung und Anwendung der Grundsätze der Wirtschaftlichkeit und Sparsamkeit ihren Spielraum in vertretbarer Weise ausübt.[608] In diesem Bereich können mehrere Entscheidungen gleichermaßen vertretbar sein.[609]

Wenn der Kostenvergleich unter den Angeboten möglich ist, sind alle außer dem sparsamsten Angebot theoretisch unwirtschaftlich. Es muss jedoch berücksichtigt werden, dass ein Einschreiten der Kommunalaufsicht in eine zu triviale Angelegenheit selbst gegen den Grundsatz der Wirtschaftlichkeit und das Verhältnismäßigkeitsprinzip verstößt.[610] Demzufolge geht es in der Praxis wenig um die Grenzziehung zwischen Wirtschaftlichkeit und Unwirtschaftlichkeit, sondern um die Plausibilität der Unwirtschaftlichkeit. Die Unwirtschaftlichkeit kann im Allgemeinen als offensichtlich bezeichnet werden, wenn ein Verhältnis des Inputs zum Output in Geld oder quantifizierbarer Weise berechenbar ist und es einen signifikanten Unterschied zu dem Soll-Wert gibt.

c) *Die rechtliche Beurteilung der Unwirtschaftlichkeit durch die Kommunalaufsicht*

Hinsichtlich ökonomischer Fragen nimmt die Kommunalaufsicht in der Regel nicht an einer rechnerischen Wirtschaftlichkeitsüberprüfung teil, sondern ist

---

Annäherung an die Wirklichkeit untersucht. Anstatt der Suche nach einer einzig optimalen Lösung werden danach mehrere Lösungen, die bestimmte Schwellenwerte überschreiten, als brauchbar also wirtschaftlich eingestuft (Luhmann, VerwArch 1960, 97, 105 ff.).

607 Luhmann, VerwArch 1960, 97, 107; Rehm, DV 1980, 77, 83.

608 Statt vieler OVG Münster, NVwZ-RR 1991, 509, 509; Ruffert, VerwArch 2001, 27, 49; Schnapp/Kreutz, VerwArch 2017, 383, 406.

609 Schnapp/Kreutz, VerwArch 2017, 383, 399; Thiemann, in: FS Ehlers, S. 257, 269.

610 Nach dem Beschluss des OVG Münster, NVwZ-RR 1991, 509 reicht es die bloße Tatsache nicht aus, dass es eine sparsamere oder wirtschaftlichere Alternative gibt, um das Eingreifen der Kommunalaufsicht zu rechtfertigen. Danach geht die Auswahl der zweitbesten Kanalbaumaßnahme oder die Festsetzung niedriger Hebesätze nicht über den Rahmen der Vertretbaren hinaus.

auf das Prüfungsergebnis des Rechnungsprüfungsamts angewiesen.[611] In diesem Punkt unterscheidet sie sich von der österreichischen Gebarungskontrolle, bei der die Aufsichtsbehörde zumeist etwa alle fünf Jahre die Wirtschaftlichkeit des Kommunalhandelns direkt überprüft.[612] In Österreich ist angesichts der relativ schwachen Selbstverwaltungstradition die Überprüfung der Gebarung der kommunalen Haushalte grundsätzlich eine Aufgabe der Aufsichtsbehörde.[613] Damit kann sie selbstständig tiefe Einblicke in die gesamte Haushaltslage und detaillierte Informationen erhalten.

In Deutschland zeigt demgegenüber die Aufsichtspraxis, dass den Grundsätzen der Sparsamkeit und Wirtschaftlichkeit kaum eine hindernde bzw. unterbrechende Wirkung gegenüber einer verschwenderischen Haushaltstätigkeit zukommt.[614] Dies wird darauf zurückgeführt, dass die rechtliche Bewertung ökonomischer Aspekte im Wesentlichen an eine Grenze stößt. Die Messschwierigkeit hinsichtlich des Wirtschaftlichkeitsgebots im öffentlichen Sektor liegt vor allem darin, dass der Umfang der Folgenabschätzung zu groß und wertungsabhängig ist. Außerdem sind die zu verfolgenden Werte verschieden, ihre Ordnung ist häufig inkonsistent, zahlreiche qualitative Elemente sollten mitgerechnet werden[615] und die Schattenpreise und externen Effekte sind nicht leicht kalkulierbar[616]. Daher ist nicht klar erkennbar, was den sozialen Nutzen erhöht,

611 Vgl. Landtag Niedersachsen, Drucksache, 18/4449; Niemann/Ebinger, VerwArch 2017, 90, 106.

612 Niemann/Ebinger, VerwArch 2017, 90, 108 f.

613 Ebinger/Person/Zabler, in: Haushalts- und Finanzwirtschaft der Kommunen in der Bundesrepublik Deutschland, S. 761, 782 f.; Niemann/Ebinger, VerwArch 2017, 90, 108 ff.

614 Zur geringen praktischen Bedeutung des Sparsamkeits- und Wirtschaftlichkeitsprinzips Lange, NVwZ 2015, 695, 699 f.; Rehm, DV 1980, 77, 79.

615 Vgl. von Arnim, DVBl. 1983, 664, 664. Zur ökonomischen Analyse des Rechts muss eine Folgenbewertung und -ermittlung vorausgesetzt: Eidenmüller, in: Archiv für die civilistische Praxis 1997, 80, 82.

616 Zu den Schwierigkeiten bei der Abschätzung der wirtschaftlichen Auswirkungen eines Verwaltungshandelns auf die gesamtwirtschaftliche Lage Thieme, DÖV 2008, 433, 438; von Arnim, DVBl. 1983, 664, 664; Wenzler, Institutionenökonomik und öffentliche Finanzkontrolle, S. 52 ff. Sigg, Die Stellung der Rechnungshöfe im politischen System der Bundesrepublik Deutschland, S. 49 wies darauf hin, dass es tatsächlich nicht möglich ist, dass die Verwaltung die Kosten und Schattenpreise sowie Nutzen und externe Effekte für alle Optionen vor der Entscheidung quantitativ bewerten kann.

entweder einen Weg zu erweitern oder eine Schule zu bauen.[617] Obwohl mit der Digitalisierung „ein früher kaum vorstellbares Potenzial“ für die Messung der Wirkungen administrativer Maßnahmen in den methodischen Entwicklungen besteht[618] und derartige Analysen immer noch ein nützliches Kriterium für politische Entscheidungen sein können, reicht sie bis jetzt nicht aus, einen Grund für ein aufsichtsrechtliches Einschreiten zu bieten.

So ist in der Rechtsprechung das Messungsproblem festzustellen: „Der programmatische Inhalt dieses ökonomischen Prinzips, dessen Einhaltung hinsichtlich der Art, des Umfangs und der Qualität der vorgesehenen Aufgabenerfüllung in aller Regel objektiv nicht messbar ist, lässt es geboten erscheinen, der Gemeinde bei der Anwendung des Grundsatzes der Wirtschaftlichkeit und Sparsamkeit im Einzelfall einen weitgehenden Entscheidungsspielraum zuzubilligen.“[619] In diesem Zusammenhang wird die Bedeutung vom „Maßstab eines evidenten Normverstoßes“ hervorgeheben.[620] Die Intervention der Kommunalaufsicht in eine finanzielle Entscheidung der Kommunen hängt also davon ab, ob sie die Unwirtschaftlichkeit eines Verwaltungshandelns objektiv und offensichtlich beurteilen kann.

3. Die Effizienz- und Effektivitätskontrolle durch die Kommunalaufsicht im Rahmen der doppisch gebuchten Kommunalhaushalte

Ein aufsichtliches Einschreiten in die Kommunalverwaltung bei evidenten Rechtsverstößen steht nicht der Selbstverwaltungsgarantie nach Art. 28 Abs. 2 GG entgegen.[621] Die Kernfrage ist daher, ob bzw. wie die Objektivität und die Zuverlässigkeit des Wirtschaftlichkeitsurteils im doppischen Haushaltssystem erreicht werden können, in dem die Kosten und der Zielerreichungsgrad pro Leistung in einem produktbasierten Teilhaushalt veröffentlicht werden.[622]

---

617 Dazu vgl. Sigg, Die Stellung der Rechnungshöfe im politischen System der Bundesrepublik Deutschland, S. 49; Thieme, DÖV 2008, 433, 438; von Arnim, DVBl. 1983, 664, 664; Wenzler, Institutionenökonomik und öffentliche Finanzkontrolle, S. 52 ff.

618 Mühlenkamp, in: Neue Wege in der Finanzkontrolle, S. 9, 23.

619 OVG Münster, NVwZ-RR 1991, 509, 509. Siehe auch Ehlers, in: Kommunale Wirtschaftsförderung, S. 103, 142 f.

620 Gehne, Nachhaltige Entwicklung als Rechtsprinzip, S. 221.

621 Statt vieler OVG Niedersachsen, Beschl. v. 15.8.2007 - 10 LA 271/05.

622 Vgl. Bracker, FG Unruh, S. 459, 477.

a) (Kosten)Effizienzkontrolle durch die Kommunalaufsicht

Ein wirtschaftliches Kommunalhandeln bedeutet das günstige Verhältnis von Input und Output.[623] In der Haushaltspraxis liegt der Fokus jedoch in der Regel auf der Kostenfrage, da es in den meisten Fällen nicht notwendig ist, mehr zu erzielen als die erforderliche Leistungsmenge. Daher ist eine Verschwendung von vermeidbaren Mehrkosten ein typischer Verstoß gegen die Grundsätze der Wirtschaftlichkeit und Sparsamkeit (wie etwa eine Reparatur der alten Maschine mit höheren Kosten als dem Verkaufspreis[624], ein Einkauf von übermäßig vielen und teuren Spirituosen als Repräsentationsaufwand[625]).

aa) Methoden zur Kosteneffizienzkontrolle

(1) Eine flächendeckende Anwendung der Kosten- und Leistungsrechnung

Während in der Entscheidungsphase der Wirtschaftlichkeitsgrundsatz die Auswahl eines günstigen Verhältnisses zwischen dem Input und Output unter den Alternativen erfordert, fehlt es in der Kontrollphase an Informationen über die zum Zeitpunkt der Entscheidung verfügbaren Alternativen, so dass die Beurteilung der Wirtschaftlichkeit hauptsächlich durch den Vergleich der Ist-Kosten mit den Plankosten, mit den Kosten in anderen Perioden (Zeitvergleich) oder von anderen Kommunen (Betriebsvergleich) erfolgt.[626] Eine Maßnahme kann demnach als unwirtschaftlich gelten, wenn ihre Kosten ohne besonderen Grund vom Soll-Wert erheblich abweichen.

Prägend ist in der Doppik, dass eine flächendeckende Anwendung der KLR möglich wird, indem das Produkt (Leistungen) als die Berechnungseinheit dient und die Aufwendungen, die inhaltlich näher bei den Kosten liegen, abgebildet werden können.[627] Diese Offenlegung der Kosten pro Verwaltungsleistung erhöht das Kostenbewusstsein und bietet die Vergleichsgrundlage.[628] Damit sind die absolute

---

623 Siehe D. III. 1. a).

624 Vgl. VG Trier, Urt. v. 26.6.2018 – 7 K 2085/18.TR –, S. 2 ff.

625 OLG Hamm 21.6.1985 - 4 Ws 163/85, NStZ 1986, 119.

626 Vgl. Korać, in: Handbuch zur Verwaltungsreform, S. 1, 1: „Die KLR kann auch für Kosten- und Leistungsvergleiche herangezogen werden (Benchmarking).“ Siehe auch Streitferdt, in: Neues öffentliches Rechnungswesen, S. 279, 287.

627 Vgl. Bals, Finanzwirtschaft 2000, 84, 84; Bolsenkötter/Poullie/Vogelpoth, in: Die Zukunft des Öffentlichen Rechnungswesens, S. 281, 305; Lange, Verfassungsrechtliche Grundlagen der Finanzierung der Kommunen in Nordrhein-Westfalen, S. 51 f.; Streitferdt, in: Neues öffentliches Rechnungswesen, S. 271, 282 f.

628 Buchholtz, Verwaltungssteuerung mit Kosten- und Leistungsrechnung, S. 546.

Höhe des Mitteleinsatzes und die Relation zwischen Mitteleinsätzen und Leistungen auch der Aufsichtsbehörde bekannt.

(2) Vergleich mit anderen Ergebnissen und Benchmarking

Für die Festsetzung der Soll-Werte rücken vergleichbare Standards und das Benchmarking[629] in den Fokus. Im Allgemeinen können durch den Vergleich „mit ausgesuchten Parallelfällen, oder mit Durchschnittsergebnissen oder statistischen Messzahlen"[630] die Erfolge bzw. Misserfolge der Aufgabenerfüllung der Kommunalverwaltung erfasst werden, die eigentlich nicht auf dem Markt bewertet werden können. Er bietet also eine Aufsichtsgrundlage; wenn z. B. ein Kostenvergleich mit anderen vergleichbaren Kommunen ergibt, dass eine bestimmte Leistung erheblich teuerer ausgeführt wurde, wodurch ein Rechtfertigungs- und Kontrolldruck erzeugt wird.[631] Das Benchmarking folgt dem Prinzip „Lernen von den Besten oder vom Besseren"[632]. Es kann zu einem verwaltungsinternen „Preiskampf"[633] führen, wodurch die Kommune zumindest überdurchschnittliche Ausgaben vermeiden kann.

bb) Weitere Überlegungspunkte bei der Effizienzkontrolle im Rahmen der Kommunalaufsicht

Zu beachten ist, dass die objektive Mess- und Vergleichbarkeit der Wirtschaftlichkeit in der KLR nur mikroökonomisch in begrenztem Prüfungsumfang möglich ist. Es gibt keine absolute Bewertungsmethode: Ein methodischer Spielraum kommt der Kommune in der Entscheidungsphase zu.[634] Sie könnte eine kostenintensive, aber umweltfreundliche Option (z. B. für den Bau der energiesparenden Gebäude) als wirtschaftlich bewerten.

Diesbezüglich geht es um die Qualitätsfrage. Für den Wirtschaftlichkeitsvergleich wird theoretisch vorausgesetzt, dass alle anderen Bedingungen qualitativ äquivalent

629 Vgl. Buchholtz, Verwaltungssteuerung mit Kosten- und Leistungsrechnung, S. 428.
630 Luhmann, VerwArch 1960, 97, 111.
631 Vgl. Luhmann, VerwArch 1960, 97, 112.
632 Camp, Benchmarking, hierzu auch Buchholtz, Verwaltungssteuerung mit Kosten- und Leistungsrechnung, S. 428; KPMG, Leistungsvergleiche in der staatlichen Verwaltung, S. 10; Seckelmann, DVBl. 2010, 1284, 1284.
633 Göhring, Experimentierklauseln im Kommunalrecht, S. 58: Straßenreinigungskosten, Unterhaltungskosten der Sportanlagen, Müllentsorgungskosten, Wasserversorgungskosten usw. können pro Länge, Menge oder Volumen verglichen werden.
634 VG Oldenburg, Beschl. 17.7.2012, Az: 1 B 3594/12, Rn. 130: „Für das Verfahren zur Ermittlung von Sparsamkeit und Wirtschaftlichkeit gibt es keine generellen Vorschriften."; Lademann/Markwardt, in: Haushalts- und Finanzwirtschaft der Kommunen in der Bundesrepublik Deutschland, S. 415, 422.

sind[635], aber de facto bringt die Kostensenkung meistens die Qualitätsminderung mit sich. Die erforderlichen Qualitätsstandards bestimmt im Rahmen des Selbstverwaltungsrechts die Kommune selbst. Die hohen Kosten zur Sicherstellung der erforderlichen Qualität der Leistungen könnten – soweit notwendig – gerechtfertigt werden, auch wenn die Aufsichtsbehörde die Wirtschaftlichkeit in Frage gestellt hat.[636] Der Grundsatz der Sparsamkeit verlangt im Wesentlichen die Qualität wahrende Sparsamkeit, wonach eine Maßnahme nachträglich weder zu einer größeren Belastung noch zu einer Zielverfehlung führen darf.[637]

b) Effektivitätskontrolle durch die Kommunalaufsicht

aa) Prüfungskompetenz der Aufsichtsbehörde in der Effektivitätsfrage

Eine mangelhafte Zielerreichung der Kommunalverwaltung mit dem Ressourceneinsatz kann ein Aufsichtsgegenstand sein, soweit diese Ineffektivität rechtswidrig ist. Die Ineffektivität eines Verwaltungshandelns kann aus haushaltsrechtlicher Sicht ein Verstoß gegen die Grundsätze der Wirtschaftlichkeit und Sparsamkeit sein, da sie die Verschwendung des Budgets für unnötige Maßnahmen bedeutet.[638] Zusätzlich dazu kann sie als Nichterfüllung gesetzlicher Pflichten eingestuft werden, wenn es sich um die Wahrnehmung der Pflichtaufgaben handelt.

bb) Voraussetzungen zur Effektivitätskontrolle

In der juristischen Diskussion rückt bisher die Frage nach Evaluation der Zielerreichung eigentlich kaum ins Blickfeld.[639] Insofern ist das doppische Haushaltssystem, das die Kommune hinsichtlich ihrer Aufgabenwahrnehmung verpflichtet, die Ziele zu verfeinern, die Leistungen zu bewerten und dies numerisch darzustellen, sehr bemerkenswert.

Der geringe Zielerreichungsgrad, d.h. Ineffektivität kann die Grundlage für das Eingreifen der Aufsichtsbehörde sein. Dafür wird selbstverständlich vorausgesetzt, dass der Inhalt der Kennzahlen die Auswirkungen der Budgetverwendung widerspiegelt. Es ist ausschließlich eine Aufgabe der Kommune, Produktziele und Kennzahlen zu formulieren (§ 4 Abs. 7 KomHKVO). Nicht alle Kennzahlen weisen auf die direkten Erfolge der Ressourceneinsätze hin. Als Beispiel wird ein Produktziel

---

635 Vgl. Kirchof, NVwZ 1983, 505, 515.

636 Zur Lebenszyklusbetrachtung und Qualitätsfrage Schwarting, Der kommunale Haushalt, Rn. 78, 271.

637 Vgl. Luhmann, VerwArch 1960, 97, 102; Pünder, DV 2012, 1, 7; Schwarting, Der kommunale Haushalt, Rn. 78, 271.

638 Von daher umfasst die Wirtschaftlichkeitskontrolle auch die Kontrolle der Aufgabenerfüllung. Vgl. Piduch, DÖV 1973, 228, 228; von Arnim, DVBl. 1983, 664, 665.

639 Mehde, DV 2011, 179, 210.

„eine Erreichung des Brandstandorts innerhalb der Hilfsfrist von 9,5 Minuten" und seine Kennzahlen[640] angeführt, die nicht mit den Finanzmitteln, sondern mit den Einsatztätigkeiten und -systemen zusammenhängen. Ferner können sogar keine Kennzahlen angegeben werden, wenn die Kommune eine Aufgabe nicht als wesentliches Produkt betrachtet hat.

Im Falle von Pflichtaufgaben der Kommunen müssen die Gesetze spezifisch sein und die Kennzahlen im doppischen System den Erfüllungsgrad der Verpflichtung deutlich angeben, damit die Aufsichtsbehörde aufgrund von Verstößen gegen gesetzliche Verpflichtungen in die kommunale Verwaltung eingreifen kann. Beispielsweise ist die Kommune nach § 12 Abs. 1 des Gesetzes über Tageseinrichtungen für Kinder (KiTag) verpflichtet, allen Kindern nach Maßgabe des § 24 SGB III einen Kindergartenplatz zur Verfügung zu stellen. In diesem Fall stellen die Kennzahlen über unzureichende Kindergartenkapazitäten objektiv einen rechtswidrigen Zustand dar und die aufsichtsbehördliche Anordnung, noch fehlende Kindergartenplätze zu schaffen, wäre angebracht. Hingegen wäre es kaum möglich, eine konkrete Pflichtverletzung zu finden, die von der Kommunalaufsicht gerügt werden kann, wenn wie etwa in § 2 Abs. 2 Niedersächsisches Denkmalschutzgesetz nur die abstrakte Schutz- und Pflegepflicht auf die Kommune übertragen wird und es keine Kennzahlen für die Größe der Schutz- und Pflegemaßnahmen im Haushalt gibt[641].

Das Problem ist, dass die Informationen über die Effektivität der Mittelverwendung erst nach Ablauf der Haushaltsperiode im Rechnungswesen veröffentlicht werden können, soweit die Aufsichtsbehörde keine zusätzlichen Informationen durch das Controlling erhalten kann. In diesem Fall kann sie nur ex post die Ineffektivität aufdecken und auf die Rechtswidrigkeit der bereits abgeschlossenen Handlungen bloß zur Verhinderung der Wiederholung hinweisen. In Anbetracht der wirksamen Kommunalaufsicht sollte jedoch die Notwendigkeit der rechtzeitigen Gegensteuerung nicht übersehen werden.

In diesem Sinne könnte die Aufsichtsbehörde bei den Routineangelegenheiten durch die Anhäufung von Erfahrungen einen klaren Maßstab zur Messung der Effektivität setzen. In Anbetracht der Besonderheit des kommunalen Haushalts, in dem die meisten Einnahmen- und Ausgabenpositionen schon gesetzlich bestimmt sind, ändert sich die Einnahmen- und Ausgabenstruktur in der Regel nicht

640 Ein Ziel „eine Erreichung des Brandstandorts innerhalb der Hilfsfrist von 9,5 Minuten" und seine Kennzahlen finden sich im Haushaltsplan der Landeshauptstadt Hannover für die Haushaltsjahre 2019 und 2020, Teil II 132, Wesentliches Produkt des Teilhaushalts 37 - Feuerwehr. Im Vergleich sind die Kennzahlen wie z. B. „Neupflanzung Straßenbäume (Stück)" oder „Anzahl der sanierten Altbaumstandorte" eng mit dem Budget verbunden.

641 Vgl. Stadt Göttingen, Produktorientierter doppischer Haushalt 2019/2020, S. 316.

dramatisch. Bei den Investitionen ist es denkbar, dass die Aufsichtsbehörde Informationen zur Effektivität des Investitionsvorhabens aus der Wirtschaftlichkeits- oder Folgekostenberechnung, die gemäß § 12 Abs. 1 KomHKVO vor Beginn der Investitionen durchgeführt werden soll, erhalten kann. Dazu kann sie gemäß § 172 Abs. 1 NKomVG von der Kommune weitere notwendige Informationen anfordern.

Vorausgesetzt, dass die Aufsichtsbehörde schon in der Planungsphase über Effektivitätsprobleme informiert sein kann, könnte sie eine ausreichende Ressourcenzuteilung zur Erfüllung des gewünschten Maßes an Verpflichtungen anordnen, wenn anfänglich aufgrund unzureichender Mittelzuweisung eine Störung bei der Erfüllung von Pflichtaufgaben zu erwarten ist.

c) Mögliche Aufsichtstätigkeiten bei der Effizienz- und Effektivitätskontrolle

aa) Die Wahrnehmung der Korrekturfunktion

Die begriffliche Unbestimmtheit der Grundsätze der Wirtschaftlichkeit und Sparsamkeit entbindet nicht von der Pflicht der Aufsichtsbehörde, die Einhaltung geltender Gesetze zu überprüfen und gegebenenfalls korrigierende Maßnahmen zu ergreifen. Bei Ineffizienz bzw. Ineffektivität des kommunalen Handelns kann also die Kommunalaufsicht die Sanktionsfunktion ausüben. Allerdings muss in der Praxis der Nachweis einer Verletzung der Grundsätze der Wirtschaftlichkeit und Sparsamkeit evident sein, damit die Aufsichtsbehörde ihn beheben kann.[642] Das doppische Haushalts- und Rechnungssystem, in dem die Unwirtschaftlichkeit (z. B. eine erhebliche Abweichung mit dem Soll-Wert) berechnet werden kann, hilft bei der Darlegung und Begründung aufsichtsbehördlicher Entscheidungen. Wie in B. II. 3. dargestellt, kann ein aufsichtliches Einschreiten in der prekären Haushaltslage ausnahmsweise zur Korrektur nichtwirtschaftlicher Maßnahmen intensiviert werden.[643]

bb) Die größer werdende Rolle der Aufsichtsbehörde bei der präventiven Aufsicht

Eine gemeinsame Suche nach effektiver und ressourcenschonender Aufgabenerfüllung in der Partnerschaft zwischen der Aufsichtsbehörde und der Kommune ist auch ein wichtiges Thema.[644] Zu fragen ist, inwieweit die dort vorgeschlagenen

642 Dazu ausdrücklich Schnapp/Kreutz, VerwArch 2017, 383, 399.

643 Dazu auch Fritze, Entwicklung rechnungswesenbasierter Systeme, S. 115.

644 Vgl. Bezirksregierung Arnsberg, Kommunales Beratungskonzept der Bezirksregierung Arnsberg – Neue Wege in schwierigen Zeiten, S. 7; zur Hilfe bei der Suche nach tauglichen Sparstrategien Mlynek, NdsVBl. 1995, 54, 57.

Einsparmaßnahmen, die dem politischen Willen entgegenstehen, umgesetzt werden können. Die Beratung ist nicht rechtsverbindlich, jedoch kann die Aufsichtsintensität sich in folgenden Fällen in faktischer Hinsicht erhöhen.

(1) Im Genehmigungsverfahren

Die Haushaltsberatung der Aufsichtsbehörde ist als Instrument der Erzielung von Einsparungen von großer Bedeutung, wenn die Erteilung der Genehmigung über genehmigungsbedürftige Teile in der Haushaltssatzung von Entlastungen des Ergebnishaushalts abhängt. Die Kommunalaufsicht kann im Wege der Beratung oder in Form der Bedingungen der Genehmigung eine bestimmte Sparmaßnahme angeben. Des Weiteren ist es möglich, dass die Aufsichtsbehörde und die Kommune in der Zielvereinbarung nur das gewünschte Maß an Budgeteinsparungen aushandeln, und es dann der Kommune überlassen wird, ob dies durch Einsparungen oder durch Steuererhöhungen erreicht werden soll.[645]

(2) Bei der Finanzhilfe durch das Land: goldener Zügel

Wenn gesetzliche Standards über den Erfüllungsgrad einer obliegenden Aufgabe nicht konkret festgelegt sind, ist die Aufsichtsbehörde nicht in der Lage, auf die Rechtswidrigkeit der mangelnden Aufgabenerfüllung zu verweisen. Die Kommune hat eine breite Entscheidungsmöglichkeit darüber, inwieweit die abstrakt bestehenden Pflichtaufgaben zu erfüllen sind. In der Realität hängt die Qualität und Menge solcher Leistungsprojekte (wie etwa für eine Kulturpflege oder einen Denkmalschutz) jedoch erheblich von der Finanzkraft ab.[646] Das Land kann mithin durch die Kommunalaufsicht die faktische Initiative zu den pflichtigen Selbstverwaltungsaufgaben ergreifen, wenn es dafür die Finanzzuweisungen gewährt.[647]

Bei der Entscheidung, ob und inwieweit die finanzielle Unterstützung gewährt werden sollte, beurteilt das Land selbst die Dringlichkeit und Notwendigkeit eines Mitteleinsatzes. Dafür muss das Land über umfangreiche Informationen zu den Aufgabendetails und den dafür erforderlichen Kosten schon verfügen. Davon ausgehend kann die Aufsichtsbehörde Einfluss auf die Festlegung vom Inhalt und

645 Stadt Laatzen, Drucksache 2018/033 v. 12.2.2018, Beschlussvorlage – Gewährung einer Bedarfszuweisung durch Abschluss einer Zielvereinbarung zwischen dem Land Niedersachsen, der Region Hannover und der Stadt Laatzen zur Erreichung nachhaltiger Haushaltskonsolidierung, S. 2.

646 Dazu Haftmann, Die pflichtigen Selbstverwaltungsaufgaben der Gemeinden in Niedersachsen, S. 188 f.

647 Vgl. Knemeyer, in: Handbuch der kommunalen Wissenschaft und Praxis, § 12 Rn. 5; Rudel/Gack, Haushalt und Finanzen in der Kommune, Petra-Kelly-Stiftung Bayerisches Bildungswerk für Demokratie und Ökologie, S. 19.

Ausmaß der Leistungen, die finanziell unterstützt werden, nehmen und die Effizienz und Erreichung des ursprünglich geplanten Leistungsniveaus eingehend überprüfen.

IV. Kommunalaufsicht und Standardisierung in der kommunalen Haushaltswirtschaft

Bergmoser wies darauf hin, dass die Steuerungsmacht in einem Mangel an Informationen „ein pompöses Ritual" ist.[648] Wie bereits dargestellt, eröffnet die erhöhte Transparenz im doppischen Haushalt eine neue Dimension für die Kommunalaufsicht. Aussagekräftige Informationen erleichtern die rechtliche Beurteilung, ob Tatbestände der Haushaltsvorschriften für den Einsatz der Aufsichtsinstrumente erfüllt sind, und so wird ein tauglicher Anhaltspunkt zur rechtlichen Überprüfung geliefert.[649]

Die Weiterentwicklung der Verwendung doppischer Haushaltsdaten hängt nämlich mit den Erwartungen an objektiv zumutbare Aufsichtsmaßnahmen zusammen. Im Folgenden wird darauf eingegangen, wie die Aufsichtsbehörde eine qualitative Verbesserung der Haushaltsdaten verlangen kann und wie in anderen Ländern der Einsatz der automatisierten Bewertungssysteme versucht wird.

1. Die Ausrichtung auf die Standardisierung der Haushaltsdaten

a) Anforderungen an Indikatoren in einheitlicher Form zum Vergleich und Benchmarking

Die Festlegung der Produkte und Kennzahlen bei der Aufstellung des Haushaltsplans ist eine eigene Befugnis der Kommunen (vgl. § 4 Abs. 1 S. 7 KomHKVO). Jede Kommune muss den verbindlichen Produktrahmen der Landesstatistikbehörde beachten[650], aber die benötigten Produkte können unterschiedlich sein. Das Problem ist dabei, dass wegen der mangelnden Einheitlichkeit und Vergleichbarkeit von Kennzahlen ein Benchmarking und ein interkommunaler Vergleich nicht leicht gefallen ist.

---

648 Bergmoser, DÖV 2012, 741, 745.

649 Speier-Werner, Public Change Management, S. 70 f.

650 Zur Vergleichbarkeit und Einheitlichkeit des statistischen Produktrahmens schreibt § 4 Abs. 2 KomHKVO vor, dass die Landesstatistikbehörde den Grundriss der Haushaltssystematik sowie die dazu erforderlichen Zuordnungsvorschriften verbindlich festsetzt. Dazu gehört „Verbindlicher Produktrahmen für Niedersachsen", „Verbindliche Zuordnungsvorschriften zum Kontenrahmen in Niedersachsen" und „Zuordnungsvorschriften zur Bereichsabgrenzung in Niedersachsen".

Es ist allerdings noch zu berücksichtigen, ob und inwieweit dies überwunden werden sollte.[651] Denn das einheitliche Kennzahlsystem verbessert die Aufsichtsmöglichkeiten und die Transparenz der wirtschaftlichen Leistung der Haushaltswirtschaft, aber es kann die Haushaltshoheit der Kommunen einschränken. Die Aufsichtsbehörde könnte daher nur im Wege der schützenden Aufsicht die Erarbeitung entsprechender Indikatoren zur Erhöhung der Aussagekraft für bestimmte Themenbereiche fordern. Wenn es jedoch Landesfinanzhilfe gibt, können zur Erreichung eines bestimmten Verwaltungszwecks die Offenbarung der Leistungen, der zu erreichenden Ziele und der darüber dargestellten Kennzahlen im Voraus aktiv vereinbart werden.

b) Die Zusammenfassung der relevanten Ausgabenblöcke

Die Aufsichtsbehörde muss sich über durchschnittliches Einnahme- und Ausgabeverhalten ausreichend informieren, um wirksam die Unwirtschaftlichkeit in kommunaler Haushaltswirtschaft gegenzusteuern. Die Kommunalaufgaben sind kompliziert und vielfältig, aber sie lassen sich in der Regel jedes Jahr wiederholen und routiniert umsetzen. Daraus ergibt sich die Möglichkeit, dass Kosten- und Leistungsstandards der Kommune dokumentiert werden können. Insbesondere für relevante Ausgabenpositionen ist es erforderlich, dass die Aufsichtsbehörde die wesentlichen Kostenblöcke identifiziert. Dies kann eine sehr wichtige Rolle vor allem bei der Berechnung von Zuschüssen und der Bewertung der Wirtschaftlichkeit spielen.[652]

2. Der Ansatz für die systematische und aggregierte Beurteilung der dauernden finanziellen Leistungsfähigkeit

Wenn nur einige der gesetzlich vorgeschriebenen Kriterien zur Beurteilung dauernder Leistungsfähigkeit erfüllt sind, wie beispielsweise im Falle einer Kommune, die überschuldet ist, aber einen Haushaltsausgleich erreicht, wird in Niedersachsen nach § 23 S. 1 KomHKVO in der Regel der Schluss gezogen, dass die dauerhafte Leistungsfähigkeit nicht als gesichert bewertet wird. In Hessen und Mecklenburg-Vorpommern wird demgegenüber eine systematische Bewertung auf Basis der sachgerechten und automatisierten Interpretation von Kennzahlen vorgenommen (Muster 20 GemHVO Hessen, § 17 Abs. 2 GemHVO-Doppik MV). Damit liegt der

651 Zu den Schwierigkeiten von Benchmarking zur Wirtschaftlichkeitssteuerung wegen Mangel an notwendiger Einheitlichkeit und Standardisierung Budäus, DV 2006, 187, 212.

652 Vgl. Die Konkretisierung der größten Ausgabenblöcke für Pflichtaufgaben und die Sparvorschläge. Landtag Niedersachsen, Drucksache 16/2861, S. 8 ff.

Schwerpunkt auf der Frage des Grads der Gefährdung der dauerhaften Leistungsfähigkeit – über die Frage hinaus, ob sie vorliegt oder nicht. Im Folgenden wird auf das Bewertungssystem in Hessen und Mecklenburg-Vorpommern und die daraus resultierende Standardisierung der aufsichtlichen Aktivitäten kurz eingegangen.

a) KASH in Hessen

In Hessen wurde eine eigene Maßstabsbildung in Anlehnung an fortschrittliche Kennzahlensysteme aus der Betriebswirtschaftslehre versucht, um eine Verwirrung aus widersprüchlichen Kennzahlen zu vermeiden.[653] Seit Ende des Jahres 2015 wurde das **K**ommunale **A**uswertungs**s**system **H**essen (verkürzt als kash) eingeführt, das auf eine objektive und fundierte Bewertung der kommunalen Haushalte abzielt. Im kash-Kennzahlensystem werden nach Muster 20 GemHVO Hessen die als maßgebend erachteten Indikatoren pro Einwohner (ordentliches Ergebnis, Bestand ordentliche Rücklage, Fehlbeträge aus Vorjahren, Bestand der Liquiditätsreserve, Ausweis von Eigenkapital, Verbindlichkeiten aus Liquidtitätskrediten, Verbindlichkeiten gegenüber dem Sondervermögen Hessenkasse, Zahlungsmittelfluss lfd. Verwaltungstätigkeit abzüglich der Tilgung sowie der Zahlungen an das Sondervermögen Hessenkasse) bewertet und diese Bewertungsergebnisse werden wiederum an ihrer Gewichtung gemessen (Siehe unten aufgeführte Tabelle).

Diese Tabelle wurde unter gründlicher Berücksichtigung der Nachhaltigkeit des Haushalts erstellt, danach ist der Ausgleich des ordentlichen Ergebnisses bei der Gewichtung der Indikatoren von größter Relevanz.[654] Das Gesamtergebnis liefert eine Grundaussage über die finanzielle Leistungsfähigkeit, die in Zahlen von 0% bis 100% angezeigt wird.[655] Das so berechnete Gesamtergebnis wird schließlich als eine grüne (leistungsfähig), gelbe (eingeschränkt leistungsfähig) oder rote (gefährdet bis nicht mehr leistungsfähig) Ampel bezeichnet.[656]

---

653 Hafner, in: Kommunale Nachhaltigkeit, S. 175, 175.

654 Georg/Gnädinger/Hardt, VM 2018, 72, 74.

655 Georg/Gnädinger/Hardt, Der Gemeindehaushalt 2019, 110, 111.

656 Ebd.

Indikator pro Einwohner	Bewertung ggf. der Entwicklung nach Indikatoren pro Einwohner	Gewichtung der Indikatoren pro Einwohner in %	Status
ordentliches Ergebnis	Überschuss (mehr als + 5 €) = 1	40 %	grün (+) ≥ 70% gelb (0) < 70% und > 40% rot (-) ≤ 40%
	jahresbezogener Haushaltsausgleich (im Korridor von - 5 € bis + 5 € oder durch Rücklage) = 0,75		
	defizitär im Korridor (weniger als - 5 € bis - 40 €) = 0,5		
	defizitär im Korridor (weniger als - 40 € bis - 75 €) = 0,25		
	defizitär (weniger als -75 €) = 0		
Bestand ordentliche Rücklage	Bestand = 1	5 %	
	kein Bestand (≤ 0 €) = 0		
Fehlbeträge aus Vorjahren (Bilanzwert der letzten aufgestellten Bilanz)	kein Bestandswert = 1	5 %	
	Ausweis eines Fehlbetragbestands = 0		
Bestand der Liquiditätsreserve	Bestand vollständig gebildet = 1	5 %	
	Bestand teilweise gebildet (≥ 50 %) = 0,5		
	Bestand unzureichend oder nicht gebildet (< 50 %) = 0		
Ausweis von Eigenkapital (nach letzter aufgestellter Bilanz)	positiver Eigenkapitalbestand = 1	5 %	
	negativer Eigenkapitalbestand (≤ 0€)=0		
Verbindlichkeiten aus Liquidtitätskrediten (Kommune plus Sondervermögen)	kein Bestand (= 0 €) = 1	5 %	
	Bestand (> 0 €) = 0		
Verbindlichkeiten gegenüber dem Sondervermögen Hessenkasse	kein Bestand (= 0 €) = 1	5 %	
	Bestand (> 0 €) = 0		
Zahlungsmittelfluss lfd. Verwaltungstätigkeit abzüglich der Tilgung sowie der Zahlungen an das Sondervermögen Hessenkasse	Saldo > 5 € = 1	30 %	
	im Korridor von 0 € bis + 5 € = 0,5		
	Saldo < 0 € = 0		
		100 %	

[Quelle: Muster 20 GemHVO Hessen]

Das Kash-Auswertungssystem wird auch verwendet, um im Haushaltsgenehmigungsverfahren die dauerhafte Leistungsfähigkeit der Kommune zu beurteilen.[657] Damit würde erwartet, die Einheitlichkeit der Messung der finanziellen Leistungsfähigkeit und der darauf folgenden Aufsichtsmaßnahmen auf ein höheres Niveau zu bringen.[658] Die Kommunen könnten dann in Abhängigkeit von der Ampelfarbe in gewissem Umfang die entsprechenden Aufsichtstätigkeiten vorhersagen. Dies bedeutet natürlich nicht, dass eine Befugnis der Kommunalaufsicht zur Genehmigung der Haushaltssatzung gemäß § 97 a HGO durch diese automatisierte Auswertung ersetzt werden kann. Im Haushaltsgenehmigungsverfahren kann die Aufsichtsbehörde eine andere Schlussfolgerung als kash ziehen, die auf der Überlegung der gesamtwirtschaftlichen Finanzlage beruhen.[659] Es wäre jedoch hinterfragungswürdig, wenn einer Kommune mit roter Ampel eine großzügige Genehmigung – anders als in anderen Fällen – erteilt wird.[660]

b) RUBIKON in Mecklenburg-Vorpommern

In Mecklenburg-Vorpommern wird die Beurteilung und der Nachweis der dauernden Leistungsfähigkeit weder der Kommune noch der Rechtsaufsichtsbehörde überlassen. Diese Aufgabe wird durch RUBIKON („**R**echner**u**nterstütztes Haushalts**b**ewertungs- und **I**nformationssystem der **Ko**mmune**n**“) nach Maß der gewichten Haushaltskennzahlen automatisiert durchgeführt (§ 17 Abs. 2 S. 1 und Abs. 3 S. 1 GemHVO-Doppik MV). RUBIKON ist ein rechnerunterstütztes Auswertungssystem im kommunalen Haushaltsbereich, in dem jede eingegebene Kennzahl (vor allem der Haushaltsausgleich, die Überschuldung und wesentliche sonstige finanzielle Risiken) unterschiedlich gewichtet, bewertet und mit einer Punktzahl ausgezeichnet wird.[661] Basierend auf der so erhaltenen Gesamtpunktzahl wird die finanzielle Leistungsfähigkeit der Kommune in

---

657 Keilmann/Gnädinger/Volk, ZKF 2020, 25, 28.

658 Georg/Gnädinger/Hardt, Der Gemeindehaushalt 2019, 110, 111; dies., VM 2018, 72, 75. Dazu Rechnungshof Hessen, Bemerkungen 2014, Drucksache 19/1809 v. 19.5.2015, S. 153 empfahl dem Innenministerium, landeseinheitliche Arbeitshilfen auch für die Genehmigung von Kassen- und Investitionskrediten zu erstellen.

659 Vgl. Hafner, in: Kommunale Nachhaltigkeit, S. 175, 176.

660 Georg/Gnädinger/Hardt, Der Gemeindehaushalt 2019, 110, 111; dies., VM 2018, 72, 75.

661 Vgl. Anlage 6 zur GemHVO-GemKVO-DoppVV MV, Beurteilung und Nachweis der dauernden Leistungsfähigkeit von Kommunen (KommLeist-VV), S. 1 ff.; Landtag Mecklenburg-Vorpommern, Drucksache 7/1511 v. 12.12.2017, S. 6 f. und 60; zum Ganzen Landtag Mecklenburg-Vorpommern Drucksache 6/3273 v. 25.9.2014, S. 1 ff.; MI Mecklenburg-Vorpommern, RdErl., Beurteilung der dauernden Leistungsfähigkeit von Kommunen, II 320-174.3.60 v. 10.1.2007, S. 5.

vier Leistungsgruppen in Form des erweiterten Ampelsystems eingestuft: eine gesicherte (grün), eingeschränkte (gelb), gefährdete (orange) oder weggefallene (rot) dauernde Leistungsfähigkeit (§ 17 Abs. 3 S. 1 und 2 GemHVO-Doppik MV).[662] Dazu kann die Kommune ihre eigene Einschätzung bzw. Sonderprobleme anmerken, wenn besondere Faktoren existieren, die nicht in der numerischen Datenauswertung enthalten sind.[663]

Die Handlungsspielräume der Aufsichtsbehörde sind in Abhängigkeit dieser Abstufung auszuüben.[664] Gesetzlich ist die Erteilung der Genehmigung für die investiven Kreditaufnahmen nur möglich, wenn die Kredite keine negativen Folgewirkungen auf den Haushalt haben, sofern die dauerhafte Leistungsfähigkeit als eingeschränkt, gefährdet oder weggefallen eingestuft wird (§ 17 a Abs. 3 GemHVO-Doppik MV). Nach den bisherigen Erfahrungen in der Praxis scheint dies jedoch nicht zu bedeuten, dass die aufsichtliche Entscheidung zur Genehmigungserteilung an die Ergebnisse von RUBIKON gebunden ist. Es gibt einen Fall, in dem die Aufsichtsbehörde trotz der weggefallenen dauernden Leistungsfähigkeit einer Kommune ihre Haushaltssatzung einschließlich neuer Investitionsverschuldung vollständig genehmigt hat, mit der Begründung, dass ein hoher Schuldenabbau aufgrund einer erheblichen Tilgung geplant war.[665] In einem anderen Fall wurde bei der Entscheidung über die Erteilung der Kreditgenehmigung auch die Frage der Wirtschaftlichkeit des Investitionsvorhabens berücksichtigt.[666]

---

662 Anlage 6 zur GemHVO-GemKVO-DoppVV MV, Beurteilung und Nachweis der dauernden Leistungsfähigkeit von Kommunen (KommLeist-VV), S. 2 f.

663 Anlage 6 zur GemHVO-GemKVO-DoppVV MV, Beurteilung und Nachweis der dauernden Leistungsfähigkeit von Kommunen (KommLeist-VV), S. 3.

664 MI Mecklenburg-Vorpommern, RdErl., Beurteilung der dauernden Leistungsfähigkeit von Kommunen, II 320-174.3.60 v. 10.1.2007, S. 8 ff. stellt die Handlungsnotwendigkeiten in jeder Leistungsgruppe für die Kommunen und für die Rechtsaufsichtsbehörden dar, die einen Beispielcharakter haben.

665 MI Mecklenburg-Vorpommern, Rechtsaufsichtliche Entscheidungen zur Haushaltssatzung 2013 des Landkreises Rostock, 12.7.2013, II-174-6100V-2013/003-001, S. 7.

666 MI Mecklenburg-Vorpommern, Rechtsaufsichtliche Entscheidungen zur Haushaltssatzung 2018 des Landkreises Ludwigslust-Parchim, 29.3.2018, II 320-174-6100Z-2018/019-001, S. 4.

c) *Die potenzielle Standardisierung der Aufsichtstätigkeiten in der Doppik*

Die Haushaltsreform auf kommunaler Ebene zielte auf eine transparente Offenlegung der finanziellen Situation ab.[667] Die doppischen Daten tragen dazu bei, dass die Kommune und die Aufsichtsbehörde anhand aussagekräftiger Haushaltsziffern ohne unverhältnismäßige Kosten oder Bemühungen die aktuelle Haushaltslage erkennen. Prägend ist dabei, dass das kennzahlbasierte Bewertungssystem wie z. B. KASH oder RUBIKON „eine landeseinheitliche, standardisierte Beurteilung der dauernden Leistungsfähigkeit"[668] sicherstellt. Eine solche objektive Beurteilung der Einhaltung haushaltsrechtlicher Vorschriften kann zu einer einheitlichen Handhabung der Aufsichtsbehörde führen. Dies kann ein weiterer wesentlicher Vorteil der Doppikeinführung sein.

Die standardisierte Kommunalaufsicht, die eine Kommune nicht ohne sachgemäßen Grund differenziert behandelt, entspricht dem Gebot der interkommunalen Gleichbehandlung.[669] Die Vorhersehbarkeit des aufsichtlichen Einschreitens ermöglicht es der Kommune, den Haushalt planmäßig zu schonen, indem gezeigt wird, in welcher Grenze die Unwirtschaftlichkeit bzw. die Fehlbeträge sanktioniert werden. Es wäre sinnvoll, dass hinsichtlich der Aufsichtstätigkeiten die Erfahrungen und Fälle in den anderen vergleichbaren Kommunen als Referenzdaten akkumuliert werden. Es lässt sich so darstellen, dass sich die Kommunalaufsicht in der Doppik auf dem Weg von Opportunitätsprinzip hin zum Legalitätsprinzip bewegt. Dies bedeutet jedoch nicht, dass Starrheit in der Kommunalaufsicht herbeigeführt werden sollte, da eine ziffernmäßige Beurteilung in öffentlicher Verwaltung nicht immer vollständig die Haushaltslage erklären kann.[670] Die Aufsichtsbehörde sollte weiterhin mit einem plausiblen Grund ihre Aufsichtsbefugnis jederzeit verwenden können.

---

667 Finger, Staatsverschuldung und Verwaltungsreform in der Demokratie, S. 163.

668 Landtag Mecklenburg-Vorpommern, Drucksache 6/3273 v. 25.9.2014, S. 1.

669 Zum Gebot der interkommunalen Gleichbehandlung in der Rechtsprechung und Literatur Klicki, Das Gebot der interkommunalen Gleichbehandlung.

670 Vgl. Fischer, JZ 1982, 6, 7 f.; Kirchner, in: Wirkungsforschung zum Recht III, S. 33, 41; Winter, Kritische Justiz 2001, 300, 317.

E. Verwirklichungsmöglichkeiten der Doppik-basierten wirksamen Kommunalaufsicht

Im vorausgehenden Kapitel wurde ein Potenzial zur Intensivierung der Kommunalaufsicht über die Haushaltswirtschaft der doppisch buchenden Kommunen dargestellt. Dabei ging es um das verstärkte rechtliche Können der Kommunalaufsicht, indem das neue Haushaltswesen dazu beiträgt, Rechtsverstöße der Kommunen objektiv zu erkennen und zu beurteilen. Vor diesem Hintergrund ist zu untersuchen, ob diese Doppik-basierte wirksame Kommunalaufsicht tatsächlich umsetzbar ist. Hier wird den möglichen Störungsfaktoren nachgegangen. Könnte die Aufsichtsbehörde die durch die besondere organisatorische Ausstattung, eine mögliche politische Einflussnahme und das nicht hinreichend betriebene Controlling bedingten Einschränkungen überwinden und die Haushaltsaufsicht wirksam durchführen?

I. Die Frage der Aufsichtskapazitäten angesichts der organisatorischen Ausstattung in Niedersachsen

Die Abkehr von dem kameralen zugunsten des doppischen Haushaltswesens ist mit einem erheblichen Aufwand verbunden.[671] Die Beschäftigten einschließlich des Aufsichtspersonals mussten fortgebildet werden, um die Doppik zu verstehen und den Umgang mit der neuen Software zu erlernen.[672] Des Weiteren kann eine verstärkte Effizienz- und Effektivitätskontrolle, um mit der wirtschaftlichen Ausrichtung der NSM-Reformkonzepte Schritt zu halten, die Aufsichtsbehörde belasten.[673]

671 Vgl. Janda/Ahl, DÖV 2014, 749, 750.

672 Landtag Schleswig-Holstein, Drucksache 18/3037 v. 9.6.2015, S. 3. Nach der Evaluation des Landes Sachsen-Anhalt machen die Schulungskosten einen großen Teil der geschätzten Gesamtkosten zur Einführung der Doppik aus (Weiß, Evaluation der DOPPIK-Einführung in den Kommunen des Landes Sachsen-Anhalt, S. 19 f.).

673 In Deutschland wird die Umorientierung der Finanzkontrolle der Rechnungshöfe in Verbindung mit der Verwaltungsreform in eine verstärkte Wirtschaftlichkeitsprüfung herausgestellt. Dazu konkret Eichhorn, in: Haushaltsreform und Finanzkontrolle, S. 55, 59 ff.

Ist die Aufsichtsbehörde unter diesen Umständen überfordert, wenn sie eine tiefgreifende Überwachung mithilfe der Doppik zu übernehmen hat? Um dies zu beantworten, wird im Folgenden hauptsächlich darauf eingegangen, ob die Aufsichtsbehörde die für diese eingehende Kontrolle erforderlichen personellen und finanziellen Ressourcen hat. Aufgrund der fehlenden empirischen Grundlage kann dies jedoch nicht genau berechnet, sondern bloß aus einigen Hinweisen entnommen werden.

Das Land Niedersachsen wählte bei der Zuständigkeitsverteilung für die Kommunalaufsicht einen Sonderweg.[674] Die Kommunalaufsichtsbehörde für die Landkreise, die Region Hannover, die kreisfreien Städte, die großen selbständigen Städte, die Landeshauptstadt Hannover und die Stadt Göttingen ist das Innenministerium (§ 171 Abs. 1 NKomVG). Für die übrigen kreis- bzw. regionsangehörigen Gemeinden sowie die Samtgemeinden sind die Landkreise bzw. die Region Hannover die untere Kommunalaufsichtsbehörde und das Innenministerium die oberste Kommunalaufsichtsbehörde (§ 171 Abs. 2 und 3 NKomVG). Dieser zweistufige Verwaltungsaufbau wird unter den Schlagwörtern „Kommunalisierung“ und „Abschaffung der Mittelinstanzen“ zusammengefasst. Es sollte näher erläutert werden, ob dies zu einem Mangel an der Aufsichtsfähigkeit geführt hat.

1. Die Kommunalisierung

Während in den meisten anderen Ländern die untere Kommunalaufsichtsbehörde (Landrat) als staatliche Verwaltungsbehörde tätig ist, wird die niedersächsische untere Aufsichtsbehörde immer als kommunale Selbstverwaltungsbehörde eingestuft (Kommunalisierung der Staatsaufsicht).[675]

Nach Knemeyer ist die Kommunalaufsicht ihrem Wesen nach die Staatsaufgabe, die durch die Staatsbehörde durchgeführt werden muss.[676] Demzufolge sollte dem für die Kommunalaufsicht zuständigen Landrat bzw. Landratsamt eine sog. „Janusköpfigkeit“ zugeschrieben werden.[677] Es wäre dennoch zu einfach, wenn angenommen würde, dass ein Landrat, der als staatliche Behörde tätig ist, bei den Aufsichtstätigkeiten völlig unabhängig funktionieren kann, obwohl er tatsächlich unausweichlich unter dem Einfluss der Lokalpolitik steht.

---

674 Brüning/Vogelgesang, Die Kommunalaufsicht, Rn. 134.

675 Brüning/Vogelgesang, Die Kommunalaufsicht, Rn. 131; Knemeyer, in: Handbuch der kommunalen Wissenschaft und Praxis, § 12 Rn. 43.

676 Knemeyer, in: Handbuch der kommunalen Wissenschaft und Praxis, § 12 Rn. 9.

677 Brüning/Vogelgesang, Die Kommunalaufsicht, Rn. 134.

Entscheidend sollte für eine sachgerechte Ausübung der Kommunalaufsicht keine Rechtsstellung der Aufsichtsbehörde, sondern eher der Aufsichtsmaßstab sein. Die Übertragung der Kommunalaufsicht auf die Landkreise ändert ihren Charakter als bloße Rechtsaufsicht nicht.[678]

Zu bemerken ist, dass in der Praxis die Aufsichtsmaßnahmen im Wege der Kommunalaufsicht durch das Innenministerium, die Landkreise und die Region Hannover in Niedersachsen seit 2015 nur in seltenen Fällen verhängt werden.[679] Die Landesregierung beurteilt diese Anzahl der eingesetzten Aufsichtsmaßnahmen und stellt fest, dass sich die aktuelle Arbeitsstruktur der Kommunalaufsicht bewährt.[680] Demnach steht die Aufsichtsbehörde in einem engen vertrauensvollen und konstruktiven Verhältnis zu den Kommunen und ist bereit, nicht nur die Überwachungs-, sondern auch die Beratungsfunktion in angemessener und nachhaltiger Weise wahrzunehmen.[681] Hingegen wurde dort die geringe Personalausstattung oder die fehlende Fachkompetenz der Aufsichtsbehörden gar nicht thematisiert.

2. Die Abschaffung der Bezirksregierungen

In Niedersachsen wurde infolge der Verwaltungsstrukturreform die Bezirksregierung, die bis 2005 als obere Kommunalaufsichtsbehörde diente, abgeschafft (Art. 1 – Gesetz zur Auflösung der Bezirksregierungen in Gesetz zur Modernisierung der Verwaltung in Niedersachsen vom 5. 11 2004). Danach wird die Staatsaufsicht über die Kommunen gemäß § 171 NKomVG nur in zwei Instanzen, und zwar durch die Landkreise (bzw. die Region Hannover) und das Innenministerium ausgeübt. Ziel dieser Ablösung der Mittelinstanz war eine schlanke, aber leistungsfähige Verwaltung.[682] Konkret ging es darum, die unnötige Doppelverwaltung zu vermeiden und Stellen- und Haushaltseinsparungen

---

678 BVerfG, Beschl. v. 21.6.1988 - 2 BvR 602/83, openJur 2011, 118381, Rn. 38.

679 Landtag Niedersachsen, Drucksache 18/7114 v. 27.7.2020, S. 2 f.

680 Landtag Niedersachsen, Drucksache 18/7114 v. 27.7.2020, S. 4.

681 Ebd.

682 Innenminister Uwe Schünemann präsentiert das Gesamtkonzept der Verwaltungsmodernisierung: „Niedersachsen wird durch einen zweistufigen Verwaltungsaufbau künftig eine schlanke, leistungsfähigere und transparente Landesverwaltung haben." (MI Niedersachsen, Presseinformationen, abrufbar unter https://www.mi.niedersachsen.de/startseite/aktuelles/presseinformationen/-60912.html, zuletzt 6.9.2021). Siehe auch Häusler, NdsVBl. 2004, 145, 145 ff.

für den Landeshaushalt zu erzielen.[683] Demgemäß wurden nach einer Erhebung von Bogumil und Kottmann die Kommunalaufsichtskräfte von 24 Stellen in den Bezirksregierungen (vor allem im Bereich der Haushaltsüberwachung der Kommunen) auf 14 Stellen im Ministerium reduziert.[684] Dies wirft Bedenken hinsichtlich der Frage auf, ob die schlankere Personalausstattung zu einer Vernachlässigung der Aufsichtsfunktion führen könnte.

Es bestehen bisher keine gesicherten Erkenntnisse darüber, ob die reduzierten Personalressourcen eine Verschlechterung der Aufsichtskompetenz mit sich gebracht haben.[685] Sicher ist allerdings, dass in Niedersachsen eine Aufsichtsführung zentralisiert wurde.[686] Die Landesregierung hat diese Zentralisierung der Aufsichtsaufgaben weithin als positiv beurteilt.[687] Die landeseinheitliche Kommunalaufsicht durch das Innenministerium kann insbesondere das Problem interkommunaler Differenzierung vermeiden, das im Falle der Haushaltsaufsicht häufig auftritt.[688] Ferner trägt der einheitliche Rechtsvollzug nach Einschätzung der Landesregierung dazu bei, dass auch mit weniger Personal der Austausch mit den Kommunen nicht geringer als die Situation vor Abschaffung der Bezirksregierungen ist.[689]

---

683 Bogumil/Kottmann, Verwaltungsstrukturreform – die Abschaffung der Bezirksregierungen in Niedersachsen, S. 68; Häusler, NdsVBl. 2004, 145, 145 f.

684 Bogumil/Kottmann, Verwaltungsstrukturreform – die Abschaffung der Bezirksregierungen in Niedersachsen, S. 68.

685 Vgl. Bogumil/Kottmann, Verwaltungsstrukturreform – die Abschaffung der Bezirksregierungen in Niedersachsen, S. 68 wiesen darauf hin, dass die Auswirkung der Verwaltungsstrukturreform auf die Kommunalaufsicht nicht klar ist, da Gegenstände der Reform weit über die Belange der Kommunalaufsicht hinausgehen, aber angesichts der großen Einsparung künftig die Haushaltsüberwachung der Kommunen nur noch stichprobenartig erfolgen könnte.

686 Bogumil/Kottmann, Verwaltungsstrukturreform – die Abschaffung der Bezirksregierungen in Niedersachsen, S. 6.

687 Landtag Niedersachsen, Drucksache 18/7114 v. 27.7.2020, S. 4.

688 Vgl. Dahm, Das Neue Steuerungsmodell auf Bundes- und Länderebene sowie die Neuordnung der öffentlichen Finanzkontrolle in der Bundesrepublik Deutschland, S. 285; Keilmann/Gnädinger/Volk, ZKF 2020, 25, 28.

689 Landtag Niedersachsen, Drucksache 18/7114 v. 27.7.2020, S. 4. Auf die Frage nach den Vor- und Nachteilen der derzeitigen Aufsichtsweise nach der Abschaffung der Bezirksregierung nannte die Landesregierung überwiegend die Vorteile.

II. Politische Unabhängigkeit bei der Gestaltung von Aufsichtsentscheidungen

Ein politischer Einfluss auf die Kommunalaufsicht kann tatsächlich nicht vollständig ausgeschlossen werden, obwohl sich ihre Prüfungsmaßstäbe auf die Rechtmäßigkeit beschränken müssen.[690] Zu fragen ist dabei, ob die Aufsichtsbehörde durch ihre datenbasierte und objektivierte Handhabung Konflikte um die politische Einflussnahme leichter überwinden könnte.

1. Problemstellung

a) Allgemeines über die politische Einflussnahme auf die Kommunalaufsicht

Niemand würde in Wirklichkeit davon ausgehen, dass nur das Recht in der Entscheidungsfindung einen absoluten Wert hat. Bei der Ermessensausübung können auch die Entscheidungen der Aufsichtsbehörde in die eine oder andere Richtung ausfallen, obwohl jede Entscheidung auf derselben Rechtsgrundlage beruht.[691] Krebs stellte in diesem Sinne fest, dass auch die Kontrolle „ein mehr oder minder großes volitives Element" enthält.[692] Bei der Kommunalaufsicht sind jedoch die zweckmäßigen bzw. politischen Elemente nur negativ behaftet. Denn solche Einflüsse auf die Kommunalaufsicht sind letztendlich darauf ausgerichtet, die Kommunalverwaltung in eine gewollte Richtung zu lenken. Dies kann zu einer Bedrohung für die kommunale Selbstverwaltung führen.

Problematisch ist, dass die Landkreise bzw. die Region Hannover, die für die Kommunalaufsicht zuständig sind, originär die politische Verantwortung für die Bürger tragen (vgl. § 4 Abs. 2 NKWG). Da der Umgang mit finanziellen Ressourcen für jede Machtausübung unerlässlich ist[693], kann die politische Haltung der Aufsichtsbehörde in enger Verbindung mit eigenen Interessen und der Haushaltsaufsicht über die nachgeordneten Kommunen stehen.

---

690 Bertelsmann Stiftung, Die Kommunale Finanzaufsicht 2017, S. 15; Frei/Rösel, in: Haushalts- und Finanzwirtschaft der Kommunen in der Bundesrepublik Deutschland, S. 691, 699; Hahn/Groß, Der Gemeindehaushalt 2019, 184, 184.

691 Vgl. Bertelsmann Stiftung, Die Kommunale Finanzaufsicht 2017, S. 15.

692 Krebs, Kontrolle in staatlichen Entscheidungsprozessen, S. 37 und 79.

693 Vgl. Thieme, in: Haushaltsplanung – Haushaltsvollzug – Haushaltskontrolle, S. 153, 165.

In einigen Ländern wird somit eine Übertragung der Aufsichtskompetenz auf die höhere Ebene vorgenommen.[694] Dies firmierte unter dem Schlagwort „Hochzonung"; eine Zuständigkeit beim Innenministerium als oberster Kommunalaufsichtsbehörde ist von Vorteil, wenn trotz lokalem Widerstand starke Eingriffe in die kommunale Haushaltswirtschaft durchgeführt werden müssen.[695] Insbesondere wird im Falle der Teilnahme der Kommunen an einem Entschuldungsprogramm eine verstärkte und unabhängige Rolle der obersten Aufsichtsbehörde besonders betont, um selbst unpopuläre Einsparmaßnahmen einheitlich umzusetzen.[696] Umgekehrt könnte die politische Einflussnahme auf Aufsichtsbehörden demokratisch legitim sein, insofern der Wille der Kommunalpolitik den Aufsichtsbehörden übermittelt wird.[697]

Aus juristischer Sicht ist es belanglos, herauszufinden, welchen Motivationen oder Einflussfaktoren die Aufsichtsbehörde in ihrem Entscheidungsvorgang unterliegt, soweit sie das ihr eingeräumte Ermessen pflichtgemäß ausübt. Die Notwendigkeit der Diskussion über die politische Unabhängigkeit der Aufsichtsbehörde ist vielmehr eng mit der Verhinderung von einer willkürlichen Differenzierung zwischen den Aufsichtsadressaten verbunden. Die Zweifel an der Objektivität der Aufsichtsbehörde entstehen daraus, dass die Aufsichtsbehörde aus sachfremden Gründen einzelne Kommunen begünstigt oder benachteiligt.[698] In diesem Sinne bezieht sich der besonders hervorgehobene Punkt auf eine explizite und einheitliche Umsetzung des Haushaltsrechts.

b) Politik-bezogene interkommunale Konfliktfälle

Hier wird ein Überblick über die häufig diskutierten Fälle in Bezug auf den Politikbezogenen Konflikt zwischen der Aufsichtsbehörde und der Kommune gegeben. Die Landkreise überprüfen als Kommunalaufsichtsbehörde die Rechtmäßigkeit

694 Ebinger/Person/Zabler, in: Haushalts- und Finanzwirtschaft der Kommunen in der Bundesrepublik Deutschland, S. 761, 784 f.

695 Ebd.

696 Dies wurde hauptsächlich in Bezug auf Stärkungspakt in Nordrhein-Westfalen und Schutzschirm in Hessen diskutiert. Bertelsmann Stiftung, Die Kommunale Finanzaufsicht 2017, S 21 ff.; Person/Zabler, ZKF 2017, 1, 1 ff.

697 Bertelsmann Stiftung, Die Kommunale Finanzaufsicht 2017, S. 15.

698 Vgl. VG München, Urt. v. 10.05.2016 – M 2 K 15.1642. Die Kommune behauptete, dass eine rechtsaufsichtliche Beanstandung ihr gegenüber willkürlich und ermessensfehlerhaft ist, wenn die Aufsichtsbehörde bei zahlreichen anderen Kommunen nicht tätig ist. Diese Klage wurde aber abgewiesen.

der kommunalen Haushaltswirtschaft und setzen als Gemeindeverband gemäß § 15 NFAG die Höhe der Kreisumlage fest.[699] Zu beachten ist, dass die Erhöhung der Kreisumlage bessere finanzielle Bedingungen für die Landkreise schafft, aber die kreisangehörigen Gemeinden damit belastet sind. Die Kommunen können das Gefühl haben, durch die Kommunalaufsicht finanziell unfair kontrolliert zu werden, wenn bei den beaufsichtigten, die Kreisumlage zahlenden Gemeinden der Eindruck entsteht, dass der Kreis nicht vergleichbar kostensparend arbeitet.[700] Dennoch findet der Gedanke des § 171 Abs. 4 NKomVG bei der Festsetzung der Kreisumlage keine Anwendung.[701]

Des Weiteren kann die Frage der Ungleichbehandlung der Aufsichtsadressaten aufgeworfen werden. Eine differenzierte Handhabung der Aufsichtsbehörde ist ohne sachlichen Grund nicht vertretbar, da die Kommunalaufsicht „dem im Rechtsstaatsprinzip verankerten objektiven Willkürverbot“[702] und dem Gebot interkommunaler Gleichbehandlung unterliegt.[703] Problematisch ist vor allem, dass eine Willkür und Ungleichbehandlung bei der Kommunalaufsicht eine Gefahr verstärken kann, dass eine Kommunalpartei im politischen Kampf mit der anderen Partei die Aufsichtsmaßnahmen als Mittel verwendet, um einen Plan der anderen Partei zu hintertreiben.[704]

2. Eine mögliche Auswirkung der Einführung der Doppik auf die Anwendung des Gebots der interkommunalen Gleichbehandlung

Das doppische Haushaltssystem kann die praktische Bedeutung des Gebots der interkommunalen Gleichbehandlung stärken. Denn die aussagekräftigen Finanz- und Leistungsinformationen können als Darlegungen oder Beweise der

---

699 Vgl. Landesrechnungshof Niedersachsen, Kommunalbericht 2020, S. 103 ff. Die Kreisumlage ist die größte Ertragsquelle der Landkreise, die keine eigenen Steuern außer der Jagdsteuer erheben können.

700 Vgl. Klicki, Das Gebot der interkommunalen Gleichbehandlung, S. 168.

701 Dazu Landtag Niedersachsen, Drucksache, 18/9075, 20.4.2021, Entwurf eines Gesetzes zur Änderung des Niedersächsischen Kommunalverfassungsgesetzes und anderer kommunalrechtlicher Vorschriften, zu Nr. 26, S. 30.

702 Nds. StGH, NdsVBl. 2010, 236, 241 f. mwN. Zum Willkürverbot siehe auch BVerfGE 91, 228, 244.

703 Vgl. dazu Nds. StGH, NdsVBl. 2013, 187, 190; Klicki, Das Gebot der interkommunalen Gleichbehandlung, S. 156 ff.; Mehde, in: Maunz/Dürig (Hrsg.), Grundgesetz-Kommentar, Art. 28 Abs. 2 Rn. 174.

704 Vgl. Dreßler, Kommunalpraxis SW Nr. 7/8/98, 231, 231.

Aufsichtsentscheidungen dienen.[705] Sie bieten also eine solidere Bemessungsgrundlage, ob die Aufsichtsbehörde auf die Haushaltsprobleme jeder Kommune nach einheitlichen Maßstäben reagiert hat. Daraus lässt sich schließen, dass die Doppik-basierte Kommunalaufsicht eher objektiv und unabhängig von politischen Einflüssen sein kann, indem die Überprüfung von Verstößen gegen den Gleichbehandlungsgrundsatz erleichtert wird.

Wie oben in D. IV. dargestellt, wurde in einigen Ländern ein Wunsch nach klaren Standards der Aufsicht durch das kennzahlbasierte Auswertungssystem für die rechtliche Beurteilung dauernder Leistungsfähigkeit der Kommunen teilweise realisiert. Es wird erwartet, dass die Weiterentwicklung des Kennzahlensystems der besseren Vergleichbarkeit der Aufsichtsmaßnahmen dient und eine differenzierte Handhabung der Kommunalaufsicht leichter aufdecken könnte.

III. Informationsbereitstellung durch das Controlling

Es besteht kein Zweifel daran, dass das Controlling, das sich um das Erreichen der Ziele in der Haushaltswirtschaft kümmert und die Informationen darüber aufbereitet, ein sehr wesentliches Steuerungsinstrument ist.[706] Mit der Ausübung des Unterrichtungsrechts nach § 172 NKomVG kann die Aufsichtsbehörde auf den Datenbestand der Controllingstelle zugreifen. Der Zugang auf dieses Datenmaterial schafft eine verbesserte Prüfungsgrundlage vor allem für die Effizienz- und Effektivitätskontrolle, soweit das Controlling sachgerecht funktioniert. Denn bei dem Controlling können die Zielerreichung und die Wirtschaftlichkeit des Mitteleinsatzes in den ganzen Verwaltungsabläufen zeitnah analysiert werden. Dadurch kann die Aufsichtsbehörde erforderliche Informationen für die begleitende Kommunalaufsicht einholen, früher als im kommunalen Jahresabschluss, der erst nach Ablauf eines Haushaltsjahres erstellt wird. Dies ist eine essenzielle Voraussetzung für die wirksame Kommunalaufsicht.

Gleichwohl sollte die Aufsichtsbehörde eine Controllingstelle hinsichtlich der Informationen nicht überfordern. Wenn sie aufgrund von Daten des Controllings übermäßige Aufsichtsmaßnahmen verhängt, könnte die Kommune aus Angst vor Eingriffen eher das Controlling und die Erstellung des Berichtswesens vermeiden. Zu beachten ist, dass das Controlling grundsätzlich nicht auf die externe Kontrolle, sondern auf die verwaltungsinterne selbständige Output- und

705 Vgl. Speier-Werner, Public Change Management, S. 70 f.

706 Bachmann, Controlling für die öffentliche Verwaltung, S. 162; Pieper/Kasten/Mosiek/Gerhardt, VM 2006, 245, 245; Schubert, ZKF 2018, 1, 1 ff.

Wirkungssteuerung ausgerichtet ist.[707] Die Aufsichtsbehörde sollte die Entwicklung des Controllings vorantreiben, damit die Zielerreichung öffentlicher Ausgaben besser gesteuert werden kann.[708] Im Landkreis Osnabrück gehören die Kommunalaufsicht und das Controlling zu dem gleichen Budget.[709] Der Fachbereich in einem Landkreis nimmt also das Controlling für seinen Haushalt wahr und könnte ferner als Kommunalaufsichtsbehörde das Controlling der kreisangehörigen Gemeinden hinsichtlich der Leistungserbringungen unterstützen.

707 Promberger, Controlling für Politik und öffentliche Verwaltung, S. 35 ff.

708 Vgl. Thieme, VM 1995, 88, 90 wies darauf hin, dass die Verwaltung willkürlich schlecht arbeiten kann, wenn die Unwirtschaftlichkeit gar nicht sanktioniert wird.

709 Landkreis Osnabrück, Produkthaushalt 2020, S. 113 ff., abrufbar unter https://www.landkreis-osnabrueck.de/sites/default/files/2020-08/haushalt-2020-final.pdf, zuletzt 6.9.2021.

F. Zusammenfassung und Schlussbetrachtung

1

Es ist davon auszugehen, dass die Rechtsgrundlagen der Kommunalaufsicht eine inhärente Unbestimmtheit haben und dass diese je nach Bedarf in der Praxis flexibel gestaltet werden kann. In der aktuellen Fassung sind vor allem folgende drei Merkmale der Kommunalaufsicht von großer Bedeutung: (i) Im Blickpunkt steht die kooperative Kommunalaufsicht in der Vertrauensbeziehung mit den Kommunen. Gleichwohl führt dies nicht zur Abschwächung der Überwachungsfunktion der Kommunalaufsicht. (ii) Unter dem Blickwinkel der Generationengerechtigkeit können die Überwachungs- und die Schutzfunktion der Kommunalaufsicht ineinander übergehen. Denn die strengere Überwachung gegen den aktuellen verschwenderischen Umgang mit Ressourcen dient zum Schutz der Entschlusskraft der zukünftigen Generationen. (iii) Es ist darauf hinzuweisen, dass die Beratung und die Unterrichtung eine faktische Kontrollwirkung haben können, obwohl sie theoretisch zu den präventiven Aufsichtsmitteln zugunsten der kommunalen Entschlusskraft zählen. Insbesondere können die Beratung vor der repressiven Kommunalaufsicht und die übermäßigen Informationsersuchen dafür als Beispiel dienen.

2

Die Beratung ist formlos. Alle Arten von Ratschlägen der Aufsichtsbehörde, nämlich Telefonate, schriftliche Antworten, Teilnahme an Sitzungen des Gemeinderates, Informationsbereitstellungen durch Runderlass usw. sind als Beratung einzustufen. Ihre wesentlichen Funktionen zeichnen sich vor allem darin aus: (i) Durch die Beratung können die Kommunen hochqualitative informative Hilfestellung der Aufsichtsbehörde bekommen. (ii) Die rechtlichen Zweifelsfragen können vorher im Zuge der Beratung geklärt werden. (iii) Im Beratungsgespräch kann eine Lösung gemeinsam gesucht werden, um einen gewissen Plan der Kommune zu verwirklichen. Im Haushaltsbereich ist es wenig sinnvoll zu fragen, wann die aufsichtliche Beratung an ihre Grenze stößt. Obwohl sich die Beratung auf Rechtsfragen beschränken muss, kann jede Haushaltsentscheidung in Anbetracht der Haushaltsgrundsätze, nämlich der Grundsätze der Sparsamkeit und Wirtschaftlichkeit, Beratungsgegenstand sein. Die Kommune kann sich mit der Aufsichtsbehörde sogar über die Zweckmäßigkeitsfragen beraten, soweit die beiden sich darauf einigen. In der Praxis gibt es kaum die Möglichkeit bzw. Notwendigkeit, die Beratungsintensität oder -häufigkeit einzuschränken.

3

Der Gesetzgeber bedarf zu wesentlichen Teilen des Haushaltsplans der Genehmigung der Aufsichtsbehörde als Bedingung für seine Rechtswirksamkeit. Die genehmigungsbedürftigen Angelegenheiten sind vor allem wie folgt: die Aufnahme der Kredite für Investitionen und Investitionsförderungsmaßnahmen, der Gesamtbetrag der Verpflichtungsermächtigungen, der Höchstbetrag der Liquiditätskredite, die Hebesätze für die Kreis- bzw. Regionsumlage, kreditähnliche Rechtsgeschäfte und die Bestellung von Sicherheiten. Dabei handelt es sich also um die Geschäfte, die gegenwärtig oder zukünftig finanzielle Belastungen der Kommunen mit sich bringen. Das Genehmigungsverfahren trägt zur effektiven Prävention verborgener Haushaltslasten und zur generationengerechten Gesamtbudgetverwaltung bei. Hinsichtlich der Haushaltsfragen muss nicht argumentiert werden, ob die Aufsichtsbehörde bei der Genehmigungserteilung über die Belange der Rechtsaufsicht hinaus Mitwirkungsrechte hat. Denn die Entscheidung über die Genehmigung hängt nach den Gesetzen maßgebend davon ab, ob die dauernde finanzielle Leistungsfähigkeit der Kommune sichergestellt werden kann. Nach Einführung der Doppik wird diese Beurteilung der Leistungsfähigkeit erleichtert, indem detaillierte Kriterien für die dauernde Leistungsfähigkeit und aussagekräftige Informationen über die Haushaltslage bereitgestellt werden.

4

In der Rechtsprechung erfährt die repressive Kommunalaufsicht eine entscheidende Wende mit dem Schwerpunkt, dass die Aufsichtsbehörde in der Haushaltsnotlage aktiv tätig werden kann, anstatt sich zurückzuhalten. Die defizitäre Haushaltslage ist die Folge einer Vielzahl einzelner Entscheidungen, sodass grundsätzlich alle Entscheidungen über Einnahmen und Ausgaben unter Kommunalaufsicht stehen können. Gleichwohl greift die Aufsichtsbehörde tendenziell vorrangig in die Einnahmenseite ein, um den politischen Willen der Kommunen auf der Ausgabenseite nicht zu behindern. Da ein Beurteilungsspielraum hinsichtlich der Anwendung der unbestimmten Rechtsbegriffe nur den Kommunen eingeräumt wird, beschränkt sich die Kommunalaufsicht auf die Vertretbarkeitskontrolle. Das BVerwG stellte jedoch fest, dass der Spielraum der Kommune für die Konkretisierung des Sparsamkeits- und Wirtschaftlichkeitsprinzips umso enger ist, je größer oder anhaltender das Haushaltsdefizit ist. Daraus folgt, dass ein Verzicht auf die Einnahmemöglichkeit in der angespannten Haushaltslage als nicht vertretbar beurteilt und eine konkrete Aufsichtsmaßnahme zur

Wiederherstellung eines rechtmäßigen Zustands gefordert wird, soweit keine andere Möglichkeit vorliegt. Es könnten Zweifel entstehen, dass eine solche Erweiterung der Aufsichtstätigkeiten der Zweckmäßigkeitsprüfung nahe kommen würde, aber laut der Verrechtlichungstendenz wurde eine Vielzahl von Zweckmäßigkeitselementen in das Recht eingeführt, sodass die Abgrenzung der Rechtmäßigkeits- und Zweckmäßigkeitskontrolle kaum trennscharf ist.

5

Daraus ist ersichtlich, dass die Haushaltsaufsicht der dominanten Vorstellung der Aufsichtstheorie, die durch die maßvolle und zurückhaltende Handlung gekennzeichnet ist, nicht folgt. Dies liegt vor allem darin begründet, dass die Unbestimmtheit der Überprüfung der Einhaltung gesetzlicher Vorgaben nach der Einführung der Doppik weitgehend überwunden werden kann. Zu beachten ist, dass unbestimmte Rechtsbegriffe im Haushaltsrecht abstrakt, aber nicht unbestimmbar sind. Der Informationszuwachs in der Doppik hilft bei der objektiv begründbaren Entscheidung der Aufsichtsbehörde, dadurch rückt auch das Potenzial der wirksamen Kommunalaufsicht in den Mittelpunkt.

6

Das Kommunalhaushaltsrecht, das die Verhaltensgebote und zugleich die Kontrollmaßstäbe enthält, hat am 1.1.2006 eine fundamentale Reform erfahren. Der Hauptinhalt der Reform lag in dem Umstieg von der Kameralistik auf die Doppik und in der Einführung der betriebswirtschaftlichen Steuerungsinstrumente. Das Reformkonzept basiert weitgehend auf dem Neuen Steuerungsmodell (NSM), das als eine Variante des New Public Management (NPM) seit Anfang der 90er-Jahre eine zentrale Richtung für die Verwaltungsreform im öffentlichen Sektor vorgibt. Demnach sollte die Kommune ihren Fokus verstärkt auf die Erzielung der besseren Ergebnisse der Verwaltungsleistung durch die kaufmännische Buchführung, die Zielvereinbarung, das Controlling, das Benchmarking, usw. richten wie im Privatunternehmen.

7

Die doppelte Buchführung auf kommunaler Ebene (Doppik) ähnelt der kaufmännischen Buchführung. Während in der vorherigen Kameralistik nur Geldflüsse abgebildet werden, wird in der Doppik eine realitätsnahe Darstellung der Haushaltslage durch das Drei-Komponentenmodell vorgenommen: (i) In der Vermögensrechnung (Bilanz) wird die Vermögens- und Schuldenlage der Kommune nach den für die öffentlichen Vermögen konzipierten Bewertungsregeln bewertet und ihre Änderung abgebildet. (ii) In der Ergebnisrechnung werden Wertzuwachs und Werteverzehr als Erträge und Aufwendungen ausgewiesen.

(iii) In der Finanzrechnung werden zahlungswirksame Geschäftsvorfälle als Ein- und Auszahlungen aufgeführt. Diese drei Rechnungen sind nach den Regeln der Bilanztechnik miteinander verbunden; der Überschuss bzw. Fehlbetrag in der Ergebnis- und Finanzrechnung verändert die Vermögensrechnung. Es ist hierbei festzuhalten, dass die Abbildung der Wertveränderung in der Ergebnisrechnung eine zukunftsorientierte Ausrichtung der Haushaltsführung lenken kann. Sie eröffnet Chancen, auch zahlungsunwirksame Wertverluste wie etwa Abschreibungen und Rückstellungen zu betrachten, die in der Kameralistik als implizite Schulden versteckt wurden.

8

In der Doppik gliedert sich der Ergebnishaushalt in eine Vielzahl von Teilergebnishaushalten und der Finanzhaushalt in Vielzahl von Teilfinanzhaushalten. Der Fachbereich erstellt den Teilhaushalt basierend auf den benötigten Produkten, die die aufgabenbezogenen Verwaltungsleistungen sind. Das Produkt dient dort als Grundeinheit zum Effizienz- und Effektivitätskalkül. Für wesentliche Produkte sollten die Leistungsziele und ihr Erreichungsgrad angegeben werden.

9

Die Einführung der Teilhaushalte hängt mit der Delegation der Budgetkompetenz von der Vertretung auf die operativen Fachbereiche zusammen (Dezentralisierung). Bei der Erstellung der Teilhaushalte verfügen die Fachbereiche über die größere Flexibilität beim Umgang mit Finanzen im Vergleich zu der vorherigen Situation, in der die Vertretung die Einzelpläne mit atomisierten Einzeltiteln beschloss. Bei der Ausführung der Teilhaushalte können außerdem die Fachbereiche innerhalb eines Budgets ihre Haushaltsressourcen deckungsfähig und übertragbar anwenden (Budgetierung). Um die Lücke zu ergänzen, die durch die fehlende zentrale Feinsteuerung der Vertretung entstehen kann, wird das Controlling eingerichtet. Die Controllingstelle unterstützt verwaltungsintern die Zielerreichung der Haushaltsführung, überprüft sie durch den Soll-Ist-Vergleich und berichtet darüber.

10

Erwartete Konsequenzen der Haushaltsreform sind vor allem die generationengerechte und ergebnisorientierte Haushaltswirtschaft der Kommunen. Die Literatur wirft jedoch Fragen zu ihrem Erfolg im Hinblick auf das demokratische Legitimationsdefizit und die fehlende Ergebnissteuerung auf. Diese Schwachstelle lässt sich im Wesentlichen auf die unvollkommene Umsetzung der NSM-Reformansätze zurückführen. Solange die Kommune die verbesserte Datenlage für die bessere Steuerung nicht verwendet, kann die Beeinträchtigung des Demokratieprinzips, die sich aus dem Verlust der Detailsteuerungskraft der Vertretung ergibt, nicht kompensiert werden und darüber hinaus ist keine Steigerung der Effizienz und Effektivität des kommunalen Handelns zu erwarten. In diesem Punkt drängt sich die Notwendigkeit der wirksamen Kommunalaufsicht auf, um die Ziele des neuen Haushaltsrechts also die generationengerechte und ergebnisorientierte Haushaltsführung zu erzielen. Die Aufsichtsmaßnahmen können neben der Korrekturfunktion eine motivierende Wirkung haben.

11

Unzweifelhaft ist, dass die Erneuerung des Haushaltssystems die wesentliche Grundlage für die Umsetzung der Verwaltungsmodernisierung bildet. Sofern die Neue Steuerung weitgehend durch die bindenden Rechtsnormen im Haushaltsrecht angestrebt wird, muss die Rolle der Aufsichtsbehörde dementsprechend verändert werden oder veränderbar sein. Die verbesserte Informationslage im doppischen Haushalts- und Rechnungswesen macht die Prüfungslage solider. Die Erwartungen an die Steuerungswirkung der Kommunalaufsicht sind wie folgt: (i) Die Verstärkung der Kommunalaufsicht auf Basis aussagekräftiger Informationen, und zwar die verstärkte Absicherung der Gesetzesbindung kann in höherem Grad eine sachlich-inhaltliche demokratische Legitimation vermitteln. Dadurch könnte die Legitimationslücke kompensiert werden, die aus einer schwachen Rückbindung an das Kommunalvolk in der dezentralisierten Haushaltsstruktur entsteht. (ii) Die Aufsichtsmaßnahme dient auch als Steuerungsmedium, indem in der Praxis die Aufsichtsbehörde einen weiten Entscheidungsspielraum hat und gestaltend tätig sein kann, um abstrakt bestehende Handlungsnormen im Haushaltsrecht umzusetzen. Hierbei ist sie auf die Ergebnissteuerung ausgerichtet. Dies liegt vor allem darin begründet, dass jede Haushaltsentscheidung den umfassenden Grundregeln des Haushaltsrechts unterliegt, die eine Grenze für die Gestaltungsfreiheit der Kommune festlegen.

12

Mit Einführung der Doppik und damit verbundenen geänderten Kriterien zur Beurteilung der dauernden Leistungsfähigkeit hat das Genehmigungsverfahren einen großen Wandel erfahren. Die wichtigsten Beurteilungskriterien der dauernden Leistungsfähigkeit sind, ob im Ergebnishaushalt der Gesamtbetrag der Erträge die Höhe des Gesamtbetrages der Aufwendungen übersteigt oder mindestens erreicht und ob die Nettoposition größer als die Schulden ist. Da im Ergebnishaushalt keine Einnahmen aus Krediten mitgerechnet und die Änderungen der Vermögens- und Schuldenlage infolge der Kreditaufnahme in der Bilanz klar offenbart werden, wird eine genauere Beurteilung der dauernden Leistungsfähigkeit ermöglicht. Auf dieser Basis kann das Schuldenmanagement durch die Aufsichtsbehörde präzisiert werden. Im Genehmigungsverfahren wird nun nicht nur der Gesamtbetrag der Kredite, sondern auch deren Auswirkung auf die Haushaltslage mitberücksichtigt. Die Aufnahme der investiven Kredite, bei denen nachher der Wert investierter Objekte dem Anlagevermögen zugerechnet wird, ist bilanzschonender als bei den konsumtiven Krediten. In diesem Sinne muss eine Neuverschuldung für die Investitionen – abweichend von § 120 Abs. 2 S. 3 NKomVG in Verbindung mit § 23 S. 1 Nr. 1 KomHKVO – auch bei einem nicht ausgeglichenen Haushalt genehmigt werden können, wenn dadurch die Haushaltslage nicht verschlimmert wird (beispielsweise bei rentierlichen Investitionen oder Investitionsplänen mit großteiligen Förderzuschüssen). Die potenziellen negativen Folgen der Haushaltsreform wie etwa Investitionsstau, der auf strengere Genehmigungskriterien zurückgeführt wird, könnten im Wege der Beratung oder Zielvereinbarung bewältigt werden.

13

Eine wirtschaftliche Verwaltung ist im Bereich des Haushaltsrechts definitiv eine Rechtspflicht, aber das Wirtschaftlichkeitsgebot zeigt aufgrund der Messschwierigkeit bisher kaum eine hindernde Wirkung gegenüber der Budgetverschwendung auf. Es ist darauf hinzuweisen, dass mithilfe der Doppik die Wirtschaftlichkeitsaspekte im öffentlichen Sektor wenigstens in einem eingeschränkten Umfang mathematisch dargestellt werden können. Dort wird die Effizienz als Quotient aus Kosten und Leistung in der Kosten- und Leistungsrechnung berechnet, und die Effektivität als Grad der Zielerreichung wird in Form der Kennzahlen offenbart. Die Aufsichtsbehörde kann vor allem durch den Vergleich dieser Indikatoren mit den Ergebnissen in anderen Perioden oder von anderen Kommunen bzw. mit den Durchschnittswerten objektiv überprüfen, ob die Kommune gegen die Grundsätze der Wirtschaftlichkeit und Sparsamkeit verstößt. Wenn nämlich die Kosten einer Leistungserstellung bzw. der Grad der Zielerreichung des Budgeteinsatzes ohne besonderen Grund von einem Soll-Wert erheblich abweichen, kann eine betroffene Entscheidung als unwirtschaftlich beurteilt werden. Die Ineffektivität der Wahrnehmung der Pflichtaufgaben kann sowohl einen Verstoß gegen den Sparsamkeitsgrundsatz als auch eine Nichterfüllung gesetzlicher Pflichten darstellen. In Anbetracht des weiten Beurteilungsspielraums, der bei der Konkretisierung des ökonomischen Prinzips der Kommune zukommt, wäre die Intervention der Kommunalaufsicht nur bei einem evidenten Normverstoß zulässig. Bei der Wirtschaftlichkeitsfrage ist somit die präventive Kommunalaufsicht von erheblicher Bedeutung. In Fällen, in denen die Zusammenarbeit mit der Aufsichtsbehörde notwendig ist wie im Genehmigungsverfahren oder bei der Finanzhilfe des Landes, kann die Aufsichtsdichte dafür erhöht werden.

14

Obwohl eine Bereitstellung der relevanten Indikatoren in einheitlicher Form eine notwendige Voraussetzung für den Vergleich und das Benchmarking ist, obliegt eine Festlegung der Produkte und Kennzahlen innerhalb des verbindlichen Produktrahmens allein den Kommunen. Die Aufsichtsbehörde kann nur die Verbesserung der Aussagekraft der Haushaltsdaten für bestimmte Themenbereiche bei der Beratung oder Zusammenarbeit verlangen. Es wäre aber sinnvoll, dass die Aufsichtsbehörde sich über wesentliche Ausgabenblöcke für die wiederholbaren Angelegenheiten bewusst ist. In Hessen und Mecklenburg-Vorpommern wurde eine objektive und landeseinheitliche Beurteilung der dauernden Leistungsfähigkeit durch den Einsatz des kennzahlbasierten Auswertungssystems versucht. In beiden Systemen werden die als maßgebend erachteten Indikatoren pro Einwohner bewertet und diese Bewertungsergebnisse werden wiederum an ihrer Gewichtung gemessen. Dadurch wird erwartet, dass die Reaktionen der Aufsichtsbehörde entsprechend der automatisch berechneten Haushaltslage standardisiert und vorhersehbar werden können.

15

Die Doppik-basierte wirksame Kommunalaufsicht kann eine Herausforderung darstellen, da ihre Reichweite und Relevanz sich vergrößern sollten. Es scheint jedoch auch in der besonderen Aufsichtsstruktur in Niedersachsen, die durch die Kommunalisierung und die Abschaffung der Bezirksregierung gekennzeichnet ist, nicht an der Aufsichtskapazität dafür zu mangeln. Die Doppik macht eine Aufsichtstätigkeit eher viel einfacher, indem sie ihre Objektivität und Einheitlichkeit verbessert. Dies führt auch dazu, dass die Aufsichtsbehörde mehr von politischen Einflüssen befreit werden kann. Für die Effizienz- und Effektivitätskontrolle ist die Informationsbereitstellung durch das Controlling von erheblicher Bedeutung. Die Aufsichtsbehörde hat zwar Zugang zu den Informationen der Controllingstelle, aber es sollte beachtet werden, dass übermäßige Sanktionen, die auf internen Informationen basieren, eher die Entwicklung der soliden Haushaltssteuerung der Kommune behindern können.

Literaturverzeichnis

Abels, Gabriele (2020): Legitimität, Legitimation und das Demokratiedefizit der Europäischen Union. In: Becker, Peter / Lippert, Barbara (Hrsg.), Handbuch Europäische Union, Wiesbaden, Springer VS, S. 175-193.

Ade, Klaus (1992): Die finanzielle Leistungsfähigkeit der Gemeinden – ein unbestimmter Rechtsbegriff mit Beurteilungsspielraum? In: Der Gemeindehaushalt, Jg. 93, Heft 2, S. 40-45.

Appel, Ivo (2008): Das Verwaltungsrecht zwischen klassischem dogmatischen Verständnis und steuerungswissenschaftlichem Anspruch. In: Veröffentlichungen der Vereinigung der Deutschen Staatsrechtslehrer; VVDStRL, Band 67, Berlin, De Gruyter Recht, S. 226-277.

Bach, Michael (2019): Der kommunale Finanzausgleich als Existenzsicherung der Selbstverwaltungsgarantie – Eine dogmatische und rechtstheoretische Analyse des Gemeindefinanzsystems, 1. Auflage., Tübingen, Mohr Siebeck.

Bachmann, Peter (2009): Controlling für die öffentliche Verwaltung – Grundlagen, Verfahrensweisen, Einsatzgebiete, 2. Aufl., Wiesbaden, Gabler.

Badura, Peter (1972): Das Planungsermessen und die rechtsstaatliche Funktion des Allgemeinen Verwaltungsrechts. In: Domcke, Hans (Hrsg.), Verfassung und Verfassungsrechtsprechung – Festschrift zum 25-jährigen Bestehen des Bayer. Verfassungsgerichtshofs, München, Boorberg, S. 157-182 (zit.: Badura, in: FS zum 25-jährigen Bestehen des Bayerischen Verfassungsgerichtshofs).

Bahadori, Barbara (2016): Kommunalhaushalte in Niedersachsen. In: Regionalfokus, Helaba Volkswirtschaft/Research, 11.10.2016, abrufbar unter https://www.helaba.de/blueprint/servlet/resource/blob/docs/405256/437ae7336c2299ff5c8dce934fb502ad/regionalfokus-20161011-data.pdf (zuletzt abgerufen am 6.9.2021).

Bals, Hansjürgen (2000): Die Neugestaltung der kommunalen Haushaltspläne – Vom kameralen Finanzplan zum budgetierten Produkthaushalt (I). In: Finanzwirtschaft, Heft 4, S. 84-87.

Bals, Hansjürgen (2005): Neue Haushaltssteuerung. In: Blanke, Bernhard / Von Bandemer, Stephan / Nullmeier, Frank / Wewer, Göttrik (Hrsg.), Handbuch zur Verwaltungsreform, 3. Aufl., Wiesbaden, VS Verl. für Sozialwiss., S. 329- 341.

Bals, Hansjürgen (2008): Grundzüge des Neuen Steuerungsmodells. In: Henneke, Hans-Günter / Strobl, Heinz / Diemert, Dörte (Hrsg.), Recht der kommunalen Haushaltswirtschaft – Doppik – Neue Steuerung, München, Beck, S. 29-54.

Bals, Hansjürgen / Reichard, Christoph (2000): Das neue kommunale Haushalts- und Rechnungswesen. In: Budäus, Dietrich / Küpper, Willi / Streitferdt, Lothar (Hrsg.), Neues öffentliches Rechnungswesen – Stand und Perspektiven – Klaus Lüder zum 65. Geburtstag, 1. Aufl., Wiesbaden, Gabler, S. 203-233 (zit.: Bals/Reichard, in: FS für Lüder).

Barkowsky, Kai (2014): Reform der Kommunalverwaltung in England und Deutschland – New Public Management zwischen Reformrhetorik und Reformergebnissen, Wiesbaden, Springer VS.

Bauer, Ludwig / Maier, Michael (2004): Doppischer Haushaltsausgleich für Kommunen – ein kritischer Ländervergleich. In: Der Gemeindehaushalt, Jg. 105, Heft 12, S. 265-272.

Behm, Christiane / Schaidhammer, Franz (2000): Reformarbeit vieler Jahre auf Erfolgskurs – Die Umsetzung eines richtungsweisenden Konzepts für das öffentliche Haushalts- und Rechnungswesen in der Stadt Wiesloch. In: Budäus, Dietrich / Küpper, Willi / Streitferdt, Lothar (Hrsg.), Neues öffentliches Rechnungswesen – Stand und Perspektiven, Wiesbaden, Springer Gabler, S. 741-771.

Benkert, Christopher / Bätzel, Martina (2009): Von der Kameralistik zur Doppik – Auswirkungen auf Pensionsverpflichtungen gegenüber Beamten. In: Kommunaljurist; KommJur, Jg. 6, Heft 9, S. 330-333.

Benz, Arthur (1990): Verhandlungen, Verträge und Absprachen in der öffentlichen Verwaltung. In: Die Verwaltung; DV, Jg. 23, Heft 1, S. 83-98.

Berens, Wolfgang / Budäus, Dietrich / Buschor, Ernst / Fischer, Edmund / Lüder, Klaus / Mundhenke, Ehrhard / Streim, Hannes (2008): Zum nicht mehr vertretbaren kameralen Haushalts- und Rechnungswesen in einem demokratischen Gemeinwesen – Hamburger Thesen zum notwendigen Wechsel von der Kameralistik zur integrierten Verbundrechnung mit outputorientierter Budgetierung. In: Die Öffentliche Verwaltung; DÖV, Jg. 61, Heft 3, S. 109-111.

Berens, Wolfgang / Mosiek, Thomas / Röhrig, Andreas / Gerhardt, Birgit (2004): – Outcome-orientiertes Management in der öffentlichen Verwaltung – Evolutionspfade zu einem wirkungsorientierten Controlling. In: Betriebswirtschaftliche Forschung und Praxis; BFuP, Jg. 56, Heft 4, S. 323–341.

Bergmoser, Ulrich (2012): Beitrag der Verwaltungsreform zu einem funktionsgerechten parlamentarischen Budgetrecht – Ein Plädoyer für eine demokratische Reform. In: Die Öffentliche Verwaltung; DÖV, Jg. 65, Heft 19, S. 741-751.

Bertelsmann Stiftung (2015): ABC Neues Haushaltsrecht – Ein (kleines) politisches Wörterbuch. In: Bertelsmann Stiftung, KGSt (Hrsg.), 2.Aufl., abrufbar unter URL: https://www.bertelsmann-stiftung.de/de/publikationen/publikation/did/abc-neues-haushaltsrecht (zuletzt abgerufen am 6.9.2021).

Bertelsmann Stiftung (2017): Die Kommunale Finanzaufsicht – Strukturen, Rationalitäten und Umsetzung im Ländervergleich. In: Bertelsmann Stiftung (Hrsg.), Analysen und Konzepte 1/2017, abrufbar unter URL: https://www.bertelsmann-stiftung.de/fileadmin/files/Projekte/79_Nachhaltige_Finanzen/AK_Finanzaufsicht_1_2017.pdf (zuletzt abgerufen am 6.9.2021).

Bezirksregierung Arnsberg, Kommunales Beratungskonzept der Bezirksregierung Arnsberg – Neue Wege in schwierigen Zeiten, abrufbar unter URL: http://docplayer.org/59411433-Kommunales-beratungskonzept-der-bezirksregierung-arnsberg.html (zuletzt abgerufen am 6.9.2021).

Binus, Karl-Heinz (2005): Überörtliche Kommunalprüfung – Effizienzgewinne im kommunalen Wettbewerb durch überörtliche Prüfung – Funktionsbestimmung und Gestaltungsempfehlungen zu Kommunalprüfung aus interaktionsökonomischer Sicht, 1. Aufl., Wiesbaden, Dt. Univ.-Verl.

Binus, Karl-Heinz (2006): Prüfung auf dem Prüfstand – Überlegungen zum Innovationsbedarf für überörtliche Prüfung und Anmerkungen zu einer empirischen Untersuchung der Effektivität der überörtlichen Kommunalprüfung in Sachsen. In: Verwaltung & Management; VM, Jg. 12, Heft. 3, S. 141-148.

Blankart, Charles B. (2017): Öffentliche Finanzen in der Demokratie – eine Einführung in die Finanzwissenschaft, 9. Aufl., München, Verlag Franz Vahlen.

Blasius, Hans (1988): Recht und Finanzkontrolle in den Gestaltungsräumen von Politik und Verwaltung. In: Die Öffentliche Verwaltung; DÖV, Jg. 41, Heft 19, S. 819-828.

Blinn, Nicole S (2014): Die Aufgabendelegation an die Handwerkskammern als wirkungsorientierte Verwaltungsführung, Peter Lang Ltd.

Blum, Peter / Meyer, Hubert (Hrsg.) (2021): Niedersächsisches Kommunalverfassungsgesetz – Kommentar, 5. Aufl., Wiesbaden, Kommunal- und Schul-Verl. (zit.: Bearbeiter, in: Blum/Meyer (Hrsg.), NKomVG-Kommentar).

Boettcher, Florian (2013): Ursachen kommunaler Haushaltsdefizite – eine finanz- und politikwissenschaftliche Untersuchung am Beispiel der nordrhein-westfälischen Gemeinden, Wien; Berlin; Münster, Lit.

Bogumil, Jörg (2000): Binnenmodernisierung des Staates am Beispiel Deutschlands — Entwicklungsstand und Implementationsstrategien. In: Naschold, Frieder / Bogumil, Jörg (Hrsg.) Modernisierung des Staates – New Public Management in deutscher und internationaler Perspektive, 2. Aufl., Wiesbaden, VS Verl. für Sozialwiss., S. 135-232.

Bogumil, Jörg (2005): Die Umgestaltung des Verhaltnisses von Politik und Verwaltung. In: Blanke, Bernhard / Von Bandemer, Stephan / Nullmeier, Frank

/ Wewer, Göttrik (Hrsg.), Handbuch zur Verwaltungsreform, 3. Aufl., Wiesbaden, VS Verl. für Sozialwiss., S. 494-502.

Bogumil, Jörg (2017): 20 Jahre Neues Steuerungsmodell – Eine Bilanz. In: Brüning, Christoph / Schliesky, Utz (Hrsg.) Kommunale Verwaltungsreform – 20 Jahre Neues Steuerungsmodell, 1. Aufl., Baden-Baden, Nomos, S. 13-30.

Bogumil, Jörg / Ebinger, Falk / Holtkamp, Lars (2011): Vom Versuch, das Neue Steuerungsmodell verpflichtend einzuführen – Wirkungen des Neuen Kommunalen Finanzmanagements in NRW. In: Verwaltung & Management; VM, Jg. 17, Heft 4, S. 171-180.

Bogumil, Jörg / Ebinger, Falk / Holtkamp, Lars (2012): Vom Versuch, unerfreuliche Ergebnisse als normative Wissenschaft abzutun – Eine Replik auf die Replik von Christoph Reichard. In: Verwaltung & Management; VM, Jg. 18, Heft 1, S. 3-6.

Bogumil, Jörg / Grohs, Stephan / Kuhlmann, Sabine / Ohm, Anna Katharina (2008): Zehn Jahre Neues Steuerungsmodell – Eine Bilanz kommunaler Verwaltungsmodernisierung, 2. Aufl., Baden-Baden, Nomos Verlagsgesellschaft mbH & Co. KG.

Bogumil, Jörg / Holtkamp, Lars (2006): Kommunalpolitik und Kommunalverwaltung – eine policyorientierte Einführung, 1. Aufl., Wiesbaden, VS Verl. für Sozialwiss.

Bogumil, Jörg / Holtkamp, Lars (2012): Doppik in der Praxis – Bisher vor allem intransparent und ineffizient! In: Verwaltung & Management; VM, Jg. 18, Heft 3, S. 115-117.

Bogumil, Jörg / Kottmann, Steffen (2006): Verwaltungsstrukturreform - die Abschaffung der Bezirksregierungen in Niedersachsen, Ibbenbüren, IVD.

Bogmil, Jörg / Jann, Werner (2009): Verwaltung und Verwaltungswissenschaft in Deutschland – Eine Einführung in die Verwaltungswissenschaft, 2. Aufl., Wiesbaden, VS Verl. für Sozialwiss.

Bogmil, Jörg / Jann, Werner (2020): Verwaltung und Verwaltungswissenschaft in Deutschland – Eine Einführung, 3. Aufl., Wiesbaden, Springer Fachmedien.

Böhme, Doris / Heindl, Markus (2014): Die Reform des Haushalts- und Rechnungswesens – Neue Herausforderungen für die Koordination im förderalen Deutschland. In: der moderne staat; dms, Jg. 7, Heft 1, S. 173-191.

Bohne, Eberhard (1984): Informales Verwaltungs- und Regierungshandeln als Instrument des Umweltschutzes. In: Verwaltungsarchiv; VerwArch, Band 75, Heft 4, S. 343-373.

Bolsenkötter, Heinz / Poullie, Michael / Vogelpoth, Norbert (2007): Zur Reform des öffentlichen Haushaltswesens. In: Bolsenkötter, Heinz (Hrsg.), Die Zukunft des Öffentlichen Rechnungswesens – Reformtendenzen und internationale Entwicklungen, 1. Aufl., Baden-Baden, Nomos-Verl.-Ges., S. 281-314.

Borchert, Hartmut (1976): Kommunalaufsicht und kommunaler Haushalt – die Entwicklung und Auswirkung der staatlichen Aufsicht auf den kommunalen Haushalt; zugleich ein Beitrag zur Gemeindehaushaltsreform, Siegburg, Reckinger.

Borchert, Hartmut (1978): Legalitätsprinzip oder Opportunitätsgrundsatz für die Kommunalaufsicht? In: Die Öffentliche Verwaltung; DÖV, Jg. 31, Heft 19, S. 721-727.

Bracker, Reimer (1983): Theorie und Praxis der Kommunalaufsicht. In: Mutius, Albert / Unruh, Georg-Christoph (Hrsg.), Selbstverwaltung im Staat der Industriegesellschaft – Festgabe zum 70. Geburtstag von Georg Christoph von Unruh, Kiel, Heidelberg, v. Decker, S. 459-478 (zit.: Bracker, in: FG von Unruh).

Brand, Stephan (2013): Keine garantierte Einstandspflicht für insolvente Kommunen. In: Immobilien & Finanzierung – Der Langfristige Kredit, Heft vom 15.12.2013, S. 914-917.

Brand, Stephan (2014): Kommunale Insolvenz und Kommunalrating als Steuerungsinstrumente einer nachhaltigen kommunalen Finanz- und Haushaltspolitik, Berlin, LIT-Verl.

Brand, Stephan (2014): Unsicherheiten im Kommunalgeschäft – Zur Bonität deutscher Kommunen und Ansätze für ein Kommunalrating. In: Forschung für Kommunen - Arbeitspapier, Heft 1, S. 1-14.

Brand, Stephan / Steinbrecher, Johannes (2018): Kommunaler Altschuldenfonds – Verringerung der effektiven Schuldenlast anstreben! In: Wirtschaftsdienst, Jg. 98, Heft 9, S. 664-668.

Bräunig, Dietmar (2019): Neues öffentliches Rechnungswesen als Problem und Chance. In: Schweisfurth, Tilmann / Wallmann, Walter (Hrsg.), Haushalts- und Finanzwirtschaft der Kommunen in der Bundesrepublik Deutschland, 1. Aufl., Berlin, Berliner Wissenschafts-Verlag, S. 703-721.

Brinktrine, Ralf (2009): Maßnahmen der Kommunalaufsicht im Spiegel der verwaltungsgerichtlichen Rechtsprechung. In: Die Verwaltung; DV, Band 42, Heft 4, S. 565-587.

Brüning, Christoph (2010): Zur Reanimation der Staatsaufsicht über die Kommunalwirtschaft. In: Die Öffentliche Verwaltung; DÖV, Jg. 63, Heft 13, S. 553-560.

Brüning, Christoph / Vogelgesang, Klaus (2009): Die Kommunalaufsicht – Aufgaben, Rechtsgrundlagen, Organisation, 2. Aufl., Berlin, Schmidt.

Büch, Martin-Peter (1976): Zur Bestimmung der Grundsätze der Wirtschaftlichkeit und der Sparsamkeit im öffentlichen Haushalt der Bundesrepublik Deutschland, Köln [u.a.], Heymann.

Buchholtz, Klaus (2001): Verwaltungssteuerung mit Kosten- und Leistungsrechnug – internationale Erfahrungen, Anforderungen und Konzepte, 1. Aufl., Wiesbaden, Dt. Univ.-Verl.

Buchholz, Gabriele / Lasar, Andreas (2010): Entwicklung der ergebnisorientierten Steuerung in der Kommunalverwaltung – Wesentliche Erkenntnisse aus der KGSt-Umfrage 2010 zum Stand der Einführung des neuen kommunalen Haushalts- und Rechnungswesens. In: Verwaltung & Management; VM, Jg. 16, Heft 6, S. 293-303.

Büchner, Hermann (2020): Rechtliche Grundlagen kommunaler Selbstverwaltung, Kommunalpolitischer Leitfaden Band 1, Hanns-Seidel-Stiftung e.V., abrufbar unter URL: https://www.hss.de/download/publications/Kommunalpolitischer_Leitfaden_Selbstverwaltung_BD1.pdf (zuletzt abgerufen am 6.9.2021).

Buck, Gerald (2009): Der Beauftragte als Mittel der Kommunalaufsicht – Einordnung und Ausgestaltung des kommunalaufsichtsrechtlichen Instruments der Beauftragtenbestellung nach § 124 und § 75 Abs. 5 S. 2 der nordrhein-westfälischen Gemeindeordnung, Berlin, Duncker & Humblot.

Budäus, Dietrich (2006): Reform des öffentlichen Haushalts- und Rechnungswesens in Deutschland. In: Die Verwaltung; DV, Band 39, Heft 2, S. 187-214.

Budäus, Dietrich / Buchholtz, Klaus (1997): Konzeptionelle Grundlagen des Controlling in öffentlichen Verwaltungen. In: Die Betriebswirtschaft, Jg. 57, Heft 3, S. 322-337.

Budäus, Dietrich / Hilgers, Dennis (2009): Reform des öffentlichen Haushalts- und Rechnungswesens in Deutschland – Konzepte, Umsetzungsstand und Entwicklungsperspektiven. In: Zeitschrift für Planung & Unternehmenssteuerung, Vol. 19, Iss. 4, S. 377-396.

Budäus, Dietrich / Hilgers, Dennis (2012): Kann Doppik die öffentlichen Haushalte sanieren? Anmerkungen zu den Funktionen und der Leistungsfähigkeit des neuen öffentlichen Haushalts- und Rechnungswesens. In: Hansmann, Marc (Hrsg.), Kommunalfinanzen in der Krise – Probleme und Handlungsansätze, 1. Aufl., Berlin, BWV, Berliner Wissenschafts-Verlag, S. 253-273.

Bumke, Christian (2004): Relative Rechtswidrigkeit – Systembildung und Binnendifferenzierungen im Öffentlichen Recht, Tübingen, Mohr Siebeck.

Burgi, Martin (2018): Der Grundsatz der Wirtschaftlichkeit im Verwaltungsrecht. In: Butzer, Hermann (Hrsg.), Wirtschaftlichkeit durch Organisations- und Verfahrensrecht – Vorträge beim Symposium anlässlich des 65.

Geburtstages von Prof. Dr. Friedrich E. Schnapp in Bochum, Berlin, Duncker & Humblot, S. 53-70 (zit.: Burgi, in: FS für Schnapp).

Burgi, Martin (2019): Kommunalrecht, 6. Aufl., München, Beck.

Busch, Manfred / Bajohr, Stefan (2019): Zentralisierung und Autonomie – Wege aus der kommunalen Finanzkrise? In: Schweisfurth, Tilmann / Wallmann, Walter (Hrsg.), Haushalts- und Finanzwirtschaft der Kommunen in der Bundesrepublik Deutschland, 1. Aufl., Berlin, Berliner Wissenschafts-Verlag, S. 723-738.

Buschmeier, Andreas (2013): Basel III – Was ändert sich wirklich? In: Everling, Oliver / Langen, Rainer (Hrsg.), Basel III – Auswirkungen des neuen Bankenaufsichtsrechts auf den Mittelstand, Köln, Bank-Verlag, S. 13-24.

Bussmann, Werner (1997): Evaluationen in der Schweiz. In: Bussmann, Werner / Klöti, Ulrich / Knoepfel, Peter (Hrsg.), Einführung in die Politikevaluation, Basel; Frankfurt am Main, Helbing und Lichtenhahn, S. 13-36.

Butzer, Hermann (2005): Wirtschaftlichkeit im Verwaltungsrecht. In: Blanke, Bernhard / Von Bandemer, Stephan / Nullmeier, Frank / Wewer, Göttrik (Hrsg.), Handbuch zur Verwaltungsreform, 3. Aufl., Wiesbaden, VS Verl. für Sozialwiss., S. 392-402.

Camp, Robert C. (1994): Benchmarking, München; Wien, Carl Hanser Verlag.

Cattepoel, Jan (1980): Ermessen und Beurteilungsspielraum. In: Verwaltungsarchiv; VerwArch, Band 71, S. 140-160.

Christofzik, Désirée I. / Dorn, Florian / Gäbler, Stefanie / Raffer, Christian / Rösel, Felix (2020): Bremst die Doppik öffentliche Investitionen? Ergebnisse aus drei aktuellen Evaluationsstudien. In: Wirtschaftsdienst, Jg. 100, Heft 9, S. 707-711.

Classen, Claus Dieter (2009): Demokratische Legitimation im offenen Rechtsstaat – zur Beeinflussung des Demokratieprinzips durch Rechtsstaatlichkeit und internationale Offenheit, Tübingen, Mohr Siebeck.

Cortner, Heinz / Franke, Antonius (2008): Liquiditätssicherung. In: Henneke, Hans-Günter / Strobl, Heinz / Diemert, Dörte (Hrsg.), Recht der kommunalen Haushaltswirtschaft – Doppik – Neue Steuerung, München, Beck, S. 244-256.

Curbach, Janina (2003): Global Governance und NGOs – Transnationale Zivilgesellschaft in internationalen Politiknetzwerken, 1. Aufl., Wiesbaden, VS Verl. für Sozialwiss.

Czerwick, Edwin (2007): Die Ökonomisierung des öffentlichen Dienstes – Dienstrechtsreformen und Beschäftigungsstrukturen seit 1991, 1. Aufl., Wiesbaden, VS, Verl. für Sozialwiss.

Dahm, Sabine (2004): Das Neue Steuerungsmodell auf Bundes- und Landesebene sowie die Neuordnung der öffentlichen Finanzkontrolle in der Bundesrepublik Deutschland, 1. Aufl., Berlin, Duncker & Humblot GmbH.

Darsow, Thomas (2004): Haushaltswirtschaft und Genehmigungsmaßstäbe – a) Aus der Sicht der Rechtsaufsicht. In: Wallerath, Maximilian (Hrsg.), Kommunale Finanzen im Bundesstaat, Baden-Baden, Nomos, S. 117-125.

Denso, Jochen (1976): Verwaltungseffizienz und Motivation – Anreize zur wirtschaftlichen Verwendung öffentlicher Mittel durch die Titelverwalter, Göttingen, Schwartz.

Deutsche Bundesbank (2016): Monatsbericht Oktober 2016, Jg. 68, Nr. 10, abrufbar unter URL: https://www.bundesbank.de/resource/blob/665084/15e8d6bbfc485f7da24be82737dba049/mL/2016-10-monatsbericht-data.pdf (zuletzt abgerufen am 6.9.2021).

Deutscher Städtetag (2011): Evaluierung der Reform des kommunalen Haushalts- und Rechnungswesens – Ergebnisse eines Kooperationsprojekts des Deutschen Städtetages mit der PricewaterhouseCoopers AG Wirtschaftsprüfungsgesellschaft, abrufbar unter URL: https://www.pwc.de/de/offentliche-unternehmen/assets/pwc-studie_doppik.pdf (zuletzt abgerufen am 6.9.2021).

Diemert, Dörte (2008): Generationengerechtigkeit im Haushaltsrecht. In: Henneke, Hans-Günter / Strobl, Heinz / Diemert, Dörte (Hrsg.), Recht der kommunalen Haushaltswirtschaft – Doppik – Neue Steuerung, München, Beck, S. 55-66.

Diemert, Dörte (2015): Der kommunale Finanzbedarf in Rechtsprechung und Praxis – Aktuelle Schlaglichter zum kommunalen Finanzausgleich. In: Deutsches Verwaltungsblatt; DVBl., Jg. 130, Heft 16, S. 1003-1009.

Diemert, Dörte / Tepe, Linus (2006): Zwischen kommunaler Kooperation und Verwaltungsreform. In: Deutsches Verwaltungsblatt; DVBl., Jg. 121, Heft 20, S. 1290-1292.

Dietlein, Johannes / Mehde, Veith (Hrsg.) (2020): Kommunalrecht Niedersachsen – Kommentar, München, Verlag C.H.Beck (zit.: Bearbeiter, in: Dietlein/Mehde (Hrsg.), NKomVG-Kommentar).

Donle, Michaela / Richter, Martin (2006): Neuordnung der Überwachung und der Finanzkontrolle in der öffentlichen Verwaltung. In: Jann, Werner / Röber, Manfred / Wollmann Hellmut (Hrsg.), Public Management – Grundlagen, Wirkungen, Kritik – Festschrift für Christoph Reichard zum 65. Geburtstag, S. 205-220 (zit.: Donle/Richter, in: FS Reichard).

Dreier, Horst (1991): Hierarchische Verwaltung im demokratischen Staat – Genese, aktuelle Bedeutung und funktionelle Grenzen eines Bauprinzips der Exekutive, Tübingen, Mohr.

Dreßler, Ulrich (1998): Staatliche Kommunalaufsicht im Wandel. In: Kommunalpraxis SüdWest, Nr. 7/8/98, S. 231-233.

Dülk, Christian (2009): Doppik. In: Hanns-Seidel-Stiftung (Hrsg.), Grundlagen kommunaler Haushaltsführung, München, Hanns-Seidel-Stiftung, S. 135-170.

Ebinger, Falk / Person, Christian / Zabler, Steffen (2019): Die kommunale Finanzaufsicht der Bundesländer – Instrumente, Strukturen, Umsetzungspraxis und ihre Rückwirkungen auf die kommunale Haushaltspolitik. In: Schweisfurth, Tilmann / Wallmann, Walter (Hrsg.), Haushalts- und Finanzwirtschaft der Kommunen in der Bundesrepublik Deutschland, Berlin, Berliner Wissenschafts-Verlag, S. 761-792.

Ebinger, Falk / Zabler, Steffen / Person, Christian / Niemann, Friederike-Sophie / Geißler, René (2018): Wirksame Finanzaufsicht über die Kommunen. Dimension und Determinanten der Umsetzungspraxis. In: der moderne staat; dms, Jg. 11, Heft 1, S. 167-189.

Ehlers, Dirk (1990): Kommunale Wirtschaftsförderung und kommunale Selbstverwaltung. In: Ehlers, Dirk (Hrsg.), Kommunale Wirtschaftsförderung, Köln, Dt. Gemeindeverl. [u.a.], S. 103-143.

Ehlers, Dirk (2013): Verantwortung im öffentlichen Recht. In: Die Verwaltung; DV, Band 46, Heft 4, S. 467-491.

Eichhorn, Peter (1974): Liquiditätsplanung und Gelddisposition in öffentlichen Haushalten – ein Beitrag zum Einsatz betriebswirtschaftlicher Instrumente in der Finanzwirtschaft staatlicher und insbesondere kommunaler Verwaltungen, 2. Aufl., Baden-Baden, Nomos-Verl.-Ges.

Eichhorn, Peter (1979): Verwaltungshandeln und Verwaltungskosten – Möglichkeiten zur Verbesserung der Wirtschaftlichkeit in der Verwaltung, 1. Aufl., Baden-Baden, Nomos-Verlagsgesellschaft.

Eichhorn, Peter (1997): Innovative Konzepte für Prüfung und Organisation von Rechnungshöfen. In: Müller, Udo (Hrsg.), Haushaltsreform und Finanzkontrolle, 1. Aufl., Baden-Baden, Nomos, S. 55-64.

Eidenmüller, Horst (1997): Rechtsanwendung, Gesetzgebung und ökonomische Analyse. In: Archiv für die civilistische Praxis, Vol. 197, S. 80-135.

Eidenmüller, Horst (2015): Effizienz als Rechtsprinzip – Möglichkeiten und Grenzen der ökonomischen Analyse des Rechts, 4. Aufl., Tübingen, Mohr Siebeck.

Elsner, Thomas (2011): Das Ermessen im Lichte der Reinen Rechtslehre – rechtsstrukturtheoretische Überlegungen zur Rechtsbindung und zur Letztentscheidungskompetenz des Rechtsanwenders, Berlin, Duncker & Humblot.

Engels, Andreas / Krausnick, Daniel (2020): Kommunalrecht, 2. Aufl., Baden-Baden, Nomos.

Eppe, Franz (1966): Subventionen und staatliche Geschenke – begriffliche Abgrenzung und verwaltungsrechtliche Bedeutung, Stuttgart [u.a.], Kohlhammer.

Erichsen, Hans-Uwe (1985): Kommunalaufsicht – Hochschulaufsicht. In: Deutsches Verwaltungsblatt; DVBl., Jg. 100, Heft 17, S. 943-949.

Erichsen, Hans-Uwe (1988): Kommunalrecht des Landes Nordrhein-Westfalen, Siegburg, Reckinger.

Faber, Angela (2005): Insolvenzfähigkeit für Kommunen? In: Deutsches Verwaltungsblatt; DVBl., Jg. 120, Heft 15, S. 933-946.

Faber, Michael (2006): Haushaltsausgleich und Haushaltssicherungskonzept. In: Henneke, Hans-Günter / Pünder, Hermann / Waldhoff, Christian (Hrsg.), Recht der Kommunalfinanzen – Abgaben, Haushalt, Finanzausgleich, München, Beck, S. 661-685.

Faber, Michael (2010): Kein Buch mit sieben Siegeln – der kommunale Haushalt, Hamburg, VSA-Verl.

Faber, Michael (2011): Von der Kameralistik zur Doppik - der neue Kommunalhaushalt. In: Dahme, Heinz-J. / Wohlfahrt, Norbert (Hrsg.), Handbuch Kommunale Sozialpolitik, Wiesbaden, VS Verl. für Sozialwiss., S. 102-113.

Finger, Stefanie (2001): Staatsverschuldung und Verwaltungsreform in der Demokratie – Reforminstrumente und ihre politische Durchsetzbarkeit, 1. Aufl., Wiesbaden, Dt. Univ.-Verl.

Finanzministerium Niedersachsen, Entwicklung der Finanz- und Haushaltslage des Landes Niedersachsen und der niedersächsischen Kommunen – Finanzstatus 2020 –, abrufbar unter URL: https://www.mf.niedersachsen.de/startseite/themen/haushalt/finanzlage_des_landes_und_der_niedersachsischen_kommunen/entwicklung-der-finanz-und-haushaltslage-des-landes-nds-und-der-niedersaechsischen-kommunen-1500.html (zuletzt abgerufen am 6.9.2021).

Finanzministerium Nordrhein-Westfalen (2007): Public Private Partnership im Hochbau – Anleitung zur Prüfung der Wirtschaftlichkeitsuntersuchung von PPP-Projekten im öffentlichen Hochbau, abrufbar unter URL: https://www.finanzverwaltung.nrw.de/sites/default/files/asset/document/leitfaden_plausibilitatscheck_2007.pdf (zuletzt abgerufen am 6.9.2021).

Finsinger, Jörg / Von Randow, Philipp (1991): Neue Aktivitäten und Haftungsregeln – Zugleich ein Beitrag zur okonomischen Analyse des privaten Nachbarrechts. In: Ott, Claus / Schäfer, Hans-Bernd (Hrsg.), Ökonomische Probleme des Zivilrechts – Beiträge zum 2. Travemünder Symposium zur ökonomischen Analyse des Rechts, 21-24. März 1990, Berlin; Heidelberg [u.a.], Springer-Verlag, S. 87-108.

Fischer, Bianca (1982): Abschied von der „Sparsamkeit"? – Gibt es einen Grundsatz wirtschaftlicher „und sparsamer" Verwaltung? In: Juristenzeitung; JZ, Jg. 37, Heft 1, S. 6-11.

Fischer, Edmund (2012): Neues Haushalts- und Rechnungswesen und Neue Steuerung – Funktioniert es und wenn ja, warum nicht? In: Verwaltung & Management; VM, Jg. 18, Heft 3, S. 147-150.

Fischer, Edmund / Gnädinger, Marc (2009): Generationengerechte Haushaltswirtschaft – Schuldenverbot, HGrGMoG und Ergebnisausgleich. In: Verwaltung & Management; VM, Jg. 15, Heft 6, S. 283-292.

Fischer, Edmund / Lasar, Andreas (2014): Steuerungswirkungen des Neuen öffentlichen Haushalts- und Rechnungswesens. In: Verwaltung & Management; VM, Jg. 20, Heft 3, S. 130-134.

Flascha, Georg / Zirkler, Bernd / Wagner, Thomas / Hofmann, Jonathan (2019): Das Anlagevermögen in der kommunalen Doppik – die Bundesländer Sachsen, Thüringen, Sachsen-Anhalt, Brandenburg, Bayern und Hessen im Vergleich, Wiesbaden, Springer Gabler.

Fleischer, Holger / Zimmer, Daniel (2008): Effizienzorientierung im Handels- und Wirtschaftsrecht – Einführung und Überblick. In: Effizienz als Regelungsziel im Handels- und Wirtschaftsrecht, Frankfurt am Main, Verl. Recht und Wirtschaft, S. 9-42.

Franz, Thorsten (2004): Die Staatsaufsicht über die Kommunen. In: Juristische Schulung; JuS, Jg. 44, Heft 4, S. 937-942.

Franzius, Claudio (2006): Funktionen des Verwaltungsrechts im Steuerungsparadigma der neuen Verwaltungsrechtswissenschaft. In: Die Verwaltung; DV, Band 39, Heft 3, S. 335-372.

Freese, Herbert (2006): Einführung der Doppik und Beschränkung der wirtschaftlichen Betätigung der Gemeinden – Anmerkungen zum Gesetz zur Neuordnung des Gemeindehaushaltsrechts und zur Änderung gemeindewirtschaftsrechtlicher Vorschriften. In: Niedersächsische Verwaltungsblätter; NdsVBl., Jg. 13, Heft 9, S. 233-241.

Frei, Xenia / Rösel, Felix (2019): Wie persistent sind regionale Muster in den Kommunalfinanzen. In: Schweisfurth, Tilmann / Wallmann, Walter (Hrsg.), Haushalts- und Finanzwirtschaft der Kommunen in der Bundesrepublik Deutschland, Berlin, Berliner Wissenschafts-Verlag, S. 691-702.

Freymuth, Jutta Wibke (2014): Umstellung von der Kameralistik auf das „Neue Kommunale Rechnungswesen" für Niedersachsen – Bereitstellung von adressatengerechten Informationen im Jahresabschluss unter Bezugnahme des

Haushaltsgrundsatzes der stetigen Aufgabenerfüllung, 1. Aufl., Göttingen, Cuvillier.

Friedrich Ebert Stiftung (2017): Grundwissen Kommunalpolitik – 5. Der kommunale Haushalt,, abrufbar unter URL: http://library.fes.de/pdf-files/akademie/kommunal/13890/13890-05.pdf (zuletzt abgerufen am 6.9.2021).

Frischmuth, Birgit (2007): Auf dem Weg von der Kameralistik zur Doppik. In: KommunalPraxis spezial, Heft 1, S. 28-31.

Frischmuth, Birgit (2010): Reform des Haushalts- und Rechnungswesens – Schlüsselkennzahlen für Kommunen. In: KommunalPraxis spezial, Heft 2, S. 70-75.

Frischmuth, Birgit (2015): Transparente Steuerung kommunaler Haushalte. In: Everling, Oliver / Munsch, Michael (Hrsg.), Kommunalrating – Finanzierung in Städten und Gemeinden sichern, 2. Aufl., Köln, Bank-Verlag Medien GmbH, S. 351-378.

Fritze, Christian (2019): Entwicklung rechnungswesenbasierter Systeme zur Stabilisierung der Kommunalfinanzen, Wiesbaden, Springer Gabler.

Fritze, Christian (2019): Generationengerechte Haushaltswirtschaft durch nominale oder reale Kapitalerhaltung? – Untersuchung am Beispiel des Rechnungswesens nordrhein-westfälischer Kommunen. In: Verwaltung & Management; VM, Jg. 2019, Heft 4, S. 164-172.

Fuchs, Arthur (1966): Wesen und Wirken der Kontrolle – Betrachtungen zum staatlichen Kontrollwesen in der Bundesrepublik (Bundesrechnungshof), Tübingen, Mohr.

Fudalla, Mark / Wöste, Christian (2008): Doppik schlägt Kameralistik – Fragen und Antworten zum doppischen Haushalts- und Rechnungswesen, KPMG, 5. Aufl., abrufbar unter URL: http://unsere-kirche-2030.de/wp-content/uploads/2019/07/Doppik.pdf (zuletzt abgerufen am 6.9.2021).

Gaentzsch, Günter (1998): Gesetzmäßigkeit und Wirtschaftlichkeit der Verwaltung – Beißt oder verträgt sich das? In: Die Öffentliche Verwaltung; DÖV, Jg. 51, Heft 22, S. 952-958.

Galette, Alfons (1963): Die Beratung im Rahmen der Kommunalaufsicht. In: Aktuelle Probleme der Kommunalaufsicht – Vorträge und Diskussionsbeiträge des 31. Staatswissenschaftlichen Fortbildungskursus der Hochschule für Verwaltungswissenschaften Speyer 1963, Berlin, Duncker & Humblot, S. 37-62.

Garrn, Heino (1986): Zur Rationalität rechtlicher Entscheidungen, Stuttgart, Steiner-Verlag-Wiesbaden-GmbH.

Gassner, Erich (2019): Zur Rücknahme richterlicher Kontrolle einer Verwaltungsentscheidung im Falle ökologischer Erkenntnisdefizite – Der Beschluss des BVerfG vom 23.10.2018 im Lichte des Art. 20a GG. In: Deutsches Verwaltungsblatt; DVBl., Jg. 134, Heft 21, S. 1370-1375.

Gebhardt, Georg Andreas (2009): Zweckzuweisungen als Barriere für Public Private Partnership, Berlin, Duncker & Humblot.

Gehne, Katja (2011): Nachhaltige Entwicklung als Rechtsprinzip – normativer Aussagegehalt, rechtstheoretische Einordnung, Funktionen im Recht, Tübingen, Mohr Siebeck.

Geis, Max-Emanuel (2017): Hochschulrecht im Freistaat Bayern – ein Handbuch für die Praxis, 2. Aufl., Heidelberg, C.F.Müller.

Geis, Max-Emanuel (2020): Kommunalrecht – ein Studienbuch, 5. Aufl., München, C. H. Beck.

Geißler, René (2009): Kommunalrechtliche Steuerungsansätze der Haushaltskonsolidierung – Haushaltssicherungskonzepte im Vergleich, Potsdam, Universitätsverl.

Geißler, René (2018): Investitionsförderung im Finanzföderalismus. In: Wirtschaftsdienst, Jg. 98, Heft 6, S. 439-447.

Gellen, Hans-Michael (1971): Zweckzuweisungen und kommunale Selbstverwaltung – eine verfassungsrechtliche Untersuchung, Köln, Dt. Gemeindeverl.

Georg, Klaus / Gnädinger, Marc / Hardt, Thorsten (2018): Kommunales Auswertungssystem Hessen (kash) – Kennzahlen zur Bestimmung der finanziellen Leistungsfähigkeit. In: Verwaltung & Management; VM, Jg. 24, Heft 2, S. 72-77.

Georg, Klaus / Gnädinger, Marc / Hardt, Thorsten (2019): Kommunales Auswertungssystem Hessen (kash) 2.0. In: Der Gemeindehaushalt, Jg. 120, Heft 5, S. 110-113.

Gießen, Martin (2008): Letztentscheidungsbefugnisse der Verwaltung: Ermessen, Beurteilungsspielräume sowie Planungsentscheidungen und ihre gerichtliche Kontrolle. In: Zeitschrift für das Juristische Studium; ZJS, Jg. 1, Heft 4, S. 336-343.

Glass, Claus-Peter (1967): Die Realität der Kommunalaufsicht, Köln [u.a.], Heymann.

Glinder, Peter / Friedl, Eric (2011): Gemeindehaushaltsrecht Baden-Württemberg – neues kommunales Haushalts- und Rechnungswesen mit Kassen- und Prüfungsrecht, Stuttgart, Kohlhammer.

Glöckner, Andreas / Mühlenkamp, Holger (2009): Die kommunale Finanzkontrolle. In: Zeitschrift für Planung & Unternehmenssteuerung, Jg. 19, Nr. 4, S. 397-420.

Gnädinger, Marc (2012): Generationengerechte Haushalts- und Finanzpolitik in Kommunen – Haushaltsausgleich, -konsolidierung und Schuldenabbau bis zur Schuldenfreiheit in Städten und Gemeinden, Taunusstein, Driesen.

Gnädinger, Marc / Grieger, Thomas (2008): Gerechte Regelung. In: Kommune 21, Heft 10, S. 60-61.

Gnädinger, Marc / Hilgers, Dennis (2010): Deutsche Schuldenbremse(n) – Etablierte Modelle und ökonomisch begründeter Fortentwicklungsbedarf – Öffentliche Verschuldung, Öffentliches Haushaltswesens, Rechnungsabgrenzung, Schuldenbremse. In: Zeitschrift für öffentliche und gemeinwirtschaftliche Unternehmen; ZögU, Jg. 43, Heft 3, S. 181-200.

Göhring, Armin Ludwig (2003): Experimentierklauseln im Kommunalrecht – Rechtsprobleme im Spannungsfeld zwischen Regelungswut und „laisser faire“, Würzburg, abrufbar unter URL: https://opus.bibliothek.uni-wuerzburg.de/opus4-wuerzburg/frontdoor/deliver/index/docId/558/file/Dissertation.pdf (zuletzt abgerufen am 6.9.2021).

Gönnenwein, Otto (1995): Die Kommunalaufsicht als Rechtsaufsicht. In: Bachof, Otto (Hrsg.), Forschungen und Berichte aus dem öffentlichen Recht – Gedächtnisschrift für Walter Jellinek; 12. Juli 1885-9. Juni 1955, 2. Aufl., München, Olzog, S. 511-533 (zit.: Gönnenwein, in: GS für Jellinek).

Greven, Michael Th. (2000): Kontingenz und Dezision – Beiträge zur Analyse der politischen Gesellschaft, 1. Aufl., Wiesbaden, VS Verl. für Sozialwiss.

Gröpl, Christoph (2001): Haushaltsrecht und Reform – Dogmatik und Möglichkeiten der Fortentwicklung der Haushaltswirtschaft durch Flexibilisierung, Dezentralisierung, Budgetierung, Ökonomisierung und Fremdfinanzierung, Tübingen, Mohr Siebeck.

Gröpl, Christoph / Heinemann, Friedrich / Kalb, Alexander (2010): Die Zweckentfremdung des kommunalen Kassenkredits – eine rechtlich-ökonomische Analyse. In: Perspektiven der Wirtschaftspolitik, Vol. 11, Heft 2, S. 178-203.

Große, Stefanie (2019): Qualität des öffentlichen Schulwesens als Verfassungsgebot? – zugleich zum Institut der schulischen Eigenverantwortung, 1. Aufl., Baden-Baden, Nomos.

Groth, Michael (2020): Aufsicht und Kontrolle im Bereich der kommunalen Haushaltswirtschaft, Berlin, Berliner Wissenschafts-Verlag.

Grupp, Klaus (1983): Steuerung des Verwaltungshandelns durch Wirtschaftlichkeitskontrolle? – Zum zweiten Beratungsgegenstand der Staatsrechtslehrertagung. In: Die Öffentliche Verwaltung; DÖV, Jg. 36, Heft 16, S. 661-667.

Grupp, Klaus (2000): Wirtschaftlichkeit im „schlanken Staat“. In: Schulze-Fielitz, Helmuth (Hrsg.), Die Verwaltung Beiheft 3, Fortschritte der Finanzkontrolle in Theorie und Praxis – Zum Gedenken an Ernst Heuer, Berlin, Duncker & Humblot, S. 9-24 (zit.: Grupp, in: GS für Heuer).

Gunnar, Janson (2019): Ökonomische Theorie im Recht – Anwendbarkeit und Erkenntniswert im allgemeinen und am Beispiel des Arbeitsrechts, Berlin, Duncker & Humblot.

Günther, Ralf (2013): Von der Modernisierung zur Steuerung – Controlling ist für Verwaltungen unverzichtbar – Entwicklungsstand und Perspektiven des kommunalen Controlling nach 20 Jahren Verwaltungsreform. In: KommunalPraxis spezial, Heft 4, S. 207-217.

Häfner, Philipp (2009): Doppelte Buchführung für Kommunen – Einführung in die Praxis nach dem Neuen Kommunalen Finanzmanagement; [Grundlagen des doppischen Haushaltswesens; Überblick über Ergebnisrechnung, Finanzrechnung und Bilanz; mit vielen Beispielen und Übungsaufgaben], 4. Aufl., Freiburg [u.a.], Haufe.

Hafner, Wolfgang (2013): Bewertung der kommunalen Leistungsfähigkeit anhand von Kennzahlen. In: Kegelmann, Jürgen / Martens, Kay-Uwe (Hrsg.), Kommunale Nachhaltigkeit – Jubiläumsband zum 40-jährigen Bestehen der Hochschule Kehl und des Ortenaukreises, 1. Aufl., Baden-Baden, Nomos, S. 175-204.

Haftmann, Joachim (2004): Die pflichtigen Selbstverwaltungsaufgaben der Gemeinden in Niedersachsen, Frankfurt am Main [u.a.], Lang.

Hahn, Dieter / Groß, Johannes (2019): Das Zusammenwirken von Aufsichtsbehörde und Rechnungsprüfungsamt in der kommunalen Finanzwirtschaft. In: Der Gemeindehaushalt, Jg. 120, Heft 8, S. 184-188.

Hahn, Hannes (2007): Wie läuft ein Doppik – Umstellungsprojekt ab? In: KommunalPraxis spezial, Heft 1, S. 32-39.

Halsch, Volker / Stähler, Udo / Weiß, Mirko (2013): Für zukunftsfähige Kommunalfinanzen, Friedrich Ebert Stiftung, abrufbar unter URL: https://library.fes.de/pdf-files/managerkreis/10397-20131211.pdf (zuletzt abgerufen am 6.9.2021).

Häusler, Bernd (2004): Zur Abschaffung der Bezirksregierungen – oder: ein Jahr Verwaltungsmodernisierung in Niedersachsen. In: Niedersächsische Verwaltungsblätter; NdsVBl., Jg. 11, Heft 6, S. 145-149.

Haverkate, Görg (1983): Rechtsfragen des Leistungsstaats – Verhältnismäßigkeitsgebot und Freiheitsschutz im leistenden Staatshandeln, Tübingen, Mohr.

Heidinger, Michael (2016): Kommunalrating – Ökonomischer Ansatz zum wirtschaftlichen Handeln oder lässliche Erschwernis für Kommunen in der Vergeblichkeitsfalle? In: Everling, Oliver / Munsch, Michael (Hrsg.),

Kommunalrating – Finanzierung in Städten und Gemeinden sichern, 2. Aufl., Köln, Bank-Verlag Medien GmbH, S. 17-30.

Heinemann, Friedrich / Feld, Lars P. / Geys, Benny / Gröpl, Christoph / Hauptmeier, Sebastian / Kalb, Alexander (2009): Der kommunale Kassenkredit zwischen Liquiditätssicherung und Missbrauchsgefahr, Nomos.

Held, Friedrich-Wilhelm (1998): Das Verhältnis von Staat und Kommunen am Beispiel der Kommunalaufsicht. In: Ipsen, Jörn / Schneider, Hans-Peter (Hrsg.), Staat und Kommune – Kooperation oder Konflikt – 8. Bad Iburger Gespräche, 1. Aufl., Osnabrück, Univ.-Verl. Rasch, S. 21-40.

Hellenbrand, Andreas / Frischmuth, Birgit (2011): Evaluierung des neuen Haushalts- und Rechnungswesens – Stand und Perspektiven der doppischen Steuerung. In: Verwaltung & Management; VM, Jg. 17, Heft 3, S. 140-143.

Heller, Robert F. (2010): Haushaltsgrundsätze für Bund, Länder und Gemeinden – Handbuch zum Management der öffentlichen Finanzen, 2. Aufl., Heidelberg; München; Landsberg; Frechen; Hamburg, v. Decker.

Henkes, Jörg (2008): Der Jahresabschluss kommunaler Gebietskörperschaften – von der Verwaltungskameralistik zur kommunalen Doppik, Berlin, Schmidt.

Henneke, Hans-Günter (2020): Coronabedingte Finanzschäden in den (Kommunal-)Haushalten isolieren? In: Deutsches Verwaltungsblatt; DVBl., Jg. 135, Heft 11, S. 725-732.

Herrmann, Karolin (2011): Der Missbrauch kommunaler Kassenkredite. In: Wirtschaftsdienst, Jg. 91, Heft 10, S. 686-693.

Herrmann, Karolin (2011): Kommunale Kassenkredite - Missbrauchsgefahr und Reformvorschläge, KBI Schrift, No. 108, Karl-Bräuer-Institut des Bundes der Steuerzahler (KBI), Berlin.

Herrmann, Karolin (2012): Auswirkungen von Basel III auf die Zukunft der Kommunalfinanzierung, KBI kompakt, No. 13, Karl-Bräuer-Institut des Bundes der Steuerzahler (KBI), Berlin, abrufbar unter URL: https://www.econstor.eu/bitstream/10419/66207/1/729172007.pdf (zuletzt abgerufen am 6.9.2021).

Hertel, Gustav (Hrsg.) (1884): Die Preußische Ober-Rechnungskammer (Rechnungshof des Deutschen Reiches), ihre Geschichte, Einrichtung und Befugnisse, Berlin, Heymann.

Heusch, Andreas / Dickten, Franziska (2018): Neue Rechtsprechung zum Kommunalrecht. In: Neue Zeitschrift für Verwaltungsrecht; NVwZ, Jg. 37, Heft 18, S. 1353-1359.

Hilgers, Dennis / Burth, Adreas (2011): Konzept einer doppischen Kommunalschuldenbremse für das Land Hessen. In: Verwaltung & Management; VM, Jg. 17, Heft 5, S. 242-251.

Hill, Hermann (1997): Potentiale und Perspektiven der Verwaltungsmodernisierung. In: Morlock, Martin / Windisch, Rupert / Miller, Manfred (Hrsg.), Rechts- und Organisationsprobleme der Verwaltungsmodernisierung, Berlin, Berlin-Verl. Spitz, S. 18-47.

Hock, Gudrun (1996): Wirtschaftliche Steuerung kommunaler Aufgabenerfüllung – Ein Ansatz eines neuen Finanzmanagements am Beispiel der Stadt Detmold. In: Lang, Eva (Hrsg.), Kommunen vor neuen Herausforderungen – Festschrift für Werner Noll zum 65. Geburtstag, Berlin, Duncker & Humblot, S. 83-121 (zit.: Hock, in: FS Noll).

Hoffmann-Riem, Wolfgang (1998): Effizienz als Herausforderung an das Verwaltungsrecht – Einleitende Problemskizze. In: Hoffmann-Riem, Wolfgang / Schmidt-Aßmann, Eberhard (Hrsg.), Effizienz als Herausforderung an das Verwaltungsrecht, 1. Aufl., Baden-Baden, Nomos Verl.-Ges. S. 11, 57.

Hoffmann-Riem, Wolfgang (2001): Verwaltungskontrolle – Perspektiven. In: Schmidt-Aßmann, Eberhard / Hoffmann-Riem, Wolfgang (Hrsg.), Verwaltungskontrolle, 1. Aufl., Baden-Baden, Nomos-Verl.-Ges., S. 325-366.

Hofmann, Walter (1963): Genehmigungsvorbehalt und Kommunalaufsicht. In: Aktuelle Probleme der Kommunalaufsicht – Vorträge und Diskussionsbeiträge des 31. Staatswissenschaftlichen Fortbildungskursus der Hochschule für Verwaltungswissenschaften Speyer, Berlin, Duncker & Humblot, S. 81-97.

Holtkamp, Lars (2007): Wer hat Schuld an der Verschuldung? Ursachen nationaler und kommunaler Haushaltsdefizite. In: polis, Nr. 64, abrufbar unter URL: https://www.fernuni-hagen.de/polis/lg4/docs/polis_64_lars_holtkamp.pdf (zuletzt abgerufen am 6.9.2021).

Holtkamp, Lars (2009): Governance-Konzepte in der Haushaltskrise – Eine Analyse am Beispiel der beratenden Sparkommissare. In: Verwaltung und Management; VM, Jg. 15, Heft 3, S. 149-159.

Holtkamp, Lars (2012): Verwaltungsreformen – Problemorientierte Einführung in die Verwaltungswissenschaft, Wiesbaden, Springer VS.

Hopfe, Jörg / Sommer, Thomas / Krampe, Markus (2011): Neue Wege in schwierigen Zeiten – Bezirksregierung Arnsberg berät Kommunen bei Haushaltskonsolidierung. In: Der Neue Kämmerer, Ausgabe 5, abrufbar unter URL: https://www.derneuekaemmerer.de/wp-content/uploads/sites/56/2021/03/DNK-05-2011.pdf (zuletzt abgerufen am 6.9.2021).

Hopp-Wiel, Klaus (2009): Kameralistik. In: Hanns-Seidel-Stiftung (Hrsg.), Grundlagen kommunaler Haushaltsführung, München, Hanns-Seidel-Stiftung, S. 11-134.

Horváth, Péter (2006): Controlling, 10. Aufl., München, Verlag Vahlen.

Hufen, Friedhelm (1982): Die Freiheit der Kunst in staatlichen Institutionen – dargest. am Beispiel d. Kunst- u. Musikhochschulen, Baden-Baden, Nomos Verl. Ges.

Hufen, Friedhelm (1998): Aufgabenentzug durch Aufgabenüberlastung – Verfassungsrechtliche Grenzen der Überwälzung kostenintensiver Staatsaufgaben auf die Kommunen. In: Die Öffentliche Verwaltung; DÖV, Jg. 51, Heft 7, S. 276-285.

Humpert, Paul-Peter (1990): Die Zulässigkeitsanforderungen an staatliche Genehmigungsvorbehalte im Recht der kommunalen Selbstverwaltungsträger. In: Deutsches Verwaltungsblatt; DVBl., Jg. 105, Heft 15, S. 804-811.

Humpert, Paul-Peter (1990): Genehmigungsvorbehalte im Kommunalverfassungsrecht, Köln, Kohlhammer; Dt. Gemeindeverl. [u.a.].

Ibler, Marin (1996): Ersetzung förmlicher Kommunalaufsichtsmittel durch „kooperatives Verwaltungshandeln"? In: Hoffmann, Markus / Kromberg, Christlan / Roth, Verena / Wiegand, Bodo (Hrsg.), Kommunale Selbstverwaltung im Spiegel von Verfassungsrecht und Verwaltungsrecht – 35. Tagung der Wissenschaftlichen Mitarbeiterinnen und Mitarbeiter der Fachrichtung „Öffentliches Recht" Rostock 1995, Stuttgart; München; Hannover; Berlin; Weimar; Dresden, Boorberg, S. 201-219.

Ipsen, Jörn (1986): Staatliche Ingerenzen und gemeindliche Selbstverwaltung. In: Niedersächsischer Städtetag (Hrsg.), Aufsicht über die Städte - Kontrolle oder Kondominium? – Referate im Rahmen des Städteforums Lüneburg am 2. Dezember 1985, Burgwedel; Göttingen, Schwartz.

Ipsen, Jörn (1998): Grundfragen der kommunalen Verwaltungsreform. In: Deutsches Verwaltungsblatt; DVBl., Jg. 113, Heft 15, S. 801-808.

Ipsen, Jörn (2014): Niedersächsisches Kommunalrecht – Lehrbuch, 4. Aufl. Stuttgart, Richard Boorberg Verlag.

Isensee, Josef (1996): Schuldenbarriere für Legislative und Exekutive – Zu Reichweite und Inhalt der Kreditkautelen des Grundgesetzes In: Wendt, Rudolf (Hrsg.) Staat, Wirtschaft, Steuern – Festschrift für Karl Heinrich Friauf zum 65. Geburtstag, Heidelberg, Müller, S. 705-728 (zit.: Isensee, in: FS für Friauf).

Isensee, Josef (2001): Subsidiaritätsprinzip und Verfassungsrecht – eine Studie über das Regulativ des Verhältnisses von Staat und Gesellschaft, 2. Aufl., Berlin, Duncker und Humblot.

Isensee, Josef (2016): § 6 „Der Staat hat nichts zu verschenken" – Rechtliche Substanz in einem Gemeinplatz. In: Hufeld, Ulrich / Kube, Hanno / Reimer, Ekkehart (Hrsg.), Entwicklungslinien der Finanzverfassung – mit Beirägen von Ulrich Hufeld, Josef Isensee, Paul Kirchhof, Hanno Kube, Ekkehart Reimer und Andreas Thier, Berlin, Lehmanns Media, S. 117-149.

Jahnke, Frank (2007): Umstellung des kommunalen Finanzwesens auf die Doppik. In: KommunalPraxis spezial, Heft 1, S. 9-12.

Janda, Timm Christian / Ahl, Elisabeth (2014): „Kommunale Verwaltungsreform – 20 Jahre Neues Steuerungsmodell" – Zur Tagung des Lorenz-von-Stein-Instituts am 25. Februar 2014 in Kiel. In: Die Öffentliche Verwaltung; DÖV, Jg. 67, Heft 17, S. 749-754.

Jann, Werner (2005): Neues Steuerungsmodell. In: Blanke, Bernhard / Von Bandemer, Stephan / Nullmeier, Frank / Wewer, Göttrik (Hrsg.), Handbuch zur Verwaltungsreform, 3. Aufl., Wiesbaden, VS Verl. für Sozialwiss., S. 74-84.

Janson, Gunnar (2019): Ökonomische Theorie im Recht – Anwendbarkeit und Erkenntniswert im allgemeinen und am Beispiel des Arbeitsrechts, Berlin, Duncker & Humblot.

Jethon, André (2018): Zur Vereinbarkeit produktorientierter Ziele und Kennzahlen mit kommunalpolitischer Handlungslogik – Eine empirische Zwischenbilanz zu § 12 GemHVO NRW. In: Verwaltung & Management; VM, Jg. 24, Heft 2, S. 88-95.

Kahl, Wolfgang (2000): Die Staatsaufsicht – Entstehung, Wandel und Neubestimmung unter besonderer Berücksichtigung der Aufsicht über die Gemeinden, 1. Aufl., Tübingen, Mohr Siebeck.

Kahl, Wolfgang (2009): Staatsziel Nachhaltigkeit und Generationengerechtigkeit. In: Die Öffentliche Verwaltung; DÖV, Jg. 62, Heft 1, S. 2-14.

Kegelmann, Jürgen (2007): New Public Management – Möglichkeiten und Grenzen des Neuen Steuerungsmodells, Wiesbaden, VS Verl. für Sozialwiss.

Keilmann, Ulrich / Gnädinger, Marc / Volk, Felix (2020): Das Mehrkomponentenmodell der Überörtlichen Prüfung in Hessen. In: Zeitschrift für Kommunalfinanzen; ZKF, Jg. 70, Heft 2, S. 25-28.

Keller, Brigitte (2014): Wie steuert die Politik in der Doppik? – eine Kommune stellt sich neu auf, Hamburg, Diplomica-Verl.

Kelsen, Hans (2008): Reine Rechtslehre – Einleitung in die rechtswissenschaftliche Problematik, 1. Aufl. 1934, Tübingen, Mohr Siebeck.

Kempny, Simon (2017): Verwaltungskontrolle – zur Systematisierung der Mittel zur Sicherung administrativer Rationalität unter besonderer Berücksichtigung der Gerichte und der Rechnungshöfe, Tübingen, Mohr Siebeck.

KFS (2016): Kreditaufnahmen durch Kommunen. In: Kommunalpolitisches Forum Sachsen e. V.; KFS, Kommunal-Info 4/2016, S. 1-5.

KFS (2017): Kommunen unter Aufsicht. In: Kommunalpolitisches Forum Sachsen e. V.; KFS, Kommunal-Info 2/2017, S. 1-5.

KGSt (1993): Das Neue Steuerungsmodell – Begründung, Konturen, Umsetzung, KGSt-Bericht Nr. 5/1993, Köln.

KGSt (1994): Das Neue Steuerungsmodell – Definition und Beschreibung von Produkten, KGSt-Bericht Nr. 8/1994, Köln.

KGSt (1994): Verwaltungscontrolling im Neuen Steuerungsmodell, KGSt-Bericht Nr. 15/1994, Köln.

KGSt (1998): Führungsstrukturen im Neuen Steuerungsmodell, KGSt-Bericht Nr. 9/1998, Köln.

Kirchhof, Ferdinand (1983): Die Steuerung des Verwaltungshandelns durch Haushaltsrecht und Haushaltskontrolle. In: Neue Zeitschrift für Verwaltungsrecht; NVwZ, Jg. 2, Heft 9, S. 505-522.

Kirchner, Christian (1997): Ökonomische Theorie des Rechts – überarbeitete und ergänzte Fassung eines Vortrages gehalten vor der Juristischen Gesellschaft zu Berlin am 16. Oktober 1996, Berlin; New York, de Gruyter.

Kirchner, Christian (2001): Folgenberücksichtigung bei judikativer Rechtsfortbildung und Ökonomische Theorie des Rechts. In: Hof, Hagen / Schulte, Martin (Hrsg.), Wirkungsforschug zum Recht III – Folgen von Gerichtsentscheidungen, 1. Aufl., Baden-Baden, Nomos, S. 33-43.

Klatt, Matthias (2013): Die praktische Konkordanz von Kompetenzen – entwickelt anhand der Jurisdiktionskonflikte im europäischen Grundrechtsschutz, Tübingen, Mohr Siebeck.

Klatt, Matthias / Schmidt, Johannes (2010): Spielräume im Öffentlichen Recht – zur Abwägungslehre der Prinzipientheorie, Tübingen, Mohr Siebeck.

Klaus, Ade (1992): Die finanzielle Leistungsfähigkeit der Gemeinden – ein unbestimmter Rechtsbegriff mit Beurteilungsspielraum? In: Der Gemeindehaushalt, Jg. 93, Heft 2, S. 40-45.

Klemt, Hermann (1975): Die Mitwirkung der Kommunalaufsichtsbehörde an der Verwaltung der Gemeinden durch beratende Tätigkeit. Diss. jur. Würzburg.

Klenk, Tanja (2008): Selbstverwaltung im öffentlichen Sektor – Reformen, Leistungsstrukturen, Prospektiven. In: Verwaltung & Management; VM, Jg. 14, Heft 1, S. 3-10.

Klicki, Christian (2019): Das Gebot der interkommunalen Gleichbehandlung, Wiesbaden, Kommunal- und Schul-Verlag.

Klimant, Jörn (1992): Funktionen, Probleme und Arbeitsweise der Kommunalaufsicht – eine Untersuchung unter besonderer Berücksichtigung der Rechtslage in Schleswig-Holstein, Freiburg, Br., Pfaffenweiler, Centaurus-Verl.-Ges.

Kluth, Winfried (1997): Funktionale Selbstverwaltung – verfassungsrechtlicher Status – verfassungsrechtlicher Schutz, Tübingen, Mohr-Siebeck.

Kment, Martin (2015): Beurteilungsspielraum und Ermessen. In: Juristische Schulung; JuS, Jg. 55, Heft 3, S. 193-201.

Knappe, Robert (2010): Die Eignung von New Public Management zur Steuerung öffentlicher Kulturbetriebe, 1. Aufl., Wiesbaden, Gabler.

Knemeyer, Franz-Ludwig (1999): Rechtsaufsicht als Vertrauensaufsicht – Zum Wandel der Staatsaufsicht über die Kommune als Zeichen eines Wandels in der äußeren Kommunalverfassung und zur Stärkung kommunaler Selbstverwaltung. In: Bayerische Verwaltungsblätter; BayVBl., Jg. 45, Heft 7, S. 193-197.

Knemeyer, Franz-Ludwig (2007): Die Staatsaufsicht über die Gemeinden und Kreise (Kommunalaufsicht). In: Mann, Thomas / Püttner, Günter (Hrsg.), Handbuch der kommunalen Wissenschaft und Praxis – Band 1, Grundlagen und Kommunalverfassung, 3. Aufl., Dordrecht, Springer, S: 217-243.

Knobloch, Angelika (2000): Erste Schritte zur Leistungserfassung und -rechnung in Pilotprojekten der Landesverwaltung Hessen. In: Budäus, Dietrich (Hrsg.), Leistungserfassung und Leistungsmessung in öffentlichen Verwaltungen – 2. Norddeutsche Fachtagung zum New Public Management, Wiesbaden; s.l., Gabler Verlag, S. 111-117.

Koch, Hans-Joachim (1989): Abwägungsvorgang und Abwägungsergebnis als Gegenstände gerichtlicher Plankontrolle. In: Deutsches Verwaltungsblatt; DVBl., Jg. 104, Heft 8, S. 399-405.

Kocka, Jürgen (2017): Geschichte des Kapitalismus, 3. Aufl., München, Verlag C.H. Beck.

Kopp, Ferdinand Otto (1992): Die Staatsaufsicht über die Handwerkskammern, Alfeld, Gildefachverl.

Korać Sanja (2019): Kosten- und Leistungsrechnung [Cost Accounting]. In: Veit, Sylvia / Reichard, Christoph / Wewer, Göttrik (Hrsg.), Handbuch zur Verwaltungsreform, 5. Aufl., Wiesbaden, Springer, S. 457-469.

Korioth, Stefan / Müller, Michael Wolfgang (2016): Einstands- oder Ausfallhaftung der Länder bei Zahlungsunfähigkeit von Kommunen? In: Verwaltungsarchiv; VerwArch, Band 107, S. 380-417.

Körner, Stephan / Derfuß, Klaus (2015): Investitionscontrolling nordrhein-westfälischer Kommunen. In: Zeitschrift für öffentliche und gemeinwirtschaftliche Unternehmen (Journal for Public and Nonprofit Services); ZögU, Jg. 38, Heft 1, S. 51-69.

KPMG (Hrsg.) (2009): Leistungsvergleiche in der staatlichen Verwaltung, Philosophie, Methodik und Organisation am Beispiel der Steuerverwaltung, KPMG AG., Berlin.

Krebs, Walter (1984): Kontrolle in staatlichen Entscheidungsprozessen – ein Beitrag zur rechtlichen Analyse von gerichtlichen, parlamentarischen und Rechnungshof-Kontrollen, Heidelberg, Müller; Juristischer Verl.

Krebs, Walter (1989): Rechtmäßigkeit und Wirtschaftlichkeit als Kontrollmaßstäbe des Rechnungshofs. In: von Arnim, Hans Herbert (Hrsg.), Finanzkontrolle im Wandel – Vorträge und Diskussionsbeiträge der 15. Verwaltungswissenschaftlichen Arbeitstagung 1988 des Forschungsinstituts für öffentliche Verwaltung bei der Hochschule für Verwaltungswissenschaften, Speyer; Berlin, Duncker u. Humblot, S. 65-81.

Krebs, Walter (2004): Die Juristische Methode im Verwaltungsrecht. In: Schmidt-Aßmann, Eberhard / Hoffmann-Riem, Wolfgang (Hrsg.), Methoden der Verwaltungswissenschaft, 1. Aufl., Baden-Baden, Nomos Verl.-Ges. S. 209-221.

Kube, Hanno (2000): Neue Steuerung im Haushaltsrecht – Ein Kompetenzengefüge außer Balance? In: Die Öffentliche Verwaltung; DÖV, Jg. 53, Heft 19, S. 810-819.

Kußmaul, Heinz / Henkes, Jörg (2010): Kommunale Doppik – Einführung in das Dreikomponentensystem, Berlin, Erich Schmidt Verlag.

Lademann, Sascha / Markwardt, Gunther (2019): Anreizkompatibilität und Effizienz von kommunalen Zuweisungseinnahmen außerhalb der kommunalen Finanzausgleiche. In: Schweisfurth, Tilmann / Wallmann, Walter (Hrsg.), Haushalts- und Finanzwirtschaft der Kommunen in der Bundesrepublik Deutschland, 1. Aufl., Berlin, Berliner Wissenschafts-Verlag, S. 415-435.

Landeshauptstadt Hannover, Haushaltsplan der Landeshauptstadt Hannover für die Haushaltsjahre 2019 und 2020, abrufbar unter URL: https://docplayer.org/133410919-Haushaltsplan-der-landeshauptstadt-hannover-fuer-die-haushaltsjahre-2019-und-2020.html (zuletzt abgerufen am 6.9.2021).

Landesrechnungshof Mecklenburg-Vorpommern, Jahresbericht 2015 - Teil 1 - Kommunalfinanzbericht 2015, abrufbar unter URL: https://www.lrh-mv.de/static/LRH/Dateien/Jahresberichte/KFB_2015.pdf (zuletzt abgerufen am 6.9.2021).

Landesrechnungshof Niedersachsen, Praxishilfe – Pflichtaufgabe oder Freiwillige Leistung? Abgrenzung und Handlungsoptionen, 21.8.2017, 6.3-10713/4-15, abrufbar unter URL: https://www.google.com/url?sa=t&rct=j&q=&esrc=s&source=web&cd=&ved=2ahUKEwiS6rrAzvryAhUKCuwKHe4CBtYQFnoECAMQAQ&url=https%3A%2F%2Fwww.lrh.niedersachsen.de%2Fdownload%2F122410&usg=AOvVaw1HMtxy3kRu2EPcnTC0x5Zg (zuletzt abgerufen am 6.9.2021).

Landesrechnungshof Niedersachsen, Überörtliche Kommunalprüfung – Kommunalbericht 2013, 2015, 2016, 2017, 2018, 2019, abrufbar unter URL: https://

www.lrh.niedersachsen.de/startseite/veroffentlichungen/kommunalberichte/kommunalbericht-archiv-153648.html (zuletzt abgerufen am 6.9.2021).

Landesrechnungshof Niedersachsen, Überörtliche Kommunalprüfung – Kommunalbericht 2020, abrufbar unter URL: https://www.lrh.niedersachsen.de/startseite/veroffentlichungen/kommunalberichte/kommunalbericht_2020/kommunalbericht-2020-194124.html (zuletzt abgerufen am 6.9.2021).

Landkreis Osnabrück, Produkthaushalt 2020, abrufbar unter URL: https://www.landkreis-osnabrueck.de/sites/default/files/2020-08/haushalt-2020-final.pdf (zuletzt abgerufen am 6.9.2021).

Lang, Heinrich (1995): Kommunale Selbstverwaltung und staatliche Genehmigungsvorbehalte – Ist die Neuregelung der Kreisumlage in Nordrhein-Westfalen verfassungsgemäß? In: Deutsches Verwaltungsblatt; DVBl., Jg. 110, Heft 13, S. 657-665.

Lange, Klaus (2015): Der Kampf um die Hebesätze. In: Neue Zeitschrift für Verwaltungsrecht; NVwZ, Jg. 34, Heft 11, S. 695-700.

Lange, Klaus (2015): Die finanzielle Mindestausstattung und die angemessene Finanzausstattung der Kommunen. In: Deutsches Verwaltungsblatt; DVBl., Jg. 130, Heft 8, S. 457-463.

Lange, Klaus (2015): Verfassungsrechtliche Grundlagen der Finanzierung der Kommunen in Nordrhein-Westfalen im Auftrag des Städtetages Nordrhein-Westfalen, des Landkreistages Nordrhein-Westfalen und des Städte- und Gemeindebundes Nordrhein-Westfalen, abrufbar unter URL: https://www.lkt-nrw.de/media/3796/verfassungsrechtliche-grundlagen-der-finanzierung-der-kommunen-in-nrw-gutachten-von-prof-dr-klaus-lange.pdf (zuletzt abgerufen am 6.9.2021).

Lange, Klaus (2019): Kommunalrecht, 2. Aufl., Tübingen, Mohr Siebeck.

Langner, Peter (1983): Zero-Base Budgeting und Sunset Legislation – Instrumente zur Rückgewinnung öffentlicher Handlungsspielräume?, 1. Aufl., Baden-Baden, Nomos.

Lasar, Andreas (2010): Keine Harmonisierung im öffentlichen Haushalts- und Rechnungswesen. In: Verwaltung & Management; VM, Jg. 16, Heft 1, S. 3-16.

Lasar, Andreas / Bußmann, Christopher (2017): Kommunales Rechnungswesen in Niedersachsen, Band 1: Buchführung, 3. Aufl., Witten, Kommunal- und Schul-Verlag.

Lecheler, Helmut (1998): Verwaltungslehre – Kurzlehrbuch, Stuttgart; München; Hannover, Boorberg.

Lee, Ki Woo (1990): Kommunalaufsicht in der Bundesrepublik Deutschland und in Korea, Berlin, Duncker u. Humblot.

Leisner-Egensperger, Anna (2006): Direktive Beratung von Gemeinden durch die Aufsicht – Gefahren für Autonomie und Rechtsschutz? In: Die Öffentliche Verwaltung; DÖV, Jg. 59, Heft 18, S. 761-770.

Leisner, Walter (1971): Effizienz als Rechtsprinzip, Tübingen, Mohr.

Lenz, Stefan (2020): Kommunalverwaltung und Demokratieprinzip, Tübingen, Mohr Siebeck.

Lüder, Klaus (1998): Verpaßte Chance – Das Haushaltsrechts-, Fortentwicklungsgesetz vom 22.12.1997 und seine Konsequenzen für die Reform des öffentlichen Rechnungswesens. In: Die Öffentliche Verwaltung; DÖV, Jg. 51, Heft 7, S. 285-287.

Lüder, Klaus (1999): Konzeptionelle Grundlagen des Neuen Kommunalen Rechnungswesens (Speyerer Verfahren), 2. Aufl., Stuttgart, Staatsanzeiger für Baden-Württemberg.

Lüder, Klaus (2006): Notwendige rechtliche Rahmenbedingungen für ein reformiertes staatliches Rechnungs- und Haushaltswesen. In: Die Öffentliche Verwaltung; DÖV, Jg. 59, Heft 18, S. 641-648.

Lüder, Klaus (2008): Vermögensrechnung. In: Henneke, Hans-Günter / Strobl, Heinz / Diemert, Dörte (Hrsg.), Recht der kommunalen Haushaltswirtschaft – Doppik – Neue Steuerung, München, Beck, S. 319-349.

Luhmann, Niklas (1960): Kann die Verwaltung wirtschaftlich handeln? In: Verwaltungsarchiv; VerwArch, Band 51, Heft 2, S. 97-115.

Luhmann, Niklas (1966): Recht und Automation in der öffentlichen Verwaltung – eine verwaltungswissenschaftliche Untersuchung, Berlin, Duncker & Humblot.

Luhmann, Niklas (1991): Zweckbegriff und Systemrationalität – über die Funktion von Zwecken in sozialen Systemen, 5. Aufl., Frankfurt am Main, Suhrkamp.

Mäding, Heinrich (2005): Öffentliche Haushalte zwischen demokratischer Steuerung und administrativer Effizienz. In: Blanke, Bernhard / von Bandemer, Stephan / Nullmeier, Frank / Wewer, Göttrik (Hrsg.), Handbuch zur Verwaltungsreform, 3. Aufl., Wiesbaden, VS Verl. für Sozialwiss. | Springer Fachmedien Wiesbaden GmbH, S. 341-351.

Magin, Christian (2011): Kommunale Rechnungslegung – konzeptionelle Überlegungen, Bilanzanalyse, Rating und Insolvenz, 1. Aufl., Wiesbaden, Gabler.

Mastronardi, Philippe / Schedler, Kuno (2004): New Public Management in Staat und Recht – ein Diskurs, 2. Aufl. Bern [u.a.], Haupt.

Mathis, Klaus (2019): Effizienz statt Gerechtigkeit – Auf der Suche nach den philosophischen Grundlagen der ökonomischen Analyse des Rechts, 4. Aufl., Berlin, Duncker & Humblot.

Maunz, Theodor / Dürig, Günter (Hrsg.): Grundgesetz – Kommentar, Loseblatt, 68. Ergänzungslieferung 2013, München, Verlag C.H.Beck (zit.: Bearbeiter, in: Maunz/Dürig (Hrsg.), Grundgesetz-Kommentar).

Maurer, Harmut / Waldhoff, Christian (2020): Allgemeines Verwaltungsrecht, 20. Aufl., München, C.H.Beck.

Mehde, Veith (2000): Neues Steuerungsmodell und Demokratieprinzip, Berlin, Duncker-Humbolt.

Mehde, Veith (2008): Planung, Aufstellung und Beratung des Haushalts. In: Henneke, Hans-Günter / Strobl, Heinz / Diemert, Dörte (Hrsg.), Recht der kommunalen Haushaltswirtschaft – Doppik – Neue Steuerung, München, Beck, S. 115-131.

Mehde, Veith (2009): Von der Input-Legitimation zur Output-Legitimation-Problemlösung und öffentliche Wertschöpfung (Public Value) als Zielbilder. In: Herausforderung e-Government – E-Volution des Rechts- und Verwaltungssystems, 1. Aufl., Baden-Baden, Nomos, S. 213-230.

Mehde, Veith (2011): Die Evaluation von Verwaltungsleistungen. In: Die Verwaltung; DV, Band 44, Heft 2, S. 179-211.

Mehde, Veith (2012): Rechtsetzungen der europäischen und nationalen Verwaltungen. In: Veröffentlichungen der Vereinigung der Deutschen Staatsrechtslehrer; VVDStRL, Band 71, Berlin; Boston, De Gruyter, S. 418-449.

Mehde, Veith (2019): Das Steuerungspotenzial der Exekutive. In: Kahl, Wolfgang / Mager, Ute (Hrsg.), Verwaltungsrechtswissenschaft und Verwaltungsrechtspraxis, Baden-Baden, Nomos, S. 147-172.

Mende, Bernd / Wilmsmeier, Achim (2010): Die Abgrenzung von Investitionen und Instandhaltungen in Bezug auf Straßen und Ingenieurbauwerke, Institut für Verwaltungswissenschaften gGmbH., abrufbar unter URL: https://ge-komm.de/wp-content/uploads/2015/03/3-Straßen-INV-INS-Mende_Ge-Komm_GmbH.pdf (zuletzt abgerufen am 6.9.2021).

Meyer, Hubert (2003): Amtspflichten der Rechtsaufsichtsbehörde – Staatliche Fürsorge statt Selbstverantwortung? In: Neue Zeitschrift für Verwaltungsrecht; NVwZ, Jg. 22, Heft 7, S. 818-821.

Meyer, Ulli Christian (2002): Das Neue Steuerungsmodell – Vereinbarkeit mit dem Demokratieprinzip und kommunalverfassungsrechtliche Zulässigkeit, München, Utz, Wiss.

Ministerium des Innern und für Kommunales Brandenburg, Runderlass Nr. 2/2009, abrufbar unter URL: https://bravors.brandenburg.de/verwaltungsvorschriften/rerl_1_2009 (zuletzt abgerufen am 6.9.2021).

Ministerium des Innern und für Kommunales Brandenburg, Runderlass Nr. 1/ 2013, abrufbar unter URL: https://bravors.brandenburg.de/verwaltungsvorschriften/rerl_1_13 (zuletzt abgerufen am 6.9.2021).

Ministerium für Inneres, ländliche Räume, Integration und Gleichstellung Schleswig-Holstein, Haushaltserlass 2022 v. 21.9.2021, abrufbar unter: https://www.kiel.de/de/politik_verwaltung/finanzen/_haushaltsplanung/2022/06_Haushaltserlass_2022_21_09_2021.pdf (zuletzt abgerufen am 6.9.2021).

Ministerium für Inneres und Europa Mecklenburg-Vorpommern, Orientierungsdaten zum Kommunalen Finanzausgleich 2021 für die Haushaltsplanung 2021 v. 2.10.2020, abrufbar unter: https://www.regierung-mv.de/serviceassistent/download?id=1629970 (zuletzt abgerufen am 6.9.2021).

Ministerium für Inneres und Europa Mecklenburg-Vorpommern, Rechtsaufsichtliche Entscheidungen zur Haushaltssatzung 2013 des Landkreises Rostock, II-174-6100V-2013/003-001 vom 12.7.2013, abrufbar unter URL: https://www.landkreis-rostock.de/kreistag/sitzungsvorlagen/kreisausschusssitzungsunterlagen/2013/2013-08-21/007-entscheidung-innenministerium.pdf (zuletzt abgerufen am 6.9.2021).

Ministerium für Inneres und Europa Mecklenburg-Vorpommern, Rechtsaufsichtliche Entscheidungen zur Haushaltssatzung 2018 des Landkreises Ludwigslust-Parchim, II 320-174-6100Z-2018/019-001 vom 29.3.2018, abrufbar unter URL: https://www.kreis-lup.de/export/sites/LUP/.galleries/PDF-LUP2/PDF-FD20/Rechtsaufsichtliche-Entscheidungen-LK-LUP-2018.pdf (zuletzt abgerufen am 6.9.2021).

Ministerium für Inneres und Europa Mecklenburg-Vorpommern, Runderlass II 320-174.3.60 vom 10.1.2007, abrufbar unter URL: http://docplayer.org/33664951-Runderlass-des-innenministeriums-zur-beurteilung-der-dauernden-leistungsfaehigkeit-von-kommunen.html (zuletzt abgerufen am 6.9.2021).

Ministerium für Inneres und Sport Niedersachsen, Presseinformationen, abrufbar unter URL: https://www.mi.niedersachsen.de/startseite/aktuelles/presseinformationen/-60912.html (zuletzt abgerufen am 6.9.2021).

Ministerium für Inneres und Sport Niedersachsen, Runderlass 33.1-10245/1 vom 13.12.2017, Fundstelle: Nds. MBl. 2018, S. 84, abrufbar unter URL: http://www.nds-voris.de/jportal/?quelle=jlink&query=VVND-203000-MI-20171213-01-SF&psml=bsvorisprod.psml&max=true (zuletzt abgerufen am 6.9.2021).

Ministerium für Inneres und Sport Niedersachsen, Runderlass 33.1-10300/3 vom 13.12.2017 (Anlage 1,2), Fundstelle: Nds. MBl. 2018 Nr. 5, S. 89, abrufbar unter URL: https://www.mi.niedersachsen.de/startseite/themen/kommunen/kommunales_haushaltsrecht/ausfuehrungserlass-zur-kommunalhaushalts-

und-kassenverordnung-komhkvo-62842.html (zuletzt abgerufen am 6.9.2021).

Ministerium für Inneres und Sport Niedersachsen, Runderlass 33.12-10306/2 vom 24.4.2017 (Anlage 19), Fundstelle: Nds. MBl. 2017 Nr. 19, S. 566, abrufbar unter URL: https://www.mi.niedersachsen.de/startseite/themen/kommunen/kommunales_haushaltsrecht/ausfuehrungserlass-zur-kommunalhaushalts-und-kassenverordnung-komhkvo-62842.html (zuletzt abgerufen am 6.9.2021).

Ministerium für Inneres und Sport Niedersachsen, Zwischenbilanz der niedersächsischen Entschuldungsprogramme, Az. 33.27-10461 N32; 10461/2; 10464 N40 vom 18.8.2017, abrufbar unter URL: https://webcache.googleusercontent.com/search?q=cache:lnQnoj0LI1IJ:https://www.mi.niedersachsen.de/download/122951/Zwischenbilanz_der_Nds._Entschuldungsprogramme.pdf+&cd=1&hl=de&ct=clnk&gl=de&client=safari (zuletzt abgerufen am 6.9.2021).

Ministerium für Inneres und Sport Sachsen-Anhalt, Runderlass 32/35-10401 vom 23.2.2015, abrufbar unter URL: https://www.landesrecht.sachsen-anhalt.de/bsst/document/VVST-VVST000008117 (zuletzt abgerufen am 6.9.2021).

Ministerium für Inneres und Sport Sachsen-Anhalt, Erlass 32.11-10401/1 vom 9.3.2017, abrufbar unter URL: https://www.kf-st.de/fileadmin/lcmskfst/user/upload/17_0309_MI_Erlass.pdf (zuletzt abgerufen am 6.9.2021).

Mlynek, Dieter (1995): Anmerkungen zur Kommunalaufsicht in Zeiten knapper Kassen. In: Niedersächsische Verwaltungsblätter; NdsVBl., Jg. 2, Heft 2, S. 54-59.

Mollbach, Achim (2014): „Führen mit Zielvereinbarungen" als Verfahren – Funktionen, Gestaltung und Wirkungen, Edewecht; OlWIR, Oldenburger Verl. für Wirtschaft, Informatik und Recht.

Möltgen, Katrin / Lorig, Wolfgang H. (2009): Die kundenorientierte Verwaltung – zu den Facetten eines Leitbildes der Verwaltungsmodernisierung. In: Czerwick, Edwin / Lorig, Wolfgang H. / Treutner, Erhard (Hrsg.), Die öffentliche Verwaltung in der Demokratie der Bundesrepublik Deutschland, Wiesbaden, VS Verl. für Sozialwiss., S. 225-246.

Mühlenkamp, Holger (2011): Die Steuerungswirkung der Doppik. In: Der Städtetag, Jg. 64, Heft 3, S. 14-18.

Mühlenkamp, Holger (2015): Wirtschaftlichkeit im öffentlichen Sektor – Wirtschaftlichkeitsvergleiche und Wirtschaftlichkeitsuntersuchungen, Berlin; München [u.a.], De Gruyter Oldenbourg.

Mühlenkamp, Holger (2019): Einführende Überlegungen zur Finanzkontrolle durch Rechnungsprüfungsbehörden. In: Hill, Hermann / Mühlenkamp,

Holger (Hrsg.), Neue Wege in der Finanzkontrolle – Beiträge zur Tagung der Deutschen Universität für Verwaltungswissenschaften, Berlin, Duncker & Humblot, S. 9-24.

Mühlenkamp, Holger / Glöckner, Andreas (2007): Rechtsvergleich Doppik – Kommunales Haushalts- und Rechnungswesen, Deutsches Forschungsinstitut für öffentliche Verwaltung Speyer.

Mühlenkamp, Holger / Sossong, Peter (2019): Heterogener Rechtsrahmen und Regelungslücken – Ressourcenverbrauchssicht oder Finanzsicht – muss insbesondere neben dem Ergebnishaushalt auch der Finanzhaushalt ausgeglichen sein, um Budgetdisziplin zu fördern? In: Schweisfurth, Tilmann / Wallmann, Walter (Hrsg.), Haushalts- und Finanzwirtschaft der Kommunen in der Bundesrepublik Deutschland, 1. Aufl., Berlin, Berliner Wissenschafts-Verlag, S. 575-592.

Müller-Osten, Anne (2012): Die Bedeutung des Haushaltsausgleichs - eine Frage der Gerechtigkeit – Thesen für eine erfolgreiche Politikfeldsteuerung. In: Verwaltung & Management; VM, Jg. 18, Heft 2, S. 102-111.

Munzert, Eberhard (1997): Schwerpunkte der Haushaltsreform im Lichte moderner Finanzkontrolle. In: Müller, Udo (Hrsg.), Haushaltsreform und Finanzkontrolle, 1. Aufl., Baden-Baden, Nomos, S. 29-42.

Naschold, Frieder / Bogumil, Jörg (2000): Modernisierung des Staates – new public management in deutscher und internationaler Perspektive, 2. Aufl., Opladen, Leske + Budrich.

Neupert, Michael (2011): Rechtmäßigkeit und Zweckmäßigkeit – das Rahmen-Bild-Modell der verwaltungsgerichtlichen Kontrolldichte bei der Eingriffsverwaltung, Tübingen, Mohr Siebeck.

Niemann, Friederike-Sophie / Ebinger, Falk (2017): Was haben die, was wir nicht haben? In: Verwaltungsarchiv; VerwArch, Band 108, S. 90-114.

Nowak, Karsten / Hahn, Antonia / Lorenz, Kevin (2019): Die Bilanz der Gebietskörperschaft als Frühwarnindikator – Handlungsspielräume erhalten, Fiskalillusion vermeiden! In: Der Konzern, Jg. 17, Nr. 11, S. 446-450.

Nullmeier, Frank (2001): Input, Output, Outcome, Effektivität und Effizienz. In: Blanke, Bernhard / Von Bandemer, Stephan / Nullmeier, Frank / Wewer, Gättrik (Hrsg.), Handbuch zur Verwaltungsreform, 2. Aufl., Opladen, Leske + Budrich, S. 357-363.

Oebbecke, Janbernd (1994): Beratung durch Behörden. In: Deutsches Verwaltungsblatt; DVBl., Jg. 109, Heft 3, S. 147-154.

Oebbecke, Janbernd (1995): Die neue Kommunalverfassung in Nordrhein-Westfalen. In: Die Öffentliche Verwaltung; DÖV, Jg. 48, Heft 17, S. 701-709.

Oebbecke, Janbernd (2001): Kommunalaufsicht – nur Rechtsaufsicht oder mehr? In: Die Öffentliche Verwaltung; DÖV, Jg. 63, Heft 10, S. 406-412.

Oebbecke, Janbernd (2009): Rechtliche Vorgaben für den Haushaltsausgleich und ihre Durchsetzung – Rechtliche und rechtspolitische Überlegungen zur Sanierung der kommunalen Haushalte. In: Der Gemeindehaushalt, Jg. 110, Heft 11, S. 241-246.

Oebbecke, Janbernd (2013): Reaktionen des Rechts auf kommunale Finanzprobleme. In: Deutsches Verwaltungsblatt; DVBl., Jg. 128, Heft 22, S. 1409-1415.

Oebbecke, Janbernd (2015): Kommunalaufsicht. In: Die Verwaltung; DV, Band 48, Heft 2, S. 233-257.

Osner, Andreas (1996): Theorie der Unternehmung und Praxis des Neuen Steuerungsmodells – Brauchbare Implikationen für die Reform der Kommunalverwaltung. In: Lang, Eva (Hrsg.), Kommunen vor neuen Herausforderungen – Festschrift für Werner Noll zum 65. Geburtstag, Berlin, Duncker & Humblot, S. 49-81 (zit.: Osner, in: FS Noll).

Özdemir, Fatos (2009): Die Behandlung von Mängeln der Abwägung bei der Aufstellung von Bauleitplänen im Planerhaltungssystem des EAG Bau, Berlin, Duncker & Humblot.

Pache, Eckhard (2001): Tatbestandliche Abwägung und Beurteilungsspielraum – zur Einheitlichkeit administrativer Entscheidungsfreiräume und zu deren Konsequenzen im verwaltungsgerichtlichen Verfahren; Versuch einer Modernisierung, Tübingen, Mohr-Siebeck.

Papier, Hans-Jürgen (1998): Der Wandel der Lehre von Ermessens- und Beurteilungsspielräumen als Reaktion auf die staatliche Finanzkrise. In: Hoffmann-Riem, Wolfgang / Schmidt-Aßmann, Eberhard (Hrsg.): Effizienz als Herausforderung an das Verwaltungsrecht, 1. Aufl., Baden-Baden, Nomos Verl.-Ges., S. 231-243.

Pegatzky, Claus (2003): Oderwitz und die Folgen – Haftung der Kommunalaufsicht für begünstigende Maßnahmen. In: Landes- und Kommunalverwaltung; LKV, Jg. 13, Heft 10, S. 451-455.

Person, Christian / Zabler, Steffen (2017): Veränderter Rahmen – veränderte Praxis? Auswirkungen kommunaler Entschuldungsfonds auf die Praxis der Finanzaufsicht. In: Zeitschrift für Kommunalfinanzen; ZKF, Jg. 67, Heft 1, S. 1-6.

Pfeiffer, Thomas (2007): Kommunalaufsicht. In: Thüringer Verwaltungsblätter; ThürVBl., Jg.16, Heft 9, S. 201-209.

Piduch, Erwin Adolf (1973): Grundfragen der Finanzkontrolle. In: Die Öffentliche Verwaltung; DÖV, Jg. 26, Heft 7, S. 228-231.

Pieper, Stefan Ulrich (2006): Aufsicht – verfassungs- und verwaltungsrechtliche Strukturanalyse, Köln; Berlin; München, Heymann.

Pieper, Thorsten / Kasten, Tanja / Mosiek, Thomas / Gerhardt, Birgit (2006): Wirkungsorientiertes Verwaltungsmanagement und -controlling – Am Beispiel der ländlichen Bodenordnung in Nordrhein-Westfalen. In: Verwaltung und Management; VM, Jg. 12, Heft 5, S. 245-252.

Pitschas, Rainer (1998): Struktur- und Funktionswandel der Aufsicht im Neuen Verwaltungsmanagement. In: Die Öffentliche Verwaltung; DÖV, Jg. 51, Heft 21, S. 907-915.

Pook, Manfred (2014): Doppik wirkt – Zukünftige Belastungen kennen – Schwerpunkte setzen – öffentliches Wirtschaften erläutern. In: Verwaltung & Management; VM, Jg. 20, Heft 3, S. 121-124.

Preißler, Peter R. (2020): Controlling, 15. Aufl., München, Verlag Franz Vahlen.

Promberger, Kurt (1995): Controlling für Politik und öffentliche Verwaltung, Wien, Verlag der Österreichischen Staatsdruckerei.

Pünder, Hermann (2012): Der Beitrag der Verwaltung zur Konsolidierung der Staatsfinanzen. In: Die Verwaltung; DV, Band 45, Heft 1, S. 1-41.

Raupach, Björn / Stangenberg, Katrin (2009): Doppik in der öffentlichen Verwaltung – Grundlagen, Verfahrensweisen, Einsatzgebiete, 2. Aufl., Wiederbaden, Gabler.

Rechnungshof Sachsen, Jahresbericht 2018, Band II: Kommunalfinanzen, Ergebnisse der überörtlichen Kommunalprüfung, abrufbar unter URL: https://www.rechnungshof.sachsen.de/JB2018-Band_II.pdf (zuletzt abgerufen am 6.9.2021).

Reder, Michael / Tamoudi, Nejma / Faets, Simon (2020): Zukünftige Generationen als Leerstelle der Demokratie – Über Repräsentation, Gesellschaftskritik und Zeitlichkeit. In: Tamoudi, Nejma / Faets, Simon / Reder, Michael (Hrsg.), Politik der Zukunft – Zukünftige Generationen als Leerstelle der Demokratie, 1. Aufl., Bielefeld, Transcript Verlag.

Rehm, Hannes (1980): Wirtschaftlichkeit und Sparsamkeit im öffentlichen Sektor. In: Die Verwaltung; DV, Band 13, Heft 1, S. 77-92.

Rehm, Hannes (2011): Reformen der nationalen und internationalen Finanzarchitektur. In: Kredit und Kapital, Jg. 44, Heft 3, S. 317-338.

Rehm, Hannes (2013): Neuere Tendenzen im kommunalen Schuldenmanagement. In: Verwaltung & Management; VM, Jg. 19, Heft 2, S. 71-81.

Rehm, Hannes / Matern-Rehm, Sigrid (2010): Kommunalfinanzen, 1. Aufl., Wiesbaden, VS, Verl. für Sozialwiss.

Reimer, Franz (2020): Juristische Methodenlehre, 2. Aufl., Baden-Baden, Nomos.

Reinermann, Heinrich (2011): New Public Management. In: Lewinski-Reuter, Verena / Lüddemann, Stefan (Hrsg.), Glossar Kulturmanagement, 1. Aufl., Wiesbaden; VS Verl. für Sozialwiss., S. 263-271.

Reinhardt, Björn Hamilton (2006): Neue kommunale Finanzierungsmodelle und Zukunftsgerechtigkeit – Zugleich ein Plädoyer für den Schutz nachfolgender Generationen, 1. Aufl., Berlin, Duncker & Humblot.

Richter, Martin (2015): Steuerung mit Doppik (einschließlich kritischer Anmerkungen zum vollkonsolidierten Gesamtabschluss). In: Der Gemeindehaushalt, Jg. 116, Heft 6, S. 121-123.

Richter, Walter (2001): Controlling und Berichtswesen. In: Blanke, Bernhard / Von Bandemer, Stephan / Nullmeier, Frank / Wewer, Göttrik (Hrsg.), Handbuch zur Verwaltungsreform, 2. Aufl., Opladen, Leske + Budrich, S. 392-400.

Rieg, Robert (2015): Planung und Budgetierung – was wirklich funktioniert, 2. Aufl., Wiesbaden, Springer Gabler.

Ritgen, Klaus (2014): Gesicherte Kommunalfinanzen trotz Verschuldungs- und Finanzkrise – Professorengespräch 2014 des Deutschen Landkreistags. In: Deutsches Verwaltungsblatt; DVBl., Jg. 129, Heft 20, S. 1302-1309.

Röhl, Hans Christian (2006): Verantwortung und Effizienz in der Mehrebenenverwaltung. In: Deutsches Verwaltungsblatt; DVBl., Jg. 121, Heft 17, S. 1070-1079.

Rohrer, Sebastian (2010): Legalitäts- oder Opportunitätsprinzip beim Internationalen Strafgerichtshof, Köln [u.a.], Heymann.

Rose, Joachim (2020): Kommunale Finanzwirtschaft Niedersachsen – Grundriss für die Aus- und Fortbildung, 8. Aufl., Stuttgart, Kohlhammer; Deutscher Gemeindeverlag.

Rose, Michael (2018): Zukünftige Generationen in der heutigen Demokratie – Theorie und Praxis der Proxy-Repräsentation, Wiesbaden; [Heidelberg], Springer VS.

Rubel, Bernd (2007): Organisatorische Gestaltung der Leistungsbeziehungen in Kommunalverwaltungen – Der Beitrag des New Public Management, 1. Aufl., Wiesbaden, Deutscher Universitäts-Verlag.

Rudel, Gerd / Gack, Peter (2008): Haushalt und Finanzen in der Kommune – Eine Einführung – Bamberg und München, Petra-Kelly-Stiftung Bayerisches Bildungswerk für Demokratie und Ökologie.

Ruffert, Matthias (2001): Grundlagen und Maßstäbe einer wirkungsvollen Aufsicht über die kommunale wirtschaftliche Betätigung. In: Verwaltungsarchiv; VerwArch, Band 92, Heft 1, S. 27-57.

Ruge, Kay (2017): Kommunale Verwaltungsreform – 20 Jahre Neues Steuerungsmodell. In: Brüning, Christoph / Schliesky, Utz (Hrsg.), Kommunale

Verwaltungsreform, 1. Aufl., Baden-Baden, Nomos Verlagsgesellschaft mbH & Co. KG., S. 31-44.

Rüthers, Bernd / Fischer, Christian / Birk, Axel (2020): Rechtstheorie mit juristischer Methodenlehre, 11. Aufl., München, C.H. Beck.

Salmen, Rudolf (1980): Das Wirtschaftlichkeitsprinzip in der kommunalen Finanz- und Haushaltsplanung, Berlin, Duncker & Humblot.

Sauerbruch, Florens (2008): Das Freigabeverfahren gemäß § 246a Aktiengesetz – eine rechtsökonomische Untersuchung, 1. Aufl., Wiesbaden, Gabler.

Schäfer, Andreas (2017): Die ökonomische Analyse des Rechts – Historie, Grundlagen und Methodik, Berlin; Münster, LIT, S. 1-90.

Schäfer, Armin (2006): Die demokratische Grenze output-orientierter Legitimation. In: Integration, Vol. 29, No. 3, S. 187-200.

Scharpf, Fritz W. (1975): Demokratietheorie zwischen Utopie und Anpassung, Königstein, Ts., Kronberg/Ts., Scriptor Verl.

Schedler, Kuno / Proeller, Isabella (2011): New Public Management, 5. Aufl., Bern; Stuttgart; Wien, Haupt.

Schedler, Kuno / Siegel, John (2004): Strategisches Management in Kommunen – ein integrativer Ansatz mit Bezug auf Governance und Personalmanagement, Düsseldorf, Hans-Böckler-Stiftung.

Schellenberg, André / Glöckner, Andreas (2019): Das neue doppische Haushalts- und Rechnungslegungssystem – Was ändert sich durch die Anwendung des Ressourcenverbrauchskonzepts im Hinblick auf die kommunalen Dispositionsmöglichkeiten, die Veranschlagung von Investitionen sowie den Haushaltsausgleich? – Zugleich eine Beschäftigung mit „Mythen" der öffentlichen Haushaltswirtschaft –. In: Schweisfurth, Tilmann / Wallmann, Walter (Hrsg.), Haushalts- und Finanzwirtschaft der Kommunen in der Bundesrepublik Deutschland, 1. Aufl., Berlin, Berliner Wissenschafts-Verlag, S. 537-573.

Schlebusch, Gernot (Hrsg.) (2014): Praxis der Kommunalverwaltung – Haushaltsrecht, Kommunales Rechnungs- und Prüfungswesen, Bürgerhaushalt, Datenschutz, Loseblatt, Wiesbaden, Kommunal- und Schulverl. (zit.: Bearbeiter, in: Praxis der Kommunalverwaltung).

Schmalenbach, Eugen (1947): Pretiale Wirtschaftslenkung – Band 1 Die optimale Geltungszahl, Bremen-Horn, Industrie- und Handelsverlag Walter Dorn GmbH.

Schmid, Andreas (2012): Verwaltungsreform im politischen System – Reformanalyse und -bewertung des Haushalts- und Rechnungswesens öffentlicher Verwaltungen, Wiesbaden, Springer VS.

Schmid, Andreas (2014): Die Reform des Haushalts- und Rechnungswesens nimmt keinen Einfluss auf die politische Steuerung – Ergebnisse einer empirischen Analyse und Bewertung. In: der moderne staat; dms, Jg. 7, Heft 1, S. 193-214.

Schmidt am Busch, Birgit (2016): Gewährleistungsaufsicht zur Sicherstellung privater Aufgabenerledigung – Eine dritte Kategorie zwischen Staatsaufsicht und Wirtschaftsaufsicht. In: Die Verwaltung; DV, Band 49, Heft 2, S. 205-232.

Schmidt-Aßmann, Eberhard (1981): Die kommunale Rechtsetzung im Gefüge der administrativen Handlungsformen und Rechtsquellen – Aufgaben, Verfahren, Rechtsschutz, Baden-Baden; München, Vahlen.

Schmidt-Aßmann, Eberhard (1991): Verwaltungslegitimation als Rechtsbegriff. In: Archiv des öffentlichen Rechts; AöR, Jg. 116, Heft 3, S. 329-390.

Schmidt-Aßmann, Eberhard (1998): Effizienz als Herausforderung an das Verwaltungsrecht – Perspektiven der verwaltungsrechtlichen Systembildung. In: Hoffmann-Riem, Wolfgang / Schmidt-Aßmann, Eberhard (Hrsg.), Effizienz als Herausforderung an das Verwaltungsrecht, 1. Aufl., Baden-Baden, Nomos Verl.-Ges. S. 245-269.

Schmidt-Aßmann, Eberhard (2006): Das allgemeine Verwaltungsrecht als Ordnungsidee – Grundlagen und Aufgaben der verwaltungsrechtlichen Systembildung, 2. Aufl., Berlin, Heidenberg [u.a.], Springer.

Schmidt-Jortzig, Edzard (1983): Kommunalverwaltung und Verwaltungsgerichtsbarkeit. In: Neue Juristische Wochenschrift; NJW, Jg. 36, Heft 18, S. 967-973.

Schmidt, Reiner (2000): Die Reform von Verwaltung und Verwaltungsrecht: Reformbedarf – Reformanstöße – Reformansätze. In: Verwaltungsarchiv; VerwArch, Band 91, Heft 2, S. 149-168.

Schmidt, Thomas (2012): Theatermanagement – eine Einführung, Wiesbaden, VS Verl. für Sozialwiss.

Schnapp, Friedrich E. / Kreutz, Marcus (2017): Der Haushaltsgrundsatz der Wirtschaftlichkeit und Sparsamkeit bei Personalentscheidungen insbesondere im Sozialversicherungsrecht. In: Verwaltungsarchiv; VerwArch, Band 108, S. 383-408.

Schoch, Friedrich (2006): Die staatliche Rechtsaufsicht über Kommunen. In: Jura, Jg. 28, Heft 3, S. 188-196.

Schoch, Friedrich / Wieland, Joachim (1995): Finanzierungsverantwortung für gesetzgeberisch veranlaßte kommunale Aufgaben, 1. Aufl., Baden-Baden, Nomos Verl.-Ges.

Schrapper, Ludger (1990): Zweckmäßigkeitskontrolle in der Kommunalaufsicht? In: Neue Zeitschrift für Verwaltungsrecht; NVwZ, Jg. 9, Heft 10, S. 931-933.

Schrapper, Ludger (1992): Kommunale Selbstverwaltungsgarantie und staatliches Genehmigungsrecht – zur zulässigen Kontrolldichte bei der staatlichen

Genehmigung kommunalen Verwaltungshandelns nach Maßgabe der Genehmigungsvorbehalte der nordrhein-westfälischen Gemeindeordnung, Köln [u.a.], Heymann.

Schröter, Eckhard / Röber, Manfred (2018): Was halten Spitzenbeamte eigentlich von Verwaltungsreform? In: Verwaltungsarchiv; VerwArch, Band 109, S. 33-62.

Schröter, Eckhard / Wollmann, Hellmut (2001): New Public Management. In: Blanke, Bernhard / Von Bandemer, Stephan / Nullmeier, Frank / Wewer, Gättrik (Hrsg.), Handbuch zur Verwaltungsreform, 2. Aufl., Opladen, Leske + Budrich, S. 71-82.

Schubert, Dino André (2018): Controlling in der Kommunalverwaltung: warum eine Controllingabteilung allein nicht ausreicht. In: Zeitschrift für Kommunalfinanzen; ZKF, Jg. 68, Heft 1, S. 1-7.

Schuhr, Jan C. (2008): Zur Vertretbarkeit einer rechtlichen Aussage. In: Juristenzeitung; JZ, Jg. 63, Heft 12, S. 603-611.

Schulz, Wolfgang (2012): Beurteilungsspielräume als Wissensproblem – am Beispiel Regulierungsverwaltung. In: Rechtswissenschaft; RW, Jg. 3, Heft 3, S. 330-350.

Schulze, Elmar (2011): Einstandspflicht der Länder für faktische Insolvenz von Kommunen – Voraussetzungen, Umfang und Konsequenzen der verfassungsrechtlich normierten Staatshaftung. In: Der Gemeindehaushalt, Jg. 112, Heft 3, S. 49-60.

Schulze-Fielitz, Helmuth (1994): Kooperatives Recht im Spannungsfeld von Rechtsstaatsprinzip und Verfahrensökonomie. In: Deutsches Verwaltungsblatt; DVBl., Jg. 109, Heft 3, S. 657-667.

Schulze-Fielitz, Helmuth (1996): Kontrolle der Verwaltung durch Rechnungshöfe. In: Veröffentlichungen der Vereinigung der Deutschen Staatsrechtslehrer; VVDStRL, Band 55, Berlin; New York, De Gruyter, S. 231-272.

Schuppert, Gunnar Folke (2000): Verwaltungswissenschaft – Verwaltung, Verwaltungsrecht, Verwaltungslehre, 1. Aufl. Baden-Baden, Nomos-Verl.-Ges.

Schuwirth, Annette (1988): Wirtschaftlichkeit und Sparsamkeit im Budgetkreislauf, Mainz.

Schwarting, Gunnar (2005): Effizienz in der Kommunalverwaltung – dezentrale Verantwortung, Produkte, Budgets und Controlling, 2. Aufl., Berlin, E. Schmidt.

Schwarting, Gunnar (2006): Haushaltspolitisches Risikomanagement: Von der Analyse zur vorausschauenden Gestaltung – Ein wichtiges Instrument künftiger Finanzpolitik. In: Die Öffentliche Verwaltung; DÖV, Jg. 59, Heft 22, S. 947-954.

Schwarting, Gunnar (2008): Allgemeine Haushaltsgrundsätze. In: Henneke, Hans-Günter / Strobl, Heinz / Diemert, Dörte (Hrsg.), Recht der kommunalen Haushaltswirtschaft – Doppik – Neue Steuerung, München, Beck, S. 132-143.

Schwarting, Gunnar (2016): Den kommunalen Haushaltsplan richtig lesen und verstehen – im doppischen Rechnungswesen, 5. Aufl., Berlin, Erich Schmidt Verlag.

Schwarting, Gunnar (2019): Der Kommunale Haushalt, 5. Aufl., Berlin, Erich Schmidt Verlag.

Schwokowski, Heinrich (1992): Kommunalverfassung und Kommunalaufsicht. In: Landes- und Kommunalverwaltung; LKV, Jg. 2, Heft 3, S. 69-72.

Seckelmann, Margrit (2010): Wettbewerb per Grundgesetz? Die Leistungsvergleiche nach Art. 91 d GG. In: Deutsches Verwaltungsblatt; DVBl., Jg. 125, Heft 20, S. 1284-1291.

Seelmann, Kurt (2019): Rechtsphilosophie, 7. Aufl., München, C. H. Beck,

Seiler, Gerhard (1963): Kommunale Finanzen und Kommunalaufsicht. In: Aktuelle Probleme der Kommunalaufsicht – Vorträge und Diskussionsbeiträge des 31. Staatswissenschaftlichen Fortbildungskursus der Hochschule für Verwaltungswissenschaften Speyer 1963, Berlin, Duncker & Humblot, S. 99-110.

Seiwald, Johann / Meyer, Renate (2012): Familienähnlichkeiten und -unterschiede – Haushaltsreformen in Österreich und Deutschland im Vergleich. In. Verwaltung & Management; VM, Jg. 18, Heft 3, S. 122-126.

Sensburg, Patrick Ernst (2004): Der kommunale Verwaltungskontrakt – rechtliche Einordnung kommunaler Zielvereinbarungen, 1. Aufl., Baden-Baden, Nomos Verl.-Ges.

Seuberlich, Marc (2017): Arme und reiche Städte – Ursachen der Varianz kommunaler Haushaltslagen, 1. Aufl., Wiesbaden; [Heidelberg], Springer VS.

Shirvani, Foroud (2009): Neues Steuerungsmodell und Kommunalaufsicht. In: Deutsches Verwaltungsblatt; DVBl., Jg. 124, Heft 1, S. 29-35.

Sigg, Wolfgang (1983): Die Stellung der Rechnungshöfe im politischen System der Bundesrepublik Deutschland – zugleich ein Beitrag zur Finanzkontrolle der Universitäten, Berlin, Duncker und Humblot.

Slosarek, Thekla (2003): Budgetierung als Controllinginstrument in der Kommunalverwaltung, Hamburg, Kovač.

Speier-Werner, Petra (2006): Public Change Management – erfolgreiche Implementierung neuer Steuerungsinstrumente im öffentlichen Sektor, 1. Aufl., Wiesbaden, Dt. Univ.-Verl.

Spiecker, Döhmann (2005): Grenzen kommunalrechtlicher Weisungsbefugnis in Finanz- und Steuersachen. In: Neue Zeitschrift für Verwaltungsrecht; NVwZ, Jg. 24, Heft 11, S. 1276-1279.

Stachels, Elmar (2017): Das Stabilitätsgesetz im System des Regierungshandelns, Berlin; Boston, De Gruyter, Inc.

Stadt Göttingen, Produktorientierter doppischer Haushalt 2019/2020, abrufbar unter URL: https://www-alt.goettingen.de/haushalt/pdf/2019/Haushaltsplan_2019-2020.pdf (zuletzt abgerufen am 6.9.2021).

Stadt Salzgitter, Haushaltsplan 2019/2020, abrufbar unter URL: https://www2.salzgitter.de/rathaus/downloads/hh-2019-2020/20_-_Beschlossener_Haushalt_19_20_-_Haushalt_Teil_A_gesamt.pdf (zuletzt abgerufen am 6.9.2021).

Ständige Konferenz der Innenminister- und senatoren der Länder - Geschäftsstelle - (2003): Sammlung der zur Veröffentlichung freigegebenen Beschlüsse der 173. Sitzung der Ständigen Konferenz der Innenminister und -senatoren der Länder am 21. November 2003 in Jena, abrufbar unter URL: https://www.innenministerkonferenz.de/IMK/DE/termine/to-beschluesse/2003-11-21/beschluesse.pdf?__blob=publicationFile&v=2 (zuletzt abgerufen am 6.9.2021).

Starke, Thomas (2007): Das kommunale Ermessen beim Erlass von Straßenausbaubeitragssatzungen. In: Deutsches Verwaltungsblatt; DVBl., Jg. 122, Heft 23, S. 1476-1482.

Streitferdt, Lothar (2000): Das Neue Kommunale Rechnungswesen als Instrument zur Beurteilung der Wirtschaftlichkeit und der Wertschöpfung im öffentlichen Sektor. In: Budäus, Dietrich / Küpper, Willi / Streitferdt, Lothar (Hrsg.), Neues öffentliches Rechnungswesen – Stand und Perspektiven, Wiesbaden; s.l., Gabler Verlag, S. 271-299.

Tappe, Henning (2010): Wie passt die Schuldenbremse zur staatlichen Doppik? In: Wirtschaftsdienst, Jg. 90, Heft 4, S. 269-271.

Tappe, Hennig (2019): Flucht aus kameralen Buget- und Schuldenregeln – Off-budget-Finanzierungen, Ausgliederungen und sonstige haushaltsrechtliche Fehlentwicklungen. In: Schweisfurth, Tilmann / Wallmann, Walter (Hrsg.), Haushalts- und Finanzwirtschaft der Kommunen in der Bundesrepublik Deutschland, 1. Aufl., Berlin, Berliner Wissenschafts-Verlag, S. 519-536.

Thiemann, Christian (2015): Die Konkretisierung unbestimmter Rechtsbegriffe des Verwaltungsrechts im Gefüge der Teilgewalten. In: Rechtsgestaltung im öffentlichen Recht – Liber amicorum für Dirk Ehlers zum 70. Geburtstag, München, Verlag C.H. Beck, S. 257-278 (zit.: Thiemann, in: FS Ehlers).

Thieme, Werner (1987): A. Der Haushaltsvollzug in der Verwaltungswissenschaft. In: Mäding, Heinrich (Hrsg.), Haushaltsplanung – Haushaltsvollzug – Haushaltskontrolle – XI. Konstanzer Verwaltungsseminar 1986, 1. Aufl., Baden-Baden, Nomos-Verl.-Ges., S. 153-167.

Thieme, Werner (1995): Voraussetzungen einer wirtschaftlichen Verwaltung. In: Verwaltung und Management; VM, Jg. 1, Heft 2, S. 88-91.

Thieme, Werner (2008): Kaufmännische Buchführung in der öffentlichen Verwaltung? In: Die Öffentliche Verwaltung; DÖV, Jg. 61, Heft 11, S. 433-441.

Thoma, Armin (2013): Kommunale Verwaltungsmodernisierung – alter Wein in neuen Schläuchen? – Aktuelle Ausprägungen von E-Government bis zu interkommunalen Dienstleistungszentren. In: KommunalPraxis spezial, Heft 4, S. 182-189.

Thommen, Jean-Paul / Achleitner, Ann-Kristin / Gilbert, Dirk Ulrich / Hachmeister, Dirk / Jarchow, Svenja / Kaiser, Gernot (2020): Allgemeine Betriebswirtschaftslehre, 9. Aufl., Wiesbaden, Springer Gabler.

Truckenbrodt, Holger / Zähle, Kerstin (2020): Der kommunale Haushalt in Aufstellung, Ausführung und Abschluss, 6. Aufl., Hamburg, Maximilian Verlag GmbH & Co. KG.

Vierheilig, Otto (2001): Budgetierung in der Kommunalverwaltung – Leitfaden für die Umsetzung und Durchführung des modernen Steuerungsinstrumentes dezentrale Budgetierung, 1. Aufl., Kronach; München; Bonn; Potsdam, Link/Dt. Kommunal-Verl.

Vogelgesang, Klaus / Lübking, Uwe / Jahn, Helga (1991): Kommunale Selbstverwaltung – Rechtsgrundlagen – Organisation – Aufgaben, 2. Aufl., Berlin, Schmidt.

Vogelgesang, Klaus / Lübking, Uwe / Ulbrich, Ina-Maria (2005): Kommunale Selbstverwaltung – Rechtsgrundlagen – Organisation – Aufgaben – neue Steuerungsmodelle, 3. Aufl., Berlin, Schmidt.

Von Arnim, Hans Herbert (1983): Grundprobleme der Finanzkontrolle. In: Deutsches Verwaltungsblatt; DVBl., Jg. 98, Heft 13, S. 664-675.

Von Arnim, Hans Herbert (1988): Wirtschaftlichkeit als Rechtsprinzip, Berlin, Duncker & Humblot.

Von Mutius, Albert (1997): Neues Steuerungsmodell in der Kommunalverwaltung. In: Burmeister, Joachim (Hrsg.), Verfassungsstaatlichkeit – Festschrift für Klaus Stern zum 65. Geburtstag, München, Beck, S. 685-717 (zit.: von Mutius, in: FS Stern).

Waechter, Kay (1994): Geminderte demokratische Legitimation staatlicher Institutionen im parlamentarischen Regierungssystem – zur Wirkung von

Verfassungsprinzipien und Grundrechten auf institutionelle und kompetenzielle Ausgestaltungen, Berlin, Duncker & Humblot.

Waechter, Kay (1997): Kommunalrecht – ein Lehrbuch, 3.Aufl., Köln [u.a.], Heymann.

Wallerath, Maximilian (1997): Kontraktmanagement und Zielvereinbarungen als Instrumente der Verwaltungsmodernisierung. In: Die öffentliche Verwaltung; DÖV, Jg. 50, Heft 2, S. 57-67.

Walter, Alfred (2011): Das Unbehagen in der Verwaltung – warum der öffentliche Dienst denkende Mitarbeiter braucht, Berlin, Ed. Sigma.

Weber, Werner (1963): Kommunalaufsicht als Verfassungsproblem. In: Aktuelle Probleme der Kommunalaufsicht – Vorträge und Diskussionsbeiträge des 31. Staatswissenschaftlichen Fortbildungskursus der Hochschule für Verwaltungswissenschaften Speyer, Berlin, Duncker & Humblot, S. 17-36.

Wehr, Matthias (2001): Das Ermessen der Rechtsaufsicht über Kommunen. In: Bayerische Verwaltungsblätter; BayVBl., Jg. 47, Heft 23, S. 705-708.

Weiß, Jens (2013): Die Transformation der kommunalen Verwaltung unter dem Einfluss des Neuen Steuerungsmodells. In: der moderne staat; dms, Jg. 6, Heft 1. S. 231-251.

Weiß, Jens (Hrsg.) (2014): Evaluation der DOPPIK-Einführung in den Kommunen des Landes Sachsen- Anhalt – Schriftenreihe Local Government Transformation des Fachbereichs Verwaltungswissenschaften Hochschule Harz 1/2014, abrufbar unter URL: https://www.hs-harz.de/dokumente/extern/FB_VW/Schriftenreihen/Weiss-Evaluation-DOPPIK.pdf (zuletzt abgerufen am 6.9.2021).

Weiß, Jens / Schubert, Dino André (2020): Doppelte Reform mit geteiltem Erfolg: Zur Wirkung der DOPPIK-Reform auf Haushaltsführung und Verwaltungssteuerung in den Kommunen. In: der moderne staat; dms, Jg. 13, Heft 1, S. 143-164.

Wendt, Rudolf (1997): Finanzierungsverantwortung für gesetzgeberisch veranlaßte kommunale Aufgaben. In: Burmeister, Joachim (Hrsg.), Verfassungsstaatlichkeit – Festschrift für Klaus Stern, München, Verlag. C.H.Beck, S. 603-626 (zit.: Wendt, in: FS Stern).

Wenzler, Hariolf (1997): Institutionenökonomik und öffentliche Finanzkontrolle, Frankfurt am Main [u.a.], Lang.

Wieland, Joachim (1995): Rechnungshofkontrolle im demokratischen Rechtsstaat. In: Deutsches Verwaltungsblatt; DVBl., Jg. 110, Heft 17, S. 894-904.

Wieland, Joachim (1999): Staatliche Finanzkontrolle im Bereich kommunaler Selbstverwaltung. In: Deutsches Verwaltungsblatt; DVBl., Jg. 114, Heft 21, S. 1470-1477.

Wimmer, Norbert (2017): Dynamische Verwaltungslehre – Handbuch, 4. Aufl., Wien, Verlag Österreich.

Winter, Gerd (2001): Vom Nutzen der Effizienz im öffentlichen Recht. In: Kritische Justiz, Vol. 34, No. 3, S. 300-322.

Worms, Martin J. / Tegeler, Elke (2010): Die Eröffnungsbilanz des Landes Hessen – Erfahrungen, Fragen, Perspektiven. In: Die Öffentliche Verwaltung; DÖV. Jg. 63, Heft 13, S. 542-553.

Wulf, Inge / Freymuth, Jutta Wibke (2012): Aufstellung der ersten Eröffnungsbilanz im Neuen Kommunalen Rechnungswesen für Niedersachsen – Lösungsmöglichkeiten zum Abbau der Informationsasymmetrien. In: Die Öffentliche Verwaltung; DÖV, Jg. 65, Heft 9, S. 346-352.

Zabler, Steffen / Person, Christian / Ebinger, Falk (2016): Finanzaufsicht in den Ländern: Struktur, Recht und ihr (fraglicher) Effekt auf die kommunale Verschuldung. In: Zeitschrift für Kommunalfinanzen; ZKF, Jg. 66, Heft 1, S. 6-12.

Ziekow, Jan (2003): Der Einfluss des neuen Steuerungsmodells auf das Verwaltungsverfahren und seine gesetzliche Regelung. In: Hoffmann-Riem, Wolfgang / Schmidt-Aßmann, Eberhard (Hrsg.), Verwaltungsverfahren und Verwaltungsverfahrensgesetz, 1. Aufl., Baden-Baden, Nomos Verlagsgesellschaft, S. 349-387.

Zimmermann, Armin (2013): Lösungsansätze im Miteinander von Bank und Unternehmer. In: Everling, Oliver / Langen, Rainer (Hrsg.), Basel III: Auswirkungen des neuen Bankenaufsichtsrechts auf den Mittelstand, Köln, Bank-Verlag, S. 57-68.

Zimmermann, Franz (1988): Das System der kommunalen Einnahmen und die Finanzierung der kommunalen Aufgaben in der Bundesrepublik Deutschland, Köln [u.a.], Dt, Gemeindeverl. [u.a.].

ZKF-Finanzstatistik (2019): Kassenkredite der kommunalen Kernhaushalte. In: Zeitschrift für Kommunalfinanzen; ZKF, Jg. 69, Heft 10, S. 230-231.

Zukunftsvertrag zwischen dem Land Niedersachsen, dem Landkreis Osterode am Harz, der Stadt Bad Lauterberg im Harz zur Erreichung nachhaltiger Haushaltskonsolidierung der Stadt Bad Lauterberg im Harz, abrufbar unter URL: https://thomas-gans.de/workspace/media/zukunftsvertrag-536f838d2f33b.pdf (zuletzt abgerufen am 6.9.2021).

www.ingramcontent.com/pod-product-compliance
Ingram Content Group UK Ltd.
Pitfield, Milton Keynes, MK11 3LW, UK
UKHW021937290926
8980IPUK00016B/1681